本书研究得到国家社科基金项目"山区少数民族贫困代际传递及阻断对策研究"（编号：13BMZ010）、国家科技部软科学基金项目（编号：2007GXQ4B121）、教育部人文社科基金项目（编号：09YJA880132）、国家民族事务委员会民族问题研究基金项目（编号：MSY07008）和湖北省社会科学基金项目（编号：2013166/2015181）的支持

山区少数民族贫困代际传递及阻断对策研究

陈全功 著

中国社会科学出版社

图书在版编目（CIP）数据

山区少数民族贫困代际传递及阻断对策研究 / 陈全功著. —北京：中国社会科学出版社，2019.6

ISBN 978-7-5203-4680-1

Ⅰ.①山… Ⅱ.①陈… Ⅲ.①少数民族—民族地区—贫困—研究—中国 Ⅳ.①F127.8

中国版本图书馆 CIP 数据核字（2019）第 136335 号

出 版 人	赵剑英
责任编辑	王莎莎
责任校对	张爱华
责任印制	张雪娇

出　　版	中国社会科学出版社
社　　址	北京鼓楼西大街甲 158 号
邮　　编	100720
网　　址	http://www.csspw.cn
发 行 部	010-84083685
门 市 部	010-84029450
经　　销	新华书店及其他书店

印刷装订	北京十月印刷有限公司
版　　次	2019 年 6 月第 1 版
印　　次	2019 年 6 月第 1 次印刷

开　　本	710×1000 1/16
印　　张	15.25
插　　页	2
字　　数	203 千字
定　　价	88.00 元

凡购买中国社会科学出版社图书，如有质量问题请与本社营销中心联系调换
电话：010-84083683
版权所有　侵权必究

目　录

第一章　研究背景及文献回顾 ……………………………………（1）

　第一节　研究背景及意义 ………………………………………（1）

　　一　研究背景 …………………………………………………（1）

　　二　研究意义 …………………………………………………（6）

　第二节　文献综述 ………………………………………………（7）

　　一　国外研究 …………………………………………………（7）

　　二　国内研究 …………………………………………………（18）

　　三　总体评述 …………………………………………………（24）

　第三节　研究内容和方法 ………………………………………（26）

　　一　研究内容 …………………………………………………（26）

　　二　研究方法 …………………………………………………（28）

第二章　山区少数民族贫困代际传递现状及特征 ……………（30）

　第一节　相关概念理解 …………………………………………（30）

　　一　绝对贫困、相对贫困和多维贫困 ………………………（30）

　　二　暂时贫困、长期贫困和返贫 ……………………………（33）

　　三　生命周期贫困、世代贫困与代际流动 …………………（34）

　第二节　山区少数民族贫困代际传递现状 ……………………（35）

　　一　贫困代际传递的比例和规模 ……………………………（36）

二　贫困代际传递的典型案例 …………………………… (40)

第三节　山区少数民族贫困代际传递的主要内容 ………… (43)
　　一　有限资源的传递 ……………………………………… (44)
　　二　生产生活方式的传递 ………………………………… (45)
　　三　传统观念的传递 ……………………………………… (47)

第四节　山区少数民族贫困代际传递的主要特征 ………… (49)
　　一　区域集中特征 ………………………………………… (49)
　　二　民族群体特征 ………………………………………… (50)
　　三　历史和个体时点特征 ………………………………… (52)
　　四　传递方式和内容特征 ………………………………… (53)

第五节　贫困代际传递与变化的关键时点 ………………… (54)
　　一　贫困代际传递与变化的历史时间点 ………………… (54)
　　二　贫困代际传递与变化的个体生命周期时点 ………… (56)

第三章　山区少数民族贫困代际传递的内在机制 …………… (59)

第一节　解释贫困代际传递机制的三个视角 ……………… (59)
　　一　代际传递机制的语义理解 …………………………… (59)
　　二　解释内在机制的三个视角 …………………………… (61)

第二节　山区贫困传递的"民族代际契约"机制 ………… (67)
　　一　基本涵义 ……………………………………………… (68)
　　二　山区少数民族家庭代际关系的典型图景 …………… (72)
　　三　补充讨论 ……………………………………………… (74)

第四章　民族文化、人力资本与贫困代际传递 ……………… (77)

第一节　民族文化与山区少数民族贫困的代际传递 ……… (77)
　　一　民族文化的核心内容和传承发展 …………………… (78)
　　二　民族文化与"贫困文化"的内嵌互生关系 ………… (83)

三　山区少数民族贫困文化的主要表现 …………………… (86)
　　四　山区民族文化对贫困代际传递的影响 ………………… (90)
　　五　总结及延伸讨论 ………………………………………… (95)
第二节　人力资本与贫困代际传递 …………………………… (96)
　　一　人力资本的丰富内涵 …………………………………… (97)
　　二　人力资本与贫困发生及代际传递的关系 ……………… (99)
　　三　山区少数民族的人力资本概况 ………………………… (104)
　　四　教育发展对贫困代际传递的重大影响 ………………… (108)
　　五　民族文化和人力资本因素作用总结 …………………… (111)

第五章　空间地理环境与贫困代际传递 …………………………… (113)
第一节　自然地理环境与贫困关系的理论解释 ……………… (113)
　　一　基础设施、地区经济增长与贫困的关系 ……………… (114)
　　二　自然灾害与贫困的发生和代际传递 …………………… (119)
　　三　地理资本与空间贫困 …………………………………… (122)
第二节　当前中国农村贫困的空间特征 ……………………… (125)
　　一　集中连片分布 …………………………………………… (126)
　　二　民族山区分布 …………………………………………… (129)
第三节　山区因素在少数民族贫困发生与
　　　　传递中的作用 ………………………………………… (132)
　　一　山区因素是民族地区贫困发生的第一原因 …………… (133)
　　二　山区因素引致的贫困发生率和集中度较高 …………… (135)
　　三　山区因素引致的地方病问题 …………………………… (136)
第四节　少数民族贫困代际传递中的山区因素考察 ………… (137)
　　一　民族山区恶劣自然地理环境和贫困梯度
　　　　分布实例 ………………………………………………… (138)
　　二　三个山区民族家庭的贫困代际变动情形 ……………… (140)

三　"民族因素"与"山区因素"的影响力讨论 …… (144)

第六章　社会资本、制度变革与贫困代际传递 ……… (147)
　第一节　社会资本与贫困代际传递 ……………… (147)
　　一　社会资本的含义及其重要作用：基于文献结论 …… (147)
　　二　社会资本影响贫困代际传递的内在机理 ……… (150)
　　三　父母的社会资本对子女收入的影响 …………… (154)
　　四　山区少数民族家庭因社会资本不足
　　　　导致贫困传递 ……………………………………… (156)
　第二节　制度及其变革对贫困发生和传递的影响 ……… (160)
　　一　关于制度因素的重要观点 ……………………… (160)
　　二　经济体制改革对贫困代际传递的影响 ………… (165)
　　三　重要经济社会制度对山区贫困代际传递的
　　　　负面影响 …………………………………………… (171)
　　四　关于制度性因素的影响力总结 ………………… (183)
　第三节　外来冲击对贫困代际传递的影响 ……………… (184)

第七章　阻断贫困代际传递的发展型综合对策 ……… (186)
　第一节　治理贫困代际传递问题的两大思路和
　　　　　基本框架 ……………………………………… (186)
　　一　依照发生原因和影响因素进行治理 …………… (187)
　　二　依照社会向上流动有效通道进行治理 ………… (189)
　　三　发展型综合对策的基本框架 …………………… (191)
　第二节　习总书记关于如何阻断贫困代际传递的
　　　　　重要论断 ……………………………………… (195)
　　一　习总书记"个体能力论"抓住了影响贫困代际
　　　　传递的根本性因素 ………………………………… (195)

二　习总书记"打开通道论"包含了影响贫困代际传递
　　　　的终极性因素 …………………………………………（196）
第三节　以促进地区发展为目标的阻断对策 …………………（198）
　　一　培育和发展优势特色产业 …………………………（199）
　　二　加强乡村道路等基础设施建设 ……………………（201）
　　三　促进易地搬迁与特色村寨建设结合 ………………（202）
　　四　完善乡村社会保障体系 ……………………………（203）
第四节　以提升贫民个体能力为目标的阻断措施 ……………（204）
　　一　瞄准不同贫困人群进行扶贫 ………………………（205）
　　二　高度重视农村就业创业与教育培训工作 …………（205）
　　三　激发贫民主动参与积极性 …………………………（206）
第五节　以优化社会环境为目标的阻断对策 …………………（206）
　　一　以缩小贫富差距为目标的制度改革和完善 ………（206）
　　二　营造机会平等和社会公平的氛围和风气 …………（208）

第八章　总结 …………………………………………………（210）
第一节　有关研究结论 …………………………………………（210）
　　一　山区贫困代际传递现状和特征 ……………………（210）
　　二　少数民族山区贫困代际传递的机制 ………………（211）
　　三　影响山区贫困代际传递的因素 ……………………（212）
　　四　治理贫困代际传递问题的对策 ……………………（212）
第二节　需要进一步研究的问题 ………………………………（213）

参考文献 ………………………………………………………（215）

后记 ……………………………………………………………（234）

第一章

研究背景及文献回顾

贫困问题一直是学术界关注的重点论题。就其深度来看，一个家庭经历长时间贫困状态，甚至代际传递，是最为恶劣、令人沮丧的一种贫困。我国中西部山区一些少数民族家庭，所处状况正是这种深度的贫困。这一状况亟须学术界进行深入调查研究。

第一节　研究背景及意义

一　研究背景

开展"山区少数民族贫困代际传递及阻断对策"研究，是在国内外经济社会发展到一个关键新阶段的宏大背景下进行的。

背景一：中国农村贫困问题发生阶段性变化，由大面积、温饱型、绝对贫困转向到局部地区集中（集中连片）、发展型、相对贫困并存的新阶段。在这一阶段，贫困人口主要分布在西部民族地区，致贫返贫原因复杂，世代贫困现象凸显，需要深入调查研究。

2010年以前，中国农村贫困主要表现为较大面积的温饱型贫困。按照现行2300元（2010年价）国家扶贫标准，1978年贫困人口超过7.7亿人，贫困发生率为97.5%；2010年减少至1.66亿人，贫困发生率为17.2%。2010年提高扶贫标准，标志着中国农村贫困进入到片区集中的新阶段。

在新阶段，贫困人口逐步集中到中西部民族山区。据全国农村贫困监测数据显示，2016年中国农村贫困人口4335万人，相对于2010年减少了12232万人，贫困发生率下降到4.5%；贫困人口区域分布情况为：东部地区490万人（占全国的11.0%）；中部地区1594万人（占全国的37.0%）；西部地区2251万人（占全国的52.0%）；民族八省区共1411万人（占全国的32.6%、占西部的62.7%）；贫困地区①农村贫困人口为2654万人（占全国的61.2%）。全国贫困发生率最高的前八位②，除陕西省外，其余七位均为民族省区，其中黔滇桂三省区的贫困人口共达到1116万人，占民族八省区的79.1%，分别排全国的第1、2、5位。从全国14个集中连片特困地区看，除南疆三地州、四省藏区、西藏等牧区和藏区外，其余11个片区中贫困人口数量和发生率较高的均在中西部山区，如滇桂黔石漠化片区有贫困人口312万人（贫困发生率11.9%）；武陵山片区285万人（贫困发生率9.7%）；乌蒙山片区272万人（贫困发生率13.5%）；秦巴山片区256万人（贫困发生率9.1%）；六盘山片区215万人（贫困发生率12.4%）；滇西片区152万人（贫困发生率12.2%）；分别排14个片区的前6位，共计1492万人，占14个片区总贫困人口的68.4%。也就是说，当前中国农村贫困人口主要分布于中西部民族山区。

中华人民共和国成立以来，党中央、国务院一直重视中西部民族山区的贫困问题，实施多项战略措施解决少数民族群众的温饱与发展问题。60多年过去了，大部分农村人口的贫困问题已经得到较好解决，有的已经过上小康生活；但仍然有一部分还处于贫困之中，贫困时间至少有65年，基本上经历三代人，是典型的长期贫

---

① 贫困地区包括集中连片特困地区（680个县）和片区外的国家扶贫开发工作重点县，共832个县，其中国家扶贫开发工作重点县共计592个。

② 前八位依次是：西藏为13.2%；新疆为12.8%；甘肃为12.6%；贵州为11.6%；云南为10.1%；陕西为8.4%；青海为8.1%；广西为7.9%。

困群体。在现有国家兜底性保障政策支持下,这一贫困群体中的绝大部分家庭温饱已然得到保证,主要贫困表现为增收渠道少、增收能力弱,属于相对贫困状态。

在新阶段,中西部民族山区的贫困呈现出连片集中性、世代传递性、发展性、相对性这四大基本特征,与当前一些地区的城市散居型贫困截然不同。要抓好中国农村扶贫开发工作,必须对新阶段贫困的基本态势、特征和产生原因,进行深入的调查研究。

背景二:当前我国经济社会发展差距进入了一个新的阶段,区域差距、城乡差距与贫富差距开始有所缩小,但社会不平等问题仍然没有得到有效解决。而这一问题集中反映在中西部民族山区少数民族群众的贫困代际传递现象上,它直接影响社会的稳定与民族团结,需要深入调查研究。

时任国家发展与改革委员会副秘书长范恒山在 2014 年就指出,"中国的区域差距仍然比较大,特别是地区间的人均 GDP、人均财政收入和人均拥有财富的水平等重要指标的差距,并没有明显缩小,有些方面可能还在扩大,推进公共服务均等化等重大问题还没有取得显著进展。"[①] 第一财经记者通过对全国 31 个省份 2016 年人均 GDP 统计发现,天津、北京和上海三大直辖市均超过了 11 万元,位列前三,有 12 个省份超过全国平均水平(53817 元),其中只有内蒙古和重庆市两个西部省区;若按照全年人民币平均汇率换算,前 9 位均超过 1 万元。在榜尾,有 8 个省份的人均 GDP 低于 4 万元大关,除了安徽、山西之外,其余全部位于西部地区,排在最后三位为甘肃、云南和贵州,西藏、广西、新疆分别排第 27、第 26、第 21 位[②]。人均 GDP 最高的前三位与最低的后三位之比介于

---

① 官方:《中国区域差距较大 部分指标差距仍在扩大》,中国新闻网,2014 年 6 月 10 日,http://www.chinanews.com/gn/2014/06-10/6263024.shtml。
② 林小昭、曾纯之:《人均 GDP 比拼:9 省超 1 万美元,广东不及内蒙古》,第一财经网,2017 年 2 月 28 日,http://www.yicai.com/news/5235032.html。

3.4—4.2∶1之间；这一比例在2010年为4.5—5.8∶1，区域差距有所缩小。从城乡收入差距看，2016年全国城镇居民人均可支配收入中位数31554元，农村居民人均可支配收入中位数11149元，城乡居民名义收入比为2.83∶1；相比较2010年的3.2∶1有所下降。从反映贫富差距的基尼系数看，2016年全国基尼系数为0.465，相对于2008年最高点0.491已经有所下降。

对比2010—2016年期间的地区人均GDP、城乡居民收入比、基尼系数三个指标数据，可以看出，总体呈下降态势，表明中国经济社会发展差距进入一个缓慢缩小的新阶段。但是，反映收入不平等的基尼系数仍然较高，而且还有反复回升情况发生，例如2016年就比2015年提高了0.003。国际上通常把0.4作为收入分配差距的"警戒线"，基尼系数0.4以上的表示收入差距较大；当基尼系数达到0.6时，则表示收入悬殊。同时，社会不平等现象，如性别歧视、就业和教育机会差异、社会固化等，仍然大量存在。收入和社会不平等，已经成为当前学界和社会的敏感话题。

中西部民族山区少数民族群众的贫困代际传递现象，包含了区域差距、城乡差距、贫富差距等诸多要素，既是一种深度贫困、收入不平等的现象，也是一种社会流动固化的社会不平等现象。它是中国经济社会发展到一个新阶段的缩影。在这一新阶段，收入和社会不平等是影响国家长治久安的大事。如果对山区少数民族的贫困代际传递问题认识不清，找不到解决问题的相应方法，会影响到社会稳定和民族团结局面。可以说，调查研究山区少数民族的贫困代际传递问题，是当前经济社会发展、民族关系、社会稳定等关系重大事项的必然要求。

背景三：在实现2020年脱贫摘帽、全面建成小康社会两大目标的关键攻坚阶段，党和国家领导人非常重视少数民族和民族地区的贫困与发展，多次指示要采取有效措施阻断贫困代际传递这一恶性问题。解决这一问题，是国家的头等大事；既是一项经济社会发展任务，也是一项政治任务。

党和国家领导人一直关心少数民族和民族地区贫困与发展。2015年1月，习近平同志在云南会见怒江州贡山独龙族怒族自治县干部群众代表时指出，"全面实现小康，一个民族都不能少"；3月8日，习近平主席在参加十二届全国人大三次会议广西代表团审议时指出，"决不让一个少数民族、一个地区掉队。"习总书记关于扶贫工作有很多讲话，早在1992年7月，习近平同志聚焦扶贫工作的著作《摆脱贫困》首次出版，强调"扶贫先要扶志"。党的十八大以来，他多次强调"扶贫先扶智""治贫先治愚"，以阻止贫困现象代际传承。他指示，"要帮助贫困地区群众提高身体素质、文化素质、就业能力，努力阻止因病致贫、因病返贫，打开孩子们通过学习成长、青壮年通过多渠道就业改变命运的扎实通道，坚决阻止贫困现象代际传递。"[①] "要把发展教育扶贫作为治本之计，确保贫困人口子女都能接受良好的基础教育，具备就业创业能力，切断贫困代际传递。"[②] 党和国家领导人的高度重视，以及具体指导，为山区少数民族摆脱世代贫困增添了信心。

"十三五"规划是中国农村扶贫开发工作啃硬骨头、攻城拔寨的关键时期。在距2020年不到四年的紧迫时间，中西部山区少数民族群众的贫困状况仍然未得到有效改善，一些精准扶贫、精准脱贫政策和措施的效果有限，急需调查其中原因，找寻最有效、最根本措施。可以说，研究山区少数民族贫困代际传递问题，是顺应时代的要求，是夯实政治的基础。

---

① 《习近平论扶贫工作——十八大以来重要论述摘编》，《党建》杂志2015年12月，党建网，http://www.dangjian.cn/sy/jjq/tt/201512/t20151201_2990221.shtml。

② 习近平：《落实教育扶贫，切断贫困代际传递》，央视网，http://news.cctv.com/2017/02/23/ARTIdHtbtRi3zpAATpvo50rF170223.shtml。

二 研究意义

总体上看，调查研究山区少数民族贫困代际传递具有现实意义和理论意义。

1. 对深入认识山区少数民族贫困的特征及程度具有现实意义。少数民族山区一直是中国贫困集中区，《中国农村扶贫开发纲要（2011—2020）》中提及除西藏、四省藏区和新疆南疆三地之外的11个连片特困区中有9个为少数民族山区，但目前对这类片区和少数民族贫困状况及特征了解还不充分。本课题所开展的调查研究，将为有关部门提供较准确翔实资料。

2. 对制定连片特困山区和少数民族长远性减贫政策具有借鉴意义。中国政府对贫困地区采取了多项减贫政策，但主要是以经济和收入增长为导向的开发式政策，其短期效应和负面效应开始显现。目前，旨在提高少数民族贫困人口能力和机会的"发展型"减贫政策缺失。本课题为有关部门制定相关减贫政策提供参考。

3. 对拓展和延伸贫困问题、社会流动问题的研究具有理论价值。本课题所研究的贫困代际传递现象是"长期贫困"的极端形式，是国际前沿研究领域"贫困动态学"（Poverty Dynamics）的核心部分；针对该类贫困所采取的能力提升与赋权对策也是前沿研究论题。同时，它涉及的社会流动和收入的不平等，是当前国际学术界重点关注的问题。本课题以连片特困山区和少数民族为特定对象，引入代际传递概念和发展型社会政策理论，可拓展贫困问题研究领域；并且，通过经济学、社会学、公共管理学、教育学等多学科视角，聚焦于同一个问题上，能够比较全面理解，对多学科综合有一定理论价值。

第二节 文献综述

贫困代际传递（intergenerational transmission of poverty，简写 IGT of poverty），有的翻译为"贫困代际转移"[①]"贫困代际传承"[②]，字面理解就是贫困状况从上一代传到下一代、出现多代贫困的情形。国内外学术界对此问题有着比较丰富的研究成果。

一 国外研究

（一）研究脉络和趋势

追溯贫困代际传递研究雏形，最早到1953年发展经济学家纳克斯（Ragnar Nurkse）在《不发达国家的资本形成》一书中提出的"贫困恶性循环"理论。20世纪60—80年代，社会学家布劳（P. M. Blau）和邓肯（D. Duncan）、人类学家刘易斯（Oscar Lewis）、经济学家贝克尔（G. S. Becker）、托马斯（N. Tomers）和阿玛蒂亚·森（Amartya Sen）等从不同学科角度进行论述。他们认为"贫困陷阱"是由多种原因造成的，比较有影响的包括：要素短缺论、贫困文化论、功能贫困论、社会排斥论和能力贫困论[③]。这一时期，学术界并未区分"贫困陷阱"和"贫困代际传递"概念，未形成独立的、系统性的贫困代际传递理论。

20世纪90年代以后，英美等国一些学者在大量田野调查基础上，对撒哈拉以南非洲、东南亚地区社会底层阶级的贫困代际传递问题进行了研究，取得了一些很有影响力的研究成果（Rodgers，1995；Aliber M.，2001；Harper C.，2003；Karen Moore，2004），

---

① 徐慧：《转型期的贫困"代际转移"及相应公共政策研究》，经济科学出版社2015年版。
② 李怀玉：《新生代农民工贫困代际传承问题研究》，社会科学文献出版社2014年版。
③ 同上书，第6—10页。

从而掀起贫困代际传递研究的热潮。设在英国曼彻斯特大学的"长期贫困研究中心（CPRC）"聚集一大批专家，将贫困代际传递列为该机构的中心研究工作，设置网站（http：//www.chronicpoverty.org/），举办国际会议，发表了一系列研究成果。

2011年"长期贫困研究中心（CPRC）"为期十年的调查研究结束后，国际学术界关于贫困代际传递的研究中心转移到美国，该国三大国家资助贫困研究机构之一的威斯康星－麦迪逊学院"贫困研究中心（The Institute for Research on Poverty，IRP）"对儿童和妇女贫困，以及不平等问题进行深入研究，将贫困代际传递问题细化，并上升到社会流动论题。IRP在2013年底发起了一项主要的研究计划（Promising Programs to Reduce Intergenerational Transmission of Poverty）[①]，旨在增进对减少贫困代际传递政策的理解，吸引了众多国际上有名的贫困问题研究专家，产生较多成果。

（二）研究的重点内容及结论

国外的研究可概括为四个方面：一是研究框架——研究代际间传递什么、怎样传递和哪些因素会影响传递。专家认为，贫困代际传递的内容或者影响因素包括金融、物质和环境资本、人力资本、社会文化政治资本（Kate Bird，2005；Kate Bird & Kate Higgins，2011），既有家庭内因素（Amber Peterman，2011），也有家庭外因素，如战争冲突、饥荒、政府治理失灵（Kate Bird & Kate Higgins，2011）。二是研究对象和研究区域——研究焦点是发展中国家的妇女和儿童（Behrman，2010），对发达国家研究侧重于其应对政策的总结和借鉴（Jenkins and Siedler，2007；Ursula Grant，2011）。三是探寻合适的研究方法——主要运用定量和定性结合的（Q2）研究方法，逐步侧重数量和微观数据的方法（Behrman，2006；Jen-

---

① 美国威斯康星－麦迪逊大学的贫困研究中心及关于减少贫困代际传递的项目研究网站：http：//www.irp.wisc.edu/research/intergenerationaltransmission.htm

kins and Siedler，2007）。四是提出政策建议——发展型社会政策，旨在提高贫困人口和家庭的发展能力、机会和权利（Hall and Midgley，2004），成为国际社会上制定减贫政策和行动方案的理论依据。下面依次将主要文献观点予以梳理。

（1）关于贫困代际传递内容、机制和影响因素

凯伦·莫尔（Karen Moore，2001、2004）指出，贫困代际传递是研究贫困的动态情形，它包括私人传递（个体和家庭的贫困从老一代传递到年轻一代，特别是从父母到他们孩子）和公共传递（资源从一代传导下一代，例如通过老一代的收入征税来为基础教育支付的教育体系）两种形式，通常关注的是前者，即家庭的贫困代际传递。传递的内容可以归纳为三类资本：①金融、物质和环境资本，例如现金、土地、家畜、房屋和其他建筑物、其他生产性物质资产、债务等；②人力资本，例如教育条件、手艺或生存技能、精神和肉体健康、智慧等；③社会、文化和政治资本，例如文化传统、制度、权利规范、价值体系、社会地位、社会关系、贫困文化等（Moore，K.，2005，Kate Bird，2007）。

贫困为什么会在代际间传递？这是对贫困代际传递的机制探讨。综合起来，国际学术界论述了五种机制。①人力资本投资机制：贝克尔-刘易斯（Becker-Lewis，1973）、贝克尔（Becker，1991）用基本数量—质量交互模型（basic child quantity-quality interaction model）解释"人力资本投资"这一机制在贫困代际传递中的作用，他们把家庭获得收益作为"质量"，它与孩子"数量"紧密相连，其中沟通的机理就是"人力资本投资"：包括教育、健康和营养等要素的人力资本，受制于"数量"与父母收入和其他资源，影响了对孩子人力资本投资情况，最后也决定了孩子一代的贫富状况。贫困代际传递是因为缺乏对孩子人力资本的足够的投资；②社会框架机制：贝克尔-刘易斯（1973）、贝克尔（1991）还提

出贫困代际传递的社会机制——由惯例、社会干预、激励和道德价值观组成的社会框架也会发生作用。孟希·苏莱曼和伊姆兰·马丁（Munshi Sulaiman and Imran Matin，2006）认为社会地位也是一个重要的起始条件，他们研究了100多个社区近6000家庭的社会地位等级变化，发现这些变化取决于一个家庭最初的条件和以后的改进；③财产继承机制：凯特·伯德和凯特·希格斯（Kate Bird and Kate Higgins，2011）指出，财产继承是理解代际复制、代际传递的重要机制。很多农耕社会中，继承发生在婚嫁之时，也是贫困是否会继承或阻隔之时；例如在印度，大儿子继承土地务农后，其他孩子不得不向非农迁移，反而加速其向上流动、摆脱贫困，而在撒哈拉以南非洲，这种资产继承会恶化其脆弱性；④"合约"传导机制：伊萨克·塔费瑞（Yisak Tafere，2006）提出"代际合约"（intergenerational contract）概念，它是一套准则、规则、信念和实践，左右着不同层次家庭和不同层次社会之间的相互关系。具体来说，父母对子女承担义务，提供孩子的基本需求（食物、健康照料和衣物）、教育和帮助其自力更生；反过来，父母希望子女将来对之进行赡养，成年子女承担扶助义务决定父母将来生活状况。这种带有"代际合约"性质的文化准则机制使得贫困可能在代际间传导。伊萨克·塔费瑞通过对埃塞俄比亚两个城市和两个乡村社区比较分析，验证了"代际合约"传递机制的存在；⑤童年起始条件传导机制，它广为学者们采用。卡罗琳·哈珀（Caroline Harper et al.，2003）指出，抓住童年贫困及其导致一生贫困和代际传递的机制，是研究"持续性贫困"的关键；童年时的起始条件会导致他一生贫困以及转移影响到下一代贫困，这些可以传导的起始条件包括金融、物质和环境资产（包括土地、家畜、家计、设备、现金或债务）、人力资本（如教育、谋略、身体健康或疾病）、人生态度、文化与其他知识和传统（如地位、歧视、政治资产等）。因此，对儿童的生存和保护条件（包括营养、儿童照料、支持和引导）以及参与和发展条件（儿童教育、孩童工作、态度和渴望）的研究可以观察家庭贫困的代际传递。萨拉·赫雷尔等（Sara Horrell et al.，2001）对19世纪英国的研究也证明了儿童营养和人力资本贫困不仅挫折他一生的劳动机会，并且会把这种冲击传递给下一代，使下一代陷入贫困。

此外，"贫困文化"机制也可看作贫困代际传递的一种内在机制。人类学家刘易斯（Oscar Lewis）于1959年发现社会文化是贫困问题产生的重要原因，他认为贫困是一种自我维持的文化体系——在长期的贫困生活中，穷人形成了一整套特定的文化体系、行为规范和价值观念体系，这种穷人文化与其他社会成员文化相互隔离。贫困文化一旦形成，对"文化圈内"后代会产生深刻影响，使得后代复制上一代贫困[①]。但这一机制在刘易斯之后并未得到深入研究。

凯伦·莫尔（Karen Moore，2001、2004）还刻画了贫困代际传递的基本模式，如下页图1—1所示。

贫困代际传递受到多种因素的影响。很多学者从不同领域探讨了其影响因素，例如刘易斯在1959年《五个家庭：关于贫困文化的墨西哥人实例研究》（*Five Families: Mexican Case Studies in the Culture of Poverty*）一文中提出"贫困文化"对贫困代际传递的重要影响。在美国，解释贫困代际传递的模型有经济资源模型、家庭结构模型、相关缺陷模型、福利文化模型和社会孤立模型（Corcoran，1995；Boggess and Corcoran，1999），这五种模型实际上就代表着代际贫困的五类关键决定性因素。凯特·伯德（Kate Bird，2007、2010）提供了一个关于IGT的完整文献评论，总结影响贫困代际传递的家庭内外层次因素。①家庭内因素：家庭构成、资产禀赋（如物质资产和

[①] 李怀玉：《新生代农民工贫困代际传承问题研究》，社会科学文献出版社2014年版，第5—6页。

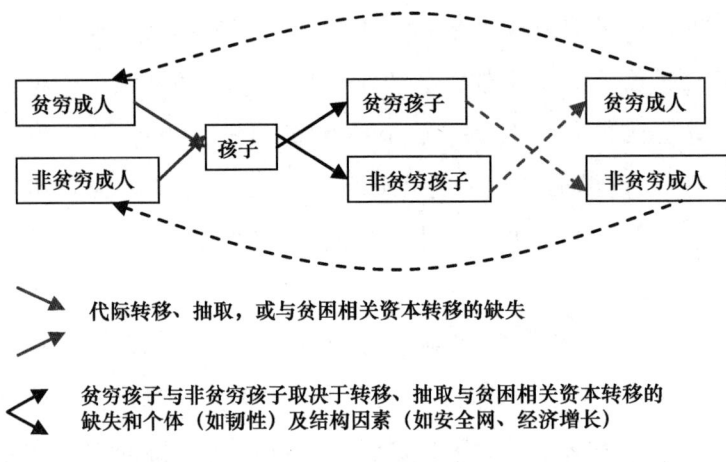

图1—1 贫困代际传递的基本模式

人力资本资产）、代表和地位、决定区分获得和控制资源的社会架构；②家庭外因素：基于性别的歧视和排斥、阶级、种姓、宗教、民族与政府治理和政策失灵，以及外部冲击和如冲突与饥荒等事件。表1—1简要汇总了这些因素。

表1—1　　　贫困代际传递的家庭和家庭外的影响因素

家庭因素	家庭外因素
家庭特征（组成、人口学特征）	冲突
父母收入	文化规范和社会心理因素
生产性资产获得性（禀赋）	歧视（基于阶层、种姓、宗教和民族）
教育和技能获得性	社会资本和关系网
健康与营养	宏观经济冲击
育儿、培育和社会化的质量	社会治理不善
早期接触暴力/童工	
寄养、收养和孤儿/早育	

资料来源：根据Bird, K.（2007、2010）整理。

台湾暨南大学萧琮琦、台湾大学古允文总结台湾地区贫困代际传递的因素有：教育机会剥夺、贫穷的人力资本、不恰当的社会角色转换、不健康的婚姻关系、遗传疾病与其他因素等（Tsrong-chi Shiao and Yeun-wen Ku，2012）。这些论述有一定的启发意义。

（2）关于贫困代际传递的重点对象

凯伦·莫尔（Karen Moore，2004）指出，年轻人经历贫困通常是与其童年被剥夺和父母贫困联系在一起的；在童年遭受贫困，会对其一生，以及自身家庭产生重大影响。因此，国际学术界研究贫困代际传递时，重点是对儿童和妇女（母亲）进行研究。

萨拉·赫雷尔（Sara Horrell et al.，2001）指出，生命科学已经将妈妈的健康通过胎儿环境对孩子后来生活中的身材、健康和生产力的影响联系起来，这被称为"营养陷阱"。因此，他们建立了一个代际贫困传递的模型：孩子的人力资本获得模型，估计19世纪的英国和法国跨代贫困逃脱率为4%，仍然为贫困（即未逃脱，保留率）为50%和90%。凯特·伯德和凯特·希格斯（Kate Bird and Kate Higgins，2011）也指出，国际研究者已经高度关注父母—儿童的传递，以及早期经历如何把一个孩子准备为一个高度集合社会和经济的"演员"或导致一系列限制其机会和生活机遇的脆弱性；这种关注必须通过一个人的生命历程，特别是其一生的关键时间点，包括从儿童到青春期的转变、从青春期到成人的转变。尼尔森等（Nelson, J. et al.，2013）也提出，贫困往往贯穿一个人的童年和成年，是长期和代际传递的，因此要加强对孩子的童年状况进行研究。

把儿童和妇女作为研究的重点对象，为后续的阻断政策建议提供了强有力的证据。

（3）关于贫困代际传递的研究方法

贫困代际传递是一个比较长期的现象，往往难以获得微观数据，因此，其研究方法非常关键。凯特·伯德和凯特·希格斯（Kate Bird and Kate Higgins，2011）指出，要找到贫困代际传递的推动力和阻断力，需要追踪贫困个体的一生，看到其传递到下一代，呈现这一长期过程的面板数据太难获得了，因此，必须采用替代方法，例如，用半结构访谈（semi-structured interviewing）来确定其一生的关键事件，抑或追踪其家庭历史。

杰瑞·阿布拉尼·贝尔曼等（Jere R. Behrman et al.，2013）运用仿真模拟方法对埃塞俄比亚、印度、秘鲁和越南四个国家21世纪出生的孩子进行预估贫困代际传递情况。仿真估计发现，父母的教育获得、收入提高和消费会影响下一代的贫困发生率和不平等，减少父母的贫困发生率和不平等，可能仅提高当前的成年人福利，并不可能对下一代成年人的贫困和不平等有太大影响。

达·科尔塔（Da Corta，2007）提出一个Q3调查方法（Qcubed approach），即：追踪个体一生的生活轨迹（定性1——qualitative 1）；个体一生的社会关系变化，以及家庭内外关系变化（定性2——qualitative 2）；当地及宏观事件及趋势（定性3——qualitative 3）。凯特·伯德和凯特·希格斯（Kate Bird and Kate Higgins，2011）也提出，基于调查数据的数量分析方法（quantitative analysis of survey-based data）可以用来解释贫困代际传递，已有研究表明，工业化国家，成长中经历贫困对个人未来生活机遇产生负面影响；但在发展中国家，这种研究方法遇到挑战更大。

调查方法是社会学家常用的一种研究方法，对涉及贫困代际传递和流动这种带有较强社会学意义的论题时，具有重要作用。现在，一些国家有比较系统的调查数据，例如日本有名的社会阶层和社会流动调查（SSM）数据，美国的国民收入调查数据。阿特金森（Atkinson，1981）曾提出三个方法来获得代际收入数据：纵向调查、追溯（回忆）调查、追踪调查；美国有两个有名的此类调查：

收入动态学的面板研究和国民纵向调查，并引发强烈研究兴趣。研究发现，与广泛认可的美国是一个公平机会的国家相反，其代际收入流动实际很低（Solon，1992）。日本学者佐藤优实和吉田隆史（Yoshimichi Sato and Takashi Yoshida，2008）也是利用这种调查方法：第一步，将每一个 JGSS 调查中年龄为 30—49 岁的追溯者圈出来，JGSS 调查会访谈他们在 15 岁时父母的收入和教育。接着，找到 SSM 调查中的 1965、1975、1985、1995 年的数据，用回归分析估计收入方程。因变量是每一个调查年的收入者均值，基于消费者价格指数调整，数据中将最高的 2.5% 和最低的 2.5% 的剔除；解释变量为调查年、年龄、教育、职业地位、收入、公司规模。第二步，利用收入方程估算父母的收入，并把它来作为家庭的最初收入。第三步，父亲收入阶层和个体收入阶层间的代际间流动，用来分析贫困代际传递是否发生。第四步，代际收入流动机制，通过地位获得过程分析方法来分析。用这一方法，他们估计日本的父母收入与孩子一代的收入具有正方向关系，父母收入高孩子一代收入也会高，收入流动弹性系数为 0.265（1 表示完全不流动；0 表示完全流动）。

（4）关于阻断贫困代际传递的对策

国际上众多学者和组织提出一些具有建设性对策，相关国家和地区政府也积极推行一些政策来阻断贫困代际传递。现对一些有代表性、综合性的文献进行总结。

凯伦·莫尔（Karen Moore，2004）提出，要阻断贫困代际传递，首先要优先保障贫困群体的生计安全，包括：①创新社会保护政策；②防止健康欠佳（即健康照顾）；③通过干预营养、健康、教育和家庭安全，防止和中断儿童贫困；④首先要发展足够的成人劳动力市场，为国家提供公共服务和社会保护进行融资，支持资产生成和保留的项目；其次，要确保长期贫困人口有机会跳出贫困，主要是：其一，推行益贫式增长；其二，使市场为穷人服务（包括创造市场为残疾人工作）；其三，要认真采取赋权行动，通过政治、法律和社会壁垒的改造来消除性别、民族的歧视；其四，要认识到政府有提供资源的义务。

凯特·伯德和凯特·希格斯（Kate Bird and Kate Higgins，2011）提出阻断贫困代际传递六大政策建议：①提高儿童和母亲的健康和营养；②拓宽和加深教育供给；③支持资产积累和公平的财产转移；④扭转歧视与赋权于女性；⑤提供人生历程中不同时点的社会保护；⑥支持通过转变增长方式来创造财富。

尼尔森等（Nelson, J. et al., 2013）提出，改变贫困代际传递的关键性政策可以分结构性和家庭两个层次，结构性层次政策包括金融政策和社会环境政策，例如金融政策方面：①增加和改革社会保护（如儿童津贴、工作税收扣除、非缴费型老年津贴）；②对就业的额外成本进行扶持（例如孩童照料、衣物、交通补贴）；③提高国民最低工资/支付生存工资，等等；社会环境政策方面：①减少失业和增加家庭收入，促进弹性工作，提倡工作机会平等、消除工作场地歧视；②获得交通、健康医疗的支持，以及更宽广服务路径（如儿童中心）；③获得休闲、社会和文化活动的途径（如在使用时免费），等等。家庭层次的支持政策包括：①支持父母和孩子的教育获得（如通过现金转移、家庭识字项目）；②减少年幼学生辍学，创造学生大军；③瞄准父母就业、教育和自我实现的家庭和社会服务援助等。

国际上非常重视对贫困儿童和母亲，以及土著等特殊人群的扶持，认为他们是阻断世代贫困的关键对象。例如，杰瑞·阿布拉尼·贝尔曼（Jere R. Behrman, 2013）提出，减少下一代陷入贫困的政策措施是支持孩子的人力资本投资，例如墨西哥有名的"机会—有条件现金转移计划项目"（opportunities Conditional Cash Transfer program）就是侧重对孩子的教育扶贫。中美发展银行

(IADB)和英国海外发展署(ODI)强调对家庭人均收入和消费,以及父母教育获得(特别是母亲)支持的重要性,认为它是阻断贫困和不平等代际传递的最关键措施。

国际组织非常重视阻断贫困代际传递工作。例如,中美发展银行(IADB,1999)主张政府推行公共政策、设计有效的项目来打破贫困代际传递,认为该项目至少着眼三点:一是项目以家庭为中心,因为家庭会对孩子产生影响;二是项目应该考虑溢出效应,例如早期儿童综合干预项目公共政策对儿童和父母都有作用;三是理解家庭约束和贫困代际传递的过程。该组织赞同拉丁美洲一些国家设计的以家庭为中心的综合干预项目,如墨西哥的发展计划(The Progress program),该计划综合了教育与健康、营养和收入支持。该组织所主张的响应政策中特别侧重对年轻父母(妈妈)的教育和培训,以及对土著的特殊支持政策:①在贫困地图中纳入土著人,使之安全获得土地,提高其接受教育和培训的机会;②保护其文化和少数民族身份认同,努力提高其营养;③提供必要的社会设施(如道路、水、交易场所)与入学设施、健康医疗和社会安全网。

表1—2　　　　阻断贫困代际传递的主要对策和措施

政策建议	具体措施
增进儿童和母亲的健康与营养	努力改进食品安全、食物供给:为5岁以下儿童补充必要营养,为低收入家庭的少女补充营养,为孕妇和哺乳期的女性补充必要营养
	推进晚婚晚育政策,支持女性实行计划生育,为孕妇和哺育期妈妈提供免费的卫生保健,提供免费或资助抗反转录病毒治疗
	为低收入家庭提供健康保险或税额减免和免费医药
放宽深化教育政策	早期儿童入学干预(如对低收入家庭孩子免费上幼儿园),确保小学的入学率和质量,在扩大的冲突中坚持教育
	为贫困家庭提供定向的奖学金项目或有条件的现金或食物转移
	通过激励性项目来减少童工现象
	投资于公共教育,鼓励家庭在女儿身上投资

续表

政策建议	具 体 措 施
支持资产积累和资产公平转移	公共政策的事前预防措施和事后补救干预，社会安全网的建立
	法律和文化层面对妇女继承权的认可，允许妇女拥有土地，实行《婚姻法》改革使妇女在分居期间或离婚后拥有一定比例资产和收入，加强所有形式的婚姻登记来确保已婚妇女的财产权利，支持夫妻双方进行土地共同之策，协调本国法律与禁止性别歧视的国际法律
	提高公众意识让贫困人口对法律改革有所了解，改进法律援助，让穷人能从公平的法律体系中获益
	鼓励父母去世后将财产转移给年轻一代
	改革现有规章制度和操作程序，打击腐败
应对歧视与赋权于女性	创建一种社会契约，支持平等和包容，推动开展反歧视立法和行动
	通过增进妇女增收机会和资产获取能力来提高其在家庭谈判的能力；创新激励措施，让更多男性加入到促进性别平等的家庭规划决策和养育行动中；允许妇女获得信用和其他加入服务；推动妇女和被边缘化群体的赋权项目；确保广泛的代表性，促使妇女和受排斥群体开展代议活动
	加强有困难社区和个人的服务
提供人生历程中不同时点的社会保护	育儿补助，残疾补助，非个人缴纳养老金（社会养老金）
	失业/就业资助
	免费医疗服务
支持通过转变增长方式来创造财富	创造就业机会

资料来源：Kate Bird, Kate Higgins (2011), *Stopping the Intergenerational Transmission of Poverty: Research Highlights and Policy Recommendations*, CPRC Working Paper No. 214.

二 国内研究

（一）研究脉络和趋势

国内学者非常重视农村贫困问题研究，但是对更细化深入的"贫困代际传递"现象研究起步较晚，进入新世纪后才关注这一理论，如李晓明（2006）、张兵（2008）等介绍了贫困代际传递的概念、特征和国外研究情况。最近,一些学者开始研究贫困代际传递的影响因素(陈文江、杨延娜,2010),并重点关注女性和儿童(朱玲,2008;韩春、陈元福,2011),提出通过教育、医疗保障、赡养模式的改革破解贫困代际传递(王瑾,2008)。

近年,随着中国农村贫困问题和社会差距问题研究的深入,特别是国家领导人多次提及贫困代际传递话题,学术界掀起新的研究热潮,众多社会学、经济学、公共管理学者纷纷撰文著作,成为国内贫困及社会流动问题研究的主力军。以"贫困代际传递"为关键词搜索中国知网,可获得615条相关信息;以"贫困代际转移"和"贫困陷阱"为关键词可得到第11条和第87条。从年度趋势看,2014年后相关文献急剧增多,表明"贫困代际传递"问题已经成为中国学术研究热点(见图1—2)。

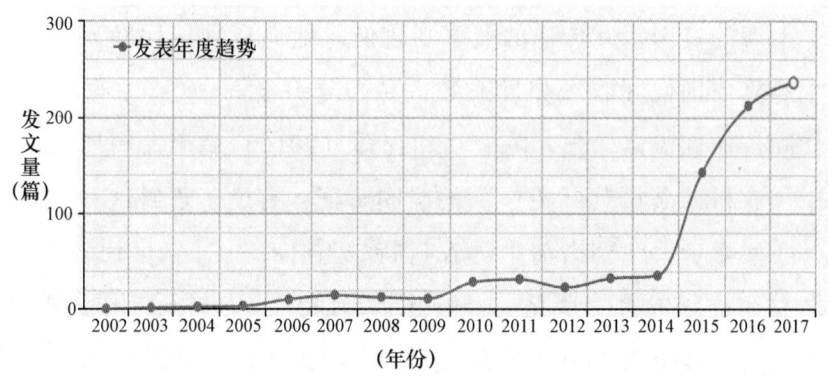

图1—2 国内关于"贫困代际传递"研究文献(截至2017年4月)

(二)主要研究内容及观点

2011年以来,国内学术界对贫困代际传递问题展开较为丰富的调查研究,主要研究内容有以下五个方面:

(1)对贫困代际传递现状的研究

林闽钢和张瑞利(2012)利用"中国营养与健康调查

(CHNS)"数据，对比农村贫困家庭和非贫困家庭，发现贫困家庭父辈和子辈在受教育水平、上学机会、就业状况以及医疗保险等方面都处于明显劣势，子女一代容易受到父辈一代经济和社会劣势的影响，代际收入弹性大、收入流动性较差，表明农村贫困家庭贫困代际传递明显。张立冬（2013）也是利用CHNS数据分析中国1988—2008年农村家庭情况，发现农村存在非常显著的"贫困代际传递"现象；从阶段分，2003年后传递程度有所降低，而且是相对贫困层面的传递。卢盛峰和潘星宇（2016）利用CHNS数据和Arc GIS地图分析方法发现，中国农村贫困在代际间传承严重，概率大约为7.44%—8.88%；但传递概率在时间上有减弱趋势，在2006—2011年略低；从城乡看，农村地区贫困的代际传递性均大幅高于城市地区；从空间看，"贫困代际传递"情形集中在中西部国家贫困县，经济较为发达的江苏、山东、辽宁，以及直辖市中的北京、上海的贫困代际传递的概率则较低。他们还利用代际流动分析技术测算中国代际收入弹性系数大致位于0.38—0.42之间，贫困的代际传递性依然较强。陈全功和程蹊（2016）从生命周期角度论证中国农村"贫困代际传递"的时间特征，有助于理解这一问题。

一些学者关注到当前中国农村特殊群体——"新生代农民工"的"贫困代际传递"情况。李怀玉（2014）认为当前工作流动性、就业能力这两个方面因素对农民工贫困代际传承产生较大影响，农民工的贫困代际传承比较严重，出现阶层固化现象。张积良（2016）也认为，由于"新生代农民工"的社会地位和自身条件导致其贫困出现了代际传递的趋势，已经成为一个重要的社会问题。

（2）对"贫困代际传递"机制的理论介绍

"贫困代际传递"是一个系统性、复杂性的经济社会过程，单一的收入变动难以解释其内在机理和过程，因此，西方学者和国内学者尝试从理论角度予以阐释。

祝建华（2015）介绍了"贫困代际传递"机制的三个理论视角：社会排斥视角、人力资本视角和劳动力市场理论视角，归纳出：①由于家庭中父辈在经济、教育、医疗、住房、社会关系等层面面临着社会排斥的风险，而且这种风险单纯依靠自身力量难以避免和应对，从而导致贫困的不利因素传递到下一代；②人力资本可以促进社会的上行流动，它是一个家庭投资决策过程，但由于贫困父母的经济地位决定了其不能对子女进行人力资本投资，从而导致子女最后的职业地位较低，陷入贫困；③由于二元劳动力市场的阻隔和分化，限制了一部分人的社会流动，使之无力改变家庭贫困面貌，而且还逐步沦落为社会排斥地位，继承父辈的弱势社会地位，由此形成贫困代际传递。

（3）对贫困代际传递影响因素的研究

这是国内学术界研究成果较为集中的一个视角。综合起来，学者们认为导致"贫困代际传递"的因素有：①先赋性因素和后致性因素；②自然、经济、社会与人力、政治等各类资本；③父母教育程度；④妇女健康状况。下面依次对相关研究观点进行梳理。

徐慧（2015）指出，转型期中国贫困代际转移的影响因素有先赋性因素，如人力资本不足、社会资本弱势、贫困文化等，也有自致性因素，如子代个体的努力程度和自我积累。在先赋性因素中，要着重关注城乡分治制度、保障制度与潜规则等制度性外在因素。

但是一些学者则认为影响"贫困代际传递"的重要因素是家庭的内在因素，而不是外在因素。例如，张望（2016）认为，国家的体制机制、宏观政策等因素是对所有家庭都有效的，但影响"贫困代际传递"的内在决定因素是：一个家庭占有和使用的自然资本、物质资本、人力资本和社会资本的能力，以及抵御疾病与意外伤害风险、自然风险和市场风险的能力；也就是说家庭所拥有的各类资本和个体所具有的能力两大因素。王志章和刘天元（2016）利用我国连片特困区1816个农村贫困家庭微观调查数据进行实证分析，发现经济资本、人力资本与社会资本、心理资本是影响农村贫困代际传递的重要因素，其中家庭收入、父辈对子辈教育投入和家庭结构对贫困代际传递的影响最显著。邢成举（2017）也认为，社会、经济、政治、人力等四类资本是钳制和制约贫困户跨越贫困陷阱的主要障碍。徐慧（2016）在以上各类资本基础上，进一步提出外部制度排斥也是影响贫困代际转移的重要因素。

祝建华（2016）提出，家庭中父母教育对贫困是否代际传递的影响较大，它主要是传递给子女教育、子女职业状况、收入流动等。李长健和胡月明（2017）利用中国家庭追踪调查（CFPS）数据研究发现，父母的教育程度尤其是母亲的教育程度对贫困代际传递具有显著的影响。

王洛林和朱玲（2010）通过对滇青甘藏区案例研究发现，妇女健康状况与贫困代际传递的联系非常紧密，因此要加强对妇女健康的扶持来阻止世代贫困。

（4）"贫困代际传递"影响的研究

"贫困代际传递"是一种恶性循环情形，对国家经济和社会等多个方面产生负面影响。这似乎是一个公认的常识，因而以此论证的学者较少。徐慧（2015）论述了"贫困代际传递"对经济领域、人力资本投资、社会发展，以及社会公平、贫困文化等产生的深刻影响。她认为，在经济领域，贫困代际转移对一国经济增长和发展、调节收入分配差距、消费等方面产生负面影响；在人力资本投资方面，主要是对社会成员进行人力资本投资的积极性、高等教育投资产生负面影响；在社会发展领域，它对社会稳定、政治稳定和改革、社会结构发展产生负面影响；在其他方面，它对社会公平、贫困文化等方面都产生负面影响。

(5) 缓解贫困代际传递的对策研究

国内学者们根据他们所探讨的贫困代际传递的因素，提出众多缓解对策，主要是：①进行各项改革；②实施"亲贫式"社会公共政策；③创新教育和就业政策；④进行文化扶贫。

邢成举（2017）认为，要从社会、政治、教育和经济等层面革新，帮助贫困人口摆脱不利的结构性位置和处境。

徐慧（2015）认为，应对贫困代际传递的公共政策需要创新，如完善住房公共政策与服务，完善社会保障政策体系，以及公共教育、医疗卫生等政策。孙远太（2017）也指出，当前我国的社会救助政策的目标定位、实施标准、内容体系都无助于阻断贫困代际传递，因此，要从社会救助政策的目标定位、实施标准和内容体系等方面进行改革，提升社会救助治理能力，从而以此来阻断贫困代际传递。

张立冬（2013）建议加强对农村贫困家庭子女的教育投资以及职业教育和就业技能培训的投入，并努力为其创造更多的非农就业机会，以此破除贫困代际传递。祝建华（2016）则提出促进贫困家庭父母教育发展，进行"上游干预"帮助贫困家庭采取合理的风险应对行动等，来缓解贫困的代际传递。郭晓娜（2017）也认为，教育在阻隔贫困代际传递中具有较大价值；李长健和胡月明（2017）指出，在农村要加大教育补助力度，在城市要提供多样化的医疗保障和公平的就业机会，是抑制贫困代际传递的重要举措。

王志章和刘天元（2016）提出，在当前精准扶贫战略下，要加大贫困地区的资源转化力度，培育好当地支柱产业，增加教育投入，特别是要从文化上予以扶贫，开展形式多样的文化活动，营造积极健康的乡土文化氛围，扶贫扶志，重塑农村贫困人口自我发展信心，以此阻断贫困代际传递。

三 总体评述

目前,国际上已经形成较系统的"贫困代际传递"理论,国内也开展多项调查研究。但从已有文献成果、中国农村贫困状况,以及国内脱贫发展目标任务等方面来看,还需要在以下四个方面进行深入调查研究。

一是需要对特殊地区、特殊群体的"贫困代际传递"问题的调查研究。

这里的特殊地区指的是中国中西部山区;特殊群体指的是少数民族。前面文献回顾看到,国外关于贫困传递的理论和实证研究基本是以它们本土国家,或者南部非洲、拉美、南亚等地区为例,缺乏对中国中西部山区的研究;国内虽然有从空间上研究贫困代际传递(卢盛峰和潘星宇,2016),但只是一种宏观层次的分析,并没有将中西部山区作为独立地区进行研究。山区在中国版图中占据主体地位,它的面积占全国领土面积的2/3以上①,是贫困人口的集中地,14个连片特困区有9个是山区,11个是少数民族地区。同时,少数民族是当前我国贫困人口的最大群体。据中国农村贫困监测数据,目前我国绝对贫困人口近50%是居住在山区少数民族,而长期贫困群体有76%是集中在资源匮乏、环境恶劣的少数民族地区,并且这些贫困群体容易出现返贫现象,代际贫困问题比较严重,增加了扶贫脱贫工作的难度。

二是需要对中国农村贫困代际传递的内在机制进行理论阐释。

内在机制阐释,是一个较为理论化的深度研究内容。虽然国际学术界对贫困代际传递的内在机制进行过论述,但大多是关于人力资本投资、财产继承等社会契约机制;国内也对这些机制进行描

---

① 陈国阶等:《中国山区发展报告——中国山区发展新动态与新探索》,商务印书馆2010年版,第2页。

述，但都没有结合中国实际，特别是少数民族千年流传下来的文化传统和管理，也没有考虑当前市场经济和中国社会转型变化的情形。可以说，中国中西部山区少数民族群众的贫困代际传递有其独特的文化和市场机制，这需要结合实际进行理论探讨。我们提出一个"民族代际契约"机制，即包含民族文化伦理和经济决策在内的两大契约共同决定的一种机制。该机制中，父母一代提供给子女一代基本需求和教育，并传承其剩余财产；子女对父母承担赡养扶助义务，决定着父母老年生活状况，带有较强的"经济契约"和"民族文化契约"特征，该机制强化了父母对子女、子女对父母的双边义务，也导致贫困代际的转移和更替。

三是需要对影响山区少数民族"贫困代际传递"的特定因素进行重点分析。

虽然国内外有较多成果探讨影响贫困代际传递的因素，但还不够全面。影响"贫困代际传递"的因素很多，但在调查研究山区少数民族的贫困问题时，要考虑贫困代际传递的地域性、民族性、社会制度性等特定因素，可以看到这三个因素是山区少数民族贫困代际传递的典型影响因素。从前面文献回顾看到，目前学术界较少论述这三类因素，特别是社会制度性因素，成为一个敏感话题，对表现社会公平正义的一些制度，如升学、就业、扶贫等制度的缺陷，不敢深入研究。我们认为，贫困代际传递是一个综合性问题，受到自然条件、民族文化、社会环境、个人能力等多方面因素的影响，在现阶段更要从社会公平环境创造角度进行分析。

四是学界所提供的阻断对策建议比较零散，把个体脱贫与地区发展割裂开来，特别是较少论及社会制度改革和公平环境改善。从已有文献看，国外着重把阻断贫困代际传递的重点放在儿童教育和妇女健康，以及社会排斥等方面，国内也着重建议教育投资、社会公共政策。实践中，当前中国农村扶贫开发政策带有"普适性"、

"经济性",在社会差距不断拉大、社会不公平因素增多的大环境下,这些政策对"贫困代际传递"的阻断作用有限。我们理解,阻断贫困代际传递是一项系统工程,要"多管齐下",特别要突出个体能力建设,提供发展机会,保障参与权利。

总体上,"贫困代际传递"是一个社会流动问题,阻断它涉及社会公平公正环境的创造,需要社会制度性改革。如果仅仅是提高人力资本投资比例,搞好社会兜底性保障政策,政府包办扶贫脱贫工作,而没有从根本性的制度,如公平接受教育、就业、社会保障等制度层面进行改革设计,只能是治标不治本,贫困群体即使暂时脱贫,也会成为社会弱势群体,难以改变社会结构。

第三节 研究内容和方法

一 研究内容

少数民族家庭贫困是中国农村贫困问题的重点和难点所在,而且他们的代际传递特征更为明显,影响力更为深远。展开对中西部山区少数民族"贫困代际传递"问题的调查研究,就要对现状、机制、影响因素,以及对策措施等多个方面进行调查分析。

(一)研究框架

根据国际上对贫困代际传递问题研究的框架,主要是围绕传递什么、怎样传递、为什么传递、怎样阻断四个逻辑层次进行。图1—3简要将此框架显示出来。

(二)研究内容

根据以上框架,我们拟调查研究以下七个方面内容:

(1)山区少数民族"贫困代际传递"的现状、特征。主要通过对典型地区的研究,分析"贫困代际传递"的比例、时间、内容,以及有何特征,从而更加全面了解这一问题。

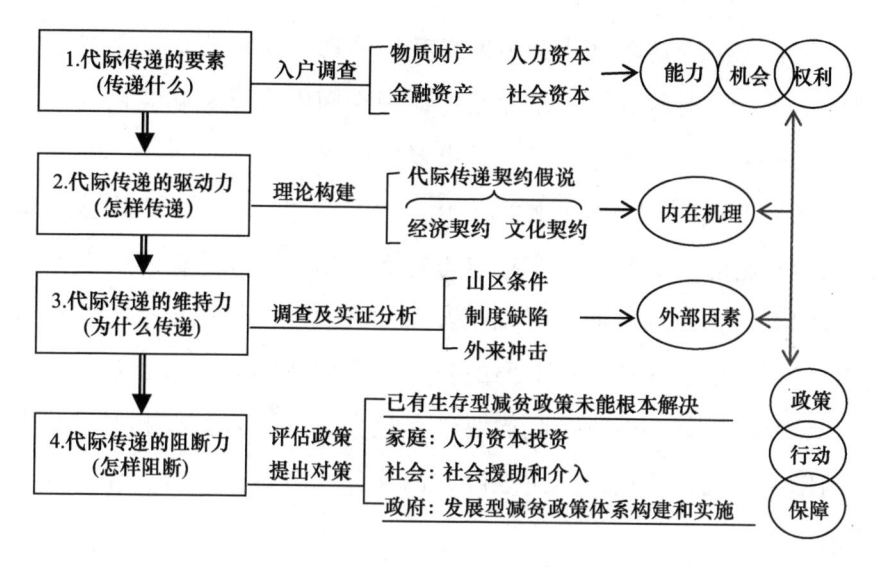

图 1—3 山区少数民族"贫困代际传递"的研究框架

（2）"贫困代际传递"的内在机制。这是理论分析起点，我们拟构造和考察"民族代际契约"（ethnic intergenerational contract）理论，阐述民族文化（含伦理）和经济决策两个方面的内在机理作用，并通过描绘典型家庭代际关系图景予以说明。

（3）民族文化传统与"贫困代际传递"的考察。这是对前面贫困代际传递机制的具体阐释，以个案形式来展现少数民族文化传统对贫困的深刻影响。很多学者谈及"贫困文化"，这一文化在少数民族山区比较显著，也成为制约他们摆脱贫困的长远、隐性因素。

（4）个体能力、人力资本差异与贫困代际传递的考察。一些学者认为，贫困代际传递最主要原因是个体能力和身体条件等方面存在差异。那么，个体能力、人力资本差异的形成原因是什么？在现代教育体系逐步完善的情况下，个体能力得以提升，多大程度帮助家庭得以摆脱贫困陷阱，这需要深入调查考察。

（5）地理空间条件与贫困代际传递的考察。这主要是要研究山区因素对贫困代际传递的影响。虽然很多学者反对地理因素决定论，但农村深度贫困为什么集中在我国中西部民族山区，并且长期的扶贫脱贫和发展政策难以奏效，地理空间因素是影响贫困代际传递的首要因素，虽然它并不是最重要的因素。

（6）制度变革与贫困代际变化。这是探讨一些先赋性因素对贫困代际传递的影响问题。在总结历史上贫困代际变化的主要制度途径基础上，我们从现代教育制度、就业制度、社会保障和扶持制度，特别是精准扶贫政策资源的获得等方面考察制度性变革对贫困代际传递的影响。同时，我们要考察社会态度和政治权利对世代贫困的影响情况，从更深层次理解贫困为什么会传递、社会流动或固化的原因。

（7）阻断贫困代际传递的发展型综合政策体系。以往的阻断对策措施可以界定为"扶贫型"政策体系，侧重产业、教育、医疗、社会保障等方面对贫困个体的作用，对参与权利、公平机会获得等政治性、社会性政策较少设计，有时还把个体脱贫与区域发展隔离开来，政策措施着眼于眼前，不具有长远性、根本性。发展型综合政策体系，比单纯的扶贫更加全面，也有侧重。

二 研究方法

虽然目前一些学者注重运用计量模型分析贫困代际传递影响因素，但对于贫困代际传递这一偏向于社会学的论题，对典型家庭的家族史、口述史的重视更加有意义和说服力。因此，我们拟采用以下两种方法：

（一）调查统计方法

我国贫困人口主要集中于14个片区，因此，我们拟以典型连片特困山区（武陵山区、滇桂黔石漠化山区、滇西山区、海南五指山区）为例，进行机构访谈和农户调查。这些山区，既有人口较多的少数民族，如土家族、苗族、壮族、黎族等，也有人口较少民族,如德昂族、独龙族、傈僳族等等。我们从 2008 年开始,走访调查了这些典型山区少数民族农户,获得了较为丰富的资料。

(二) 对比分析和案例分析方法

一是将山区与平原、东部地区进行对比,将少数民族人群与汉族贫民进行对比,将中国与欧美国家的贫困家庭进行对比,突出山区地理特征和民族特征在"贫困代际传递"中的作用;二是选取典型家庭作为案例,分析"贫困代际传递"的过程及阻断因素。

第二章

山区少数民族贫困代际传递现状及特征

当前，我国中西部民族山区出现了较高比例的贫困人口，而且家庭贫困呈代际传递的特征。本章通过对调查村和农户的统计分析、案例分析，揭示其具体状况和特征。

第一节 相关概念理解

"贫困代际传递"（IGT of Poverty），是指贫困状况以及导致贫困的因素，由上一代传递给下一代，形成多代贫困的恶性循环现象。它是深度贫困的一种具体表现形式，也是社会流动性下降的一个表现。很多学者对这一概念进行过界定和描述，围绕它也产生一些学术术语，如"贫困代际转移""贫困代际传承""贫困循环""代际贫困""生命周期贫困"等。为便于全面理解这一术语，下面简要对相关概念予以区分。

一 绝对贫困、相对贫困和多维贫困

贫困是一种贫穷、缺乏、满足不了人类需求的状态，因此，贫困概念群中首先有一个绝对贫困概念。绝对贫困，按照英国学者朗

特里（Benjamin S. Rowntree）定义，"如果一个家庭的总收入不足以支付仅维持家庭成员生存需要的最低量生活必需品开支，这个家庭就基本陷入贫困之中。"① 它可以通过收入或消费情况予以衡量，也就是收入线或消费线，低于该标准线的人口或家庭为贫困。叶普万（2006）指出，"贫困一般是指物质生活困难，即一个人或一个家庭的生活水平达不到一种社会可接受的最低标准。他们缺乏某些必要的生活资料和服务，生活处于困难境地。"因此，各国政府和国际组织往往划定比较权威的贫困线来界定贫困人口和家庭，例如中国政府于2011年调整的人均年纯收入2300元（2010年价）标准线，世界银行每天1.9美元或2.5美元的消费支出线。绝对贫困线，实际上是一个保证基本生存生活的温饱线。

相对贫困，是相对于另一个阶层或人群来说，其收入或支出较低，那么这一人口和家庭就是较为贫困的。因此，判断一个人或家庭是否处于贫困状态，就一定是相对于同地区的其他人群和家庭。例如，一个家庭人均纯收入达到4000元，超过国家2016年2952元的贫困线，可以视为脱贫了；但这一收入水平在较高消费支出的城市，如深圳市、北京市、上海市，就显得非常低等，其人口和家庭就是处于相对贫困了。也就是说，贫困不仅取决于该个体拥有的收入和资源，还取决于社会中其他人的收入和资源，是相对的。衡量贫困，不仅有地区差异线，还有个体相对差异线。世界银行（1993年）将贫困定义为"某人或家庭与本国平均收入的比值"，如将贫困线划定为平均收入的一半②；欧盟界定贫困为"可支配收入低于全国平均家庭收入的60%"。因而，相对贫困线是随着相对的标准的变化而变化，具有可比性和动态性。

我国要在2020年实现贫困人口全部脱贫，这是以全国统一的

---

① Rowntree, Benjamin Seebohm, 1910, *Poverty: A Study of Town Life*, London: Macmillan.
② 世界银行：《贫困与对策》，经济管理出版社1996年版，第1—4页。

标准线而言，是仅能保证温饱的脱贫标准。在实践中，我们观察到很多民族山区，其农民家庭人均可支配收入超过了3000元，按现有标准是已经脱贫了，但仍然较为贫困，相对于当前的消费支出、社会生产支出，远远不够的，因此仍然处于相对贫困状态。特别是在全面建成小康目标下，一些民族地区得到快速发展，居民收入水平提高较快，已经超过国家划定的收入贫困线，但相对于日益增长的消费支出和物质文化生活需求，以及本地区平均水平来说，仍然处于较低水平，应该还界定为贫困。我们在调查中，观察农户是否处于贫困，也往往采用的是相对标准。

贫困，不仅表现在收入或支出等数量性指标上，还表现在资源、能力、权利的拥有，以及主观感受上，是多方面、多维的，因而就有"多维贫困"术语。它是"牛津贫困与人类发展中心（Oxford Poverty and Human Development Initiative，OPHI）"2007年用多维视角度量贫困而得名。在牛津大学和联合国发展计划署的联合工作下，衡量"多维贫困"的指数包括教育、健康和生活水平三个维度，得到较为广泛认同。

中国农村贫困，就是一种典型的多维贫困，不仅表现为收入和消费支出、拥有的资源和权利的多少，还表现为形成原因多种多样，抵御各类风险能力相当脆弱。因此，衡量贫困户是否退出，不仅要有前述的收入贫困线标准，还包括其他生活保障条件标准。中共中央办公厅、国务院办公厅印发的《关于建立贫困退出机制的意见》中贫困人口退出标准——"该户年人均纯收入稳定超过国家扶贫标准且吃穿不愁，义务教育、基本医疗、住房安全有保障"，即，除收入标准外，还有"两不愁、三保障"等条件，执行的是一种综合性标准。在调查实践中，我们衡量贫困也用的是多维贫困标准，不仅看其收入，还看其住房、医疗和教育负担，以及家庭负债等综合性情况。

贫困代际传递，既有可能有绝对贫困程度的传递，也有相对贫困程度的传递。当前，中西部民族山区有较大比例的贫困代际传递现象，主要是一种相对贫困的传递，这些贫困家庭绝大部分已经解决了温饱问题，摆脱了绝对贫困，但相对于整个地区，乃至中国，仍然是处于贫困。他们已经由贫困群体演化为弱势群体，或者说社会底层人群。从相对贫困的概念理解，"贫困代际传递"具有较强的社会阶层流动含义，是研究社会流动的重点内容。

二 暂时贫困、长期贫困和返贫

贫困是动态的，有时间长短之分，因此，理解贫困代际传递就要理解暂时贫困、长期贫困概念。按照"长期贫困研究中心（CPRC）"的分类，贫困可以细分为三大类型（长期贫困、暂时性贫困和不贫困）、五种状态（总是贫困、经常贫困、摩擦贫困、偶尔贫困和从不贫困），其区别在于各自状况与贫困线的差距、贫困持续时间的长短、频率等（见图2—1）。

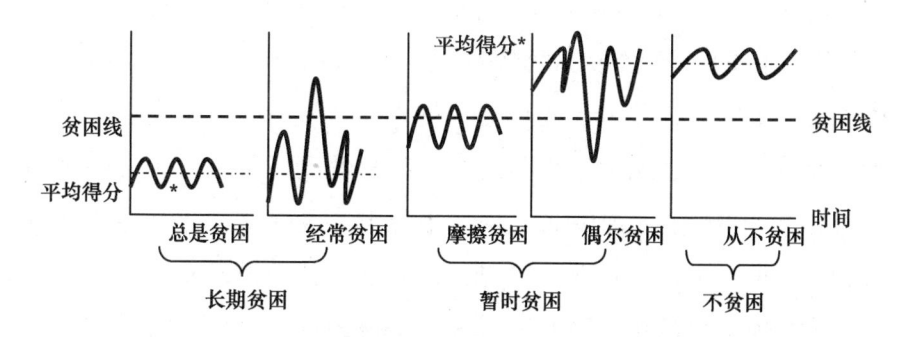

图2—1 贫困的分类：暂时贫困、长期贫困的理解

*是根据可获得的家庭消费、收入、营养、财产等资料综合评估的得分。

资料来自：Chronic Poverty Research Centre（2004），*The Chronic Poverty Report 2004 - 2005*，www.chronicpoverty。

图2—1中，暂时贫困（transient poverty）是那种一次陷入贫困

的时间长度不超过两年，通过一定扶持措施能够脱贫的状态；长期贫困（chronic poverty or persistent poverty）则是那种收入或消费远低于贫困线且持续经历五年以上的贫困时间的一种深度贫困状态。很明显，贫困代际传递是长期贫困家庭的一个极端特征，持续贫困的时间更长，是贫困程度中最为严重的一类状态（陈全功、程蹊，2014）。

与暂时贫困、长期贫困相连的一个术语——返贫（re-entry to poverty），指的是摆脱贫困状态后，因某些原因重新陷入贫困的一种情形，它是对贫困动态变化的具体刻画，反映的是贫困人口和家庭的脆弱性，以及扶贫成效不稳固的一个概念。在中国中西部山区，返贫现象比较普遍，比例比较高。要研究贫困为什么在代际传递，就需要观察返贫现象，探究返贫原因和影响因素。

三 生命周期贫困、世代贫困与代际流动

生命周期贫困（life-course poverty），是指一个人在童年和成人时期均处于贫困的一种状态。它描述的是一个人一生的生活状况，是长期贫困的一种情形。世代贫困（intergenerational poverty），则指的是一个家庭的贫困状况从上一代传递到下一代，出现多代贫困的一种情形，它强调的是代际的贫困变化情况，是描述动态贫困的核心概念，当然它也是一种长期贫困情形。世代贫困比生命周期贫困更为严重，不仅体现贫困状况，还刻画了社会流动状况，一个地区世代贫困人口越多，说明该地区社会流动性差，向上流动越来越困难，阶层固化已然形成。

与"贫困代际传递"紧密相连的一个术语——代际流动（social mobility），是社会学者常用的概念，描述的是收入、地位、职业、教育等体现阶层特征的要素在父代与子代之间的传承变化情况，讨论父辈间的社会不平等结构是如何形成的，又在多大程度上

传递到下一代。它包括两种情况：一是父代阶层与子代一致，称为代际继承；二是父代阶层与子代不一致，称为代际循环（李路路、朱斌，2015）。代际流动是研究社会分层、社会结构、社会不平等问题的重要概念。学者们衡量父代与子代之间的经济社会联系时，往往用代际流动性一词来衡量，最为常见的有职业、收入、教育等方面的分析视角，有职业流动弹性、收入流动弹性、教育流动弹性等指标（杨娟，2016）。贫困在代际传递，意味着代际流动性弱化。

第二节　山区少数民族贫困代际传递现状

当前，中国贫困人口主要集中在中西部的山区和牧区，以少数民族为主体。陈国阶等（2007）对我国少数民族人口聚居地进行分析，发现除满族、回族等少数民族习惯居住在平原和城市外，大部分少数民族有着世居高原山地和偏远山区的传统；从数据看，50%以上的少数民族人口居住在西南和西北地区[①]。表2—1简要汇总我国主要山区少数民族分布情况。

表2—1　　　　　我国主要山区少数民族的分布

主要山区	主要聚居分布的少数民族
长白山区	朝鲜族、满族
大小兴安岭	鄂温克族、蒙古族、鄂伦春族、达斡尔族
阿尔泰山区	哈萨克族、乌孜别克族、塔塔尔族、俄罗斯族
喜马拉雅山东段	藏族、珞巴族、门巴族、羌族
横断山区	藏族、彝族、傈僳族、纳西族、羌族、普米族、怒族、白族等
南岭山区	瑶族、苗族、侗族

---

① 陈国阶等：《中国山区发展报告：中国山区聚落研究》，商务印书馆2007年版，第63页。

续表

主要山区	主要聚居分布的少数民族
云贵高原及边境山区	彝族、傣族、哈尼族、佤族、苗族、布依族、白族、水族、土家族、侗族、拉祜族、景颇族、阿昌族、独龙族、基诺族、德昂族、布朗族
武陵山、大娄山、巫山	土家族、苗族
武夷山区	畲族
五指山区	黎族

资料来源：陈国阶等《中国山区发展报告：中国山区聚落研究》，商务印书馆 2007 年版，第 63 页。

由于山区与少数民族的空间分布具有较高的重叠性，因此，我们通常从区域角度来分析少数民族贫困问题。目前，我国扶贫攻坚的主战场——14 个连片特困地区中，除 3 个藏区外，11 个连片特困山区中，至少 6 个为少数民族山区，贫困发生率均超过 10%，贫困呈代际传递特征，是新时期扶贫开发的重点和硬骨头。

一 贫困代际传递的比例和规模

贫困代际传递是一个时间较长的动态过程，在我国官方贫困监测中并没有相关数据予以反映。现有一些研究利用"中国营养与健康调查（CHNS）"数据，把各调查年份中的父辈与子辈样本进行匹配，认定匹配样本就是具有亲缘关系的家庭样本，以其父辈与子辈的是否贫困来界定贫困的传递性。很显然，这种样本匹配法比较模糊，也不准确，全国性大数据中并不追踪同一家庭上下代的各项变动情况。从已得到的结论看，相差较大，例如张立冬（2013）得出 1988—2008 年间中国农村贫困代际传递的比重为 26.67%—72.16%，平均超过 50%，而卢盛峰和潘星宇（2016）得到同一时期中国农村贫困代际传递的概率为 6.27%—9.29%。出现这种情况，主要是样本匹配法所导致的。因此，研究贫困代际传递问题最合理的方法是追踪特定家庭的多代情况，对贫困农户的家族史一个较长时间的考察。

(一) 调查样本的贫困代际传递概况

我们于 2008 年至 2016 年，先后对典型连片特困山区，如武陵山区、滇桂黔石漠化山区、滇西山区、海南五指山区，进行农户调查，特别对武陵山片区内长阳土家族自治县、宣恩县的 6 个村进行追踪调查，获得 42 户的家族史资料，用以还原这些贫困家庭的代际变动情况。

调查的长阳县、宣恩县均是少数民族山区县，是国家扶贫开发工作重点县。2009 年和 2016 年我们调查了长阳县资丘镇招徕河村，该村地处高山，地理位置偏远，距离镇政府 2 小时车程，是"整村推进"规划重点贫困村。该村 4 组有 54 户农家共 220 人，均为土家族。按照贫困线新标准，54 户均为贫困户，贫困人口为 220 人；54 户中，三代同堂的有 29 户。2010 年、2013 年、2016 年三次调查了宣恩县万寨乡的伍家台村、长潭河乡的猫子庄村和两河村，以及椿木营乡的长槽村、范家坪村 5 个村，距离乡政府 2—3 个小时车程。但这 5 个村目前发展状况出现分化：伍家台村、长槽村、范家坪村因为有特色产业（茶叶、高山蔬菜、烟叶），因而贫困状况不甚严重；猫子庄村和两河村则贫困人口较多，是"整村推进"工作村。

据介绍，长阳和宣恩两县 6 个村在 20 世纪 80 年代前均是贫困村，贫困人口较多，温饱问题难以解决。随着经济社会发展，6 个村均发生了一些变化：① 交通道路条件有所改善，由原来的泥泞山路到目前的毛坯土路或硬化水泥路通向村委会所在地；② 居住条件有一定变化，部分农户从砖土瓦屋、茅草屋到两层水泥楼房或小木楼；③生产条件有所变化，由纯劳力到小型机械耕作；④创收方式多样化，不再以种植、养殖为主，打工者增多。因而，6个村的贫困状况也有所改善，大部分群众的温饱问题已经得到解决，少数贫困群众有政府的低保兜底政策保证温饱，处于转化提升阶段。

表2—2　　调查样本农户的贫困状况（截至2015年底）

村　庄	农户（户）	家庭人口（人）	贫困户（户）	贫困人口（人）	民族
招徕河村4组	5	29	5	29	土家族
猫子庄村6组	12	78	12	78	侗族
两河村2组	10	66	3	22	侗族
伍家台村3组	8	52	1	3	土家族
长槽村1组	1	5	0	0	汉族
范家坪村3组	6	38	0	0	土家族
总　计	42	268	21	132	

但是，如果与东部地区或其他发达地区横向比较，或者用"小康社会"目标衡量，长阳县和宣恩县的贫困问题仍然比较严重，这6个调查村仍然都属于贫困村。例如，猫子庄村6组12户少数民族群众，因为道路不通无法运送建筑材料，至今都居住在树皮盖的木楼中，生活条件异常艰苦。

在42个样本农户中，2013年前纳入建档立卡的贫困户有35户，比例高达83.3%；2015年经过"精准识别"后有21户为贫困户，比例为50%。这些贫困农户是典型的长期贫困户，贫困持续的时间长，从20世纪80年代国家开始扶贫到如今，前后30余年；如果追溯历史，他们的贫困持续时间更长，高达六七十年，两三代人都处于贫困之中。样本户反映，在中华人民共和国成立前父辈均是贫困家庭，到自己这一代有所变化：2000 年前处于贫困的有 41 户，2013 年前仍然贫困的有 35 户，2015 年认定为贫困的有 21 户。这 42 个样本户中，反映经历过四代（祖父代、父代、本代、子代）均为贫困的农户有 5 户；三代（父代、本代、子代）均为贫困的农户有 24 户；两代为贫困的有 13 户。可以看到，山区少数民族贫困的代际传递现象非常普遍。

（二）贫困代际传递的比例和规模

调查发现，山区少数民族群众发生贫困代际传递的比例非常高。目前仍然处于贫困状态的农户，基本上都是世代贫困户，代际传递的比例估算高达 80% 以上。例如，在受访的猫子庄 6 组 100% 贫困户承认其上代也是贫困户。以全部 42 户样本估算，2000 年前贫困代际传递的家庭比例达到 97.6%，2013 年前为 83.3%，2015 年为 50.0%；以贫困人口估算，2015 年的比例为 49.3%。如果将三个时间段的比例平均，也达到 77% 左右。也就是说，现有贫困户中 77% 左右的农户经历代际传递而来。这一比例比王海港（2005）和张立冬（2013）研究我国农村家庭贫困代际传递比例要高一些[1][2]。

从实践逻辑看，中国自 1978 年进行改革开放、80 年代中期开始有计划的扶贫开发，贫困状况有了极大改观，留下的贫困人口是最难啃的深度贫困群体，基本上经历上代贫困而来，其贫困具有代际传递性。也就是说，如果扣除新增贫困人口，剩余的贫困人口基本上为代际贫困人口。新增贫困人口，主要包括返贫人口、新增致贫人口两大类，其主体是返贫人口。根据有关学者统计，我国各地

---

[1] 王海港（2005）研究发现，我国农村家庭贫困的代际传递比例在 38% 左右。
[2] 张立冬（2013）估算 1990 年绝对贫困代际传递比重为 72.16%、相对贫困代际传递比重为 56.37%；2003 年绝对和相对贫困代际传递比重分别为 53.28% 和 56.25%；2008 年分别为 26.67% 和 40.31%。

返贫率平均达到 15% 左右，最高达 20%①；武陵山区恩施州的各县市农村的返贫率平均达到 15%，偏远村落达到 20% 左右②。按照恩施州扶贫办统计，该州基本上每年返贫人口在 20 万人以上，返贫率超过 15%。从扣减返贫人口角度看，当前民族山区贫困代际传递比例为 80% 左右有一定依据。

贫困代际传递的比例，描述的是现有贫困人口中有多少是经历上代传递而来。那么，一个地区总人口中有多大比例会发生贫困代际传递呢？我们称此比例为"贫困代际传递发生率"，也就是卢盛峰和潘星宇（2016）所指的"贫困代际传递概率"。据我们估算③，"十二五"期间我国农村贫困代际传递发生率（概率）约为 11%，其中 2010 年和 2011 年分别为 13.8% 和 10.2%。这一数值与卢盛峰和潘星宇（2016）研究结论比较接近④。2016 年，全国农村贫困代际传递概率为 3.6%。

按照上述用 80% 比例来估算民族地区贫困代际传递规模，2015 年民族八省区共有 1450 万人为世代贫困人口，2016 年为 1129 万。在中西部少数民族山区，世代贫困人口规模较大，据估算 2016 年滇桂黔片区世代贫困人口有 250 万人；武陵山片区为 228 万人；乌蒙山片区为 218 万人；秦巴山片区为 205 万人；六盘山片区有 172 万人；滇西片区有 122 万人。

二 贫困代际传递的典型案例

对典型农户的家族史进行追踪调查，可以较为清晰地剖析贫困

---

① 陈端计等：《中国返贫问题研究》，《石家庄经济学院学报》2006 年第 2 期。
② 谭贤楚：《西部民族山区农村返贫人口的基本状况与特征——基于恩施州的实证研究》，《安徽农业科学》2012 年第 36 期。
③ 估算公式为：贫困代际传递发生率 = 贫困发生率 × 贫困代际传递比例，其中贫困代际传递比例按 80% 匡算。
④ 卢盛峰和潘星宇（2016）研究父亲和子女匹配的贫困代际传递概率 2006—2011 年为 8.63%，母亲和子女匹配的贫困代际传递概率为 9.29%。

代际传递情形。在我们跟踪调查过的 42 家农户中，1 户为汉族家庭，2015 年已经脱贫，其余 41 户少数民族家庭中有 20 户已经脱贫。这 42 户均发生过贫困的代际传递情形，选取覃某军、彭某松两户为例。

(一) 覃某军家族贫困史

覃某军家现有 5 口人，户主覃某军 47 周岁，妻子覃某娥 43 周岁，儿子 23 岁未成家，外加父母 2 人，均超过 65 岁。按照农村分家约定，父亲由覃某军赡养，母亲由覃某军大哥赡养但居住在覃某军家，是三代同堂户。覃某军家在 2004 年、2007 年、2013 年扶贫建档中均评定为"贫困户"，因此 5 人均统计为贫困人口。按照 2015 年精准识别新标准和要求，覃某军家目前应该为贫困户，属长期贫困户。

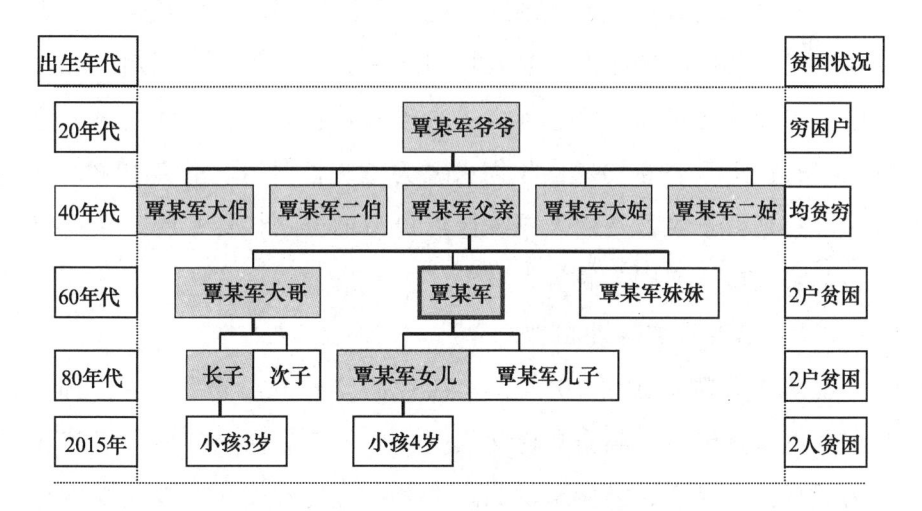

出生年代						贫困状况
20年代			覃某军爷爷			穷困户
40年代	覃某军大伯	覃某军二伯	覃某军父亲	覃某军大姑	覃某军二姑	均贫穷
60年代		覃某军大哥	覃某军	覃某军妹妹		2户贫困
80年代		长子 次子	覃某军女儿	覃某军儿子		2户贫困
2015年		小孩3岁	小孩4岁			2人贫困

图 2—2 覃某军家族的贫困变迁情况

注：图中阴影表示该户为贫困户，加粗表示该户为样本户。

就覃某军来说，从其出生时（60 年代）家境贫寒到 80 年代成家及子女出生，家庭状况一直不好；如今，"上有老、下有小"情况更不容乐观，家庭并没有摆脱贫困境况。以他个人来看，贫困伴随至今已有40多年。

追溯覃某军家族情况，更说明了贫困的代际传递现象。覃某军爷爷辈于20世纪20年代出生，为地主家打工，后生育覃某军父亲等子女5人，在50年代家庭划为"贫农"成分。60年代，覃某军兄妹3人出生，家庭仍然贫困。三人中，妹妹后来出嫁到外地，没有确切的收入数据，据介绍其家境较富裕，脱离贫困；大哥仍在农村务农，养育两个儿子，长子已成家生子，均为贫困户。覃某军女儿读初中后就近出嫁成家，生育小孩一人，据介绍家境也不好，称得上贫困户；儿子职业技术学院毕业后就外出打工，户口仍然落在农村，仍统计为贫困人口。因此，覃某军家族自爷爷、父亲、自己、孩子，四代贫困，时间长达八十多年。从其家族人口看，世代贫困人口多达16人，为典型的长期贫困家族。

覃某军家族有一个家庭已经摆脱了贫困，即覃某军妹妹，外嫁他乡，以及其他原因而没有陷入长期贫困。还有两个人短期内可能摆脱贫困，其儿子和大侄子（大哥次子）均在外地工厂和建筑工地打工，有一定手艺和技术，收入来源为工资性收入，每年均超过1万元。只是由于农村贫困人口统计以户为单位来核算，此2人仍统计为贫困人口，实则为脱贫人口。

（二）秦某松家族贫困史

秦某松家现有人口10人，是四代同堂户。与覃某军家类似，其祖辈也是贫困户，到秦某松父亲一代，男丁有两个留活，但其叔伯为聋哑人未成家，靠父亲供养。秦某松一代有三人，其大姐出嫁当地，家庭情况到如今仍然为贫；妹妹出嫁到外地，据说家境较好，已经脱离贫困。秦某松生育两个儿子，均已经成家。大儿子家有4口人，为贫困户；二儿子与父母、爷爷辈生活在一起，养育3个孩子，全家共10口人，为贫困户。也就是说，自秦某松父亲、自己到儿子这三代，均为贫困户；如果加上目前某松的3个孙子辈小孩，贫困状况就延续了四代。前后也是历经 80 多年，无法脱贫。

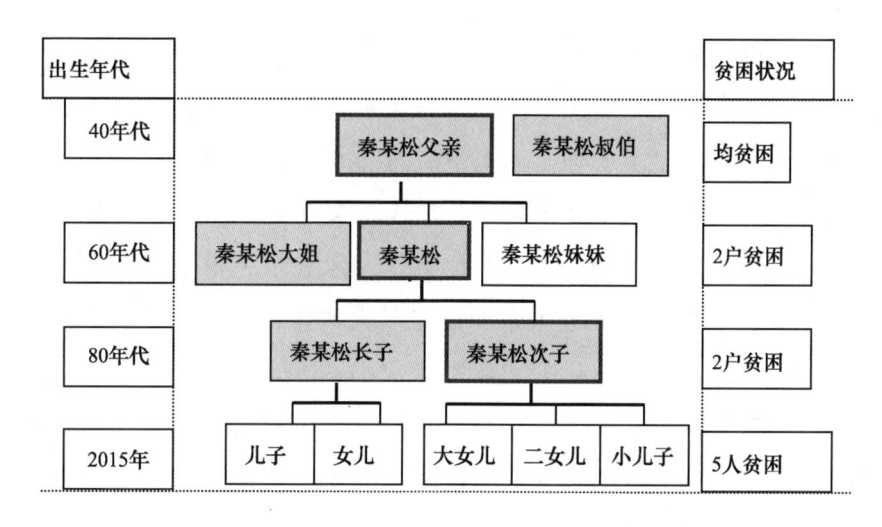

```
出生年代                                              贫困状况

40年代        ┌─ 秦某松父亲 ── 秦某松叔伯 ─┐          均贫困

60年代        ┌─ 秦某松大姐 ── 秦某松 ── 秦某松妹妹 ─┐   2户贫困

80年代        ┌─ 秦某松长子 ── 秦某松次子 ─┐          2户贫困

2015年       儿子  女儿    大女儿 二女儿 小儿子      5人贫困
```

图 2—3　秦某松家族的贫困变迁情况

注：图中阴影表示该户为贫困户，加粗表示该户为样本户。

秦某松家族贫困史的一个重要原因是人口多，且有一个老年残疾人，家庭负担比较重。而且，秦某松家族中懂知识、懂技术的劳动力较少，创收能力有限；加之两个孩子的婚事，直接导致欠债较多，脱贫难度增大，贫困得以传递。

第三节　山区少数民族贫困代际传递的主要内容

一些学者归纳贫困代际传递的内容可以归纳为三类资本：①金融、物质和环境资本；②人力资本；③社会、文化和政治资本（Moore, K., 2005、Kate Bird, 2007）。这种传递，一是表现为遗传和继承；二是表现为后代的模仿学习。在调查山区少数民族贫困农户中，我们发现，贫困代际传递的内容可以归为：物质资源、生产生活方式、传统观念。下面依次予以说明。

一 有限资源的传递

在调查中发现，山区少数民族贫困群众代际传递的内容中，财产类的大多是房屋、土地、家畜等，货币价值比较低，将近三分之一的农户还反映继承了父辈的债务。至于父辈的人力资本（如身体条件、技能知识）、社会文化资本（如人际关系、价值观、贫困文化）等内容基本上都传递下来，没有多大变化，从而使得贫困一代传递一代，向上流动的机会和概率非常小。

以调查样本中的覃某军和秦某松两户为例。据他们介绍自己成家时（20世纪80年代中期）的情况，由上代传递下来的物质财产极少，反而还有沉重的债务和负担；可以说，刚成家就让整个家庭陷入贫困之中，徒增1个贫困人口。待至他们的子女长大成家（21世纪初），他们能给子女的也非常少：女儿出嫁仅给点彩电、衣柜等嫁妆及彩礼，价值也就2万元左右；儿子结婚成家时分一点房屋、田地和生产工具，还附带张罗婚事所欠下的债务1万—2万元（见表2—3）。可以说，物质和金融财产传递给后代的极少，不足以帮助他们摆脱贫困。

表2—3　　　　　两个代表性贫困家庭的代际传递情况

代际传递内容	覃某军一代	秦某松一代
物质及金融财产	土屋4间	土屋2间
	耕地2亩、林地10亩	耕地2亩、林地4亩
	生猪1头、耕牛1头，部分生产工具	部分生产工具
	结婚债务1000元	结婚债务1000多元
人力及社会资本	小学毕业，老亲戚	初中未毕业，老亲戚

续表

代际传递内容		覃某军一代		秦某松一代	
代际传递内容		覃某军儿女一代		秦某松子女一代	
		（女儿）	（儿子：与父母住）	大儿子	二儿子（同住）
物质及金融财产	嫁妆及彩礼价值2万元	1座楼房	1间平房	4间平房
		耕地5亩、林地25亩	耕地2亩、林地3亩	耕地4.5亩、林地7亩
		生猪2头		生猪2头、耕牛1头
		做房子债务2万元	结婚债务1.5万元	结婚债务2万元
		爷爷、奶奶、父母赡养负担	需赡养2人	需赡养3人
人力及社会资本	初中毕业	大专毕业，外地打工	初中毕业，外地打工	初中毕业，泥瓦工
	夫家亲戚	无其他社会关系	老亲戚、妻家亲戚	老亲戚、妻家亲戚
家庭贫困状况	贫困	贫困，人口5人	贫困，4人	贫困，10人

父母是否将一些较高的人力资本和社会资本传递给下一代呢？调查发现，这些家庭由于贫困和见识问题，很少能帮助孩子通过接受较高层次教育、社会交往关系而走出农村，走出贫困。大部分贫困家庭父母视"将孩子拉扯长大、身体没有大的疾病、接受义务教育"为抚养责任，布置孩子成婚成家为最终目标。因此，父母年轻时处于什么样状况，其孩子成家时也基本是处什么状况，人力和社会资本没有多大变化，无益于其后代脱贫。

二 生产生活方式的传递

一个地区、一个家庭的生产生活方式具有一定共性，其中原因之一就是代际传递。在广西和云南西南山区，少数民族群众习惯种植甘蔗、水稻、玉米等农作物，以及橡胶、香蕉等经济作物；在湖北、湖南、贵州等中西部山区，少数民族群众种植水稻、玉米、土豆等农作物，以及茶叶、柑橘等经济作物；在东北大小兴安岭山区，少数民族群众以狩猎、养殖为生。当然，随着市场经济体制改革深入，各地生产方式发生一定变化。以调查地湖北武陵山片区为例，人民公社时期（1957—1975年），农业收入占山区总收入的77.2%，个别年份达到98%；农民人均总收入72.4元、纯收入42.6元，几乎100%来自于农业生产[①]。改革开放后，农民创收方式逐渐丰富，但仍然以农业种植、林业采伐采集、畜禽养殖为主。现阶段，中西部山区农民仍然主要从事农业生产，以粮食种植和养殖谋生和保证温饱，同时以打零工获得辅助性收入。

调查中发现，山区少数民族生产生活方式具有较强的传递性。一代又一代的少数民族群众习惯于守着几分水田和林地，种植水稻、玉米、土豆、红薯，养几头猪和鸡，日出而作、日落而息，过着简单的农耕生活。由于孩子们很少走出大山，父母一辈的生产生活方式经耳濡目染传导给他们，使得子女也习惯于通过农业生产来获得收入，解决温饱问题。总体看，大多数贫困农户的生存状况与其祖辈和父辈比起来没有太大的变化。越是贫困家庭，其创收方式也越单一，以农业种植和牲畜养殖为主。在生产成本不断上升、工农产品价格倒挂的今天，依靠这种创收方式就难以逃脱贫困命运。

近年，随着"打工经济"推广，山区少数民族群众开始走出大山，外出务工，一定程度上缓解了家庭贫困状况，但仍未从根本上阻断贫困的代际传递。这是因为少数民族群众务工收入并不高，其收入很大一部分要用于下一代的教育支出，一部分用于家庭建设，

---

① 数据来自：恩施州统计局、恩施州调查队编《恩施州统计年鉴（2008）》。

例如做房子，这样，打工所得基本所剩无几。而且，务工人员达到一定的年龄后，或者由于长期的体力劳动造成身体无法承担高负荷的工作时，他们只能返回家中继续务农，形成"青年外出—中年做屋—老年回家"的基本模式。新生代农民工并没有改变自己和家庭贫困状况，贫困代际传递仍在继续。

三 传统观念的传递

调查发现，贫困会通过出生养育、思想观念等途径传导到下一代。

首先是生育观念的传递。在山区，绝大部分少数民族群众认为家庭孩子越多越好，哪怕再穷，也要多生孩子，而且以男孩为大。以调查样本户猫子庄村6组彭某新一户为例，他一共有8个兄弟，他排行老六，至今还有两个兄弟未婚，均是贫困人口。彭某新婚后单独立户，生育两男一女，都在上小学，至今家庭贫困。而彭某新的父母、大哥一家4口、老七、老八一家3口总共10人仍然居住在一栋简易木楼中，居住条件相当恶劣。在猫子庄村，20—35岁的成年人基本上都有4个以上的兄弟姐妹，他们的祖辈和父辈一般都有6个左右的兄弟姐妹。多养孩子、养男孩，这一传统生育观念不断传递，既导致人口增加，也导致孩子们一出生就面临着贫困的生活，贫困也就传递给下一代。

其次是教育观念的传递。调查发现，山区少数民族农户对教育和培训的看法与其他地区、非贫困户不同，他们普遍认为读书的用处不大，能识几个字就行，没有太大兴趣和能力供孩子们读书；对于学手艺、技术，一方面因缺乏资金；另一方面觉得是徒劳，还不如在家安安心心种地，因而也少培养孩子去培训。这一教育观念不断强化和传递，导致"读书无用论"在山区少数民族群众相当流行，很多小孩子初中未毕业或者毕业后就回家务农，或者打工，劳动力素质普遍不高,家庭贫困在所难免。以湖北武陵山片区的宣恩县为例,贫困人口普遍受教育程度低,初中以下文化程度占了90%多,这种状况即使到2013年仍然没有改观(图2—4)。

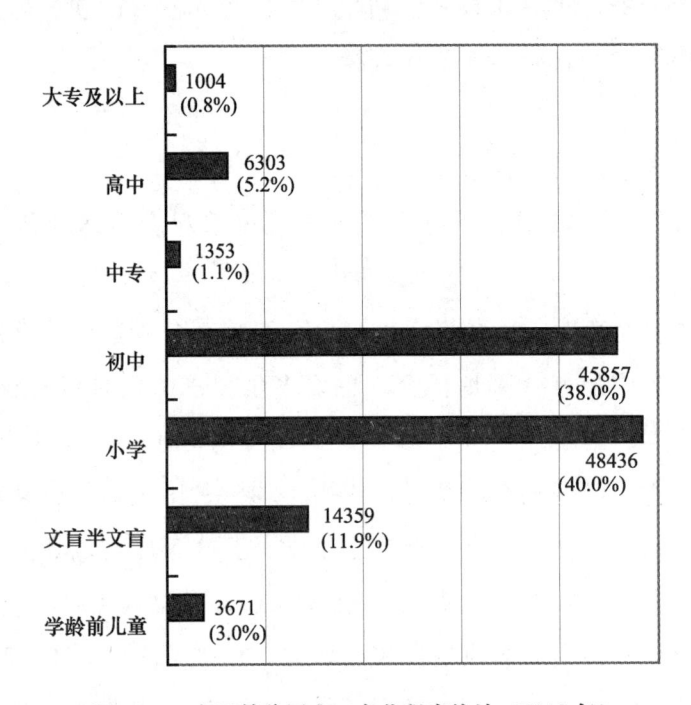

文化程度	人数	占比
大专及以上	1004	0.8%
高中	6303	5.2%
中专	1353	1.1%
初中	45857	38.0%
小学	48436	40.0%
文盲半文盲	14359	11.9%
学龄前儿童	3671	3.0%

图2—4 宣恩县贫困人口文化程度统计(2013年)

教育观念的传递,导致贫困人口接受教育程度较低。图2—4显示宣恩县贫困人口组成中,小学和初中文化程度人口数、占比均较大,文盲、半文盲的人数比中专、高中及以上水平的人的总和还要多。这些文化程度低的劳动力,在农业种植结构调整中无所适从,外出打工只能从事报酬最少、体力劳动强度最大的工作,而且经常被解雇;因而,其创收能力有限,难以摆脱贫困命运。

陈全功和程蹊(2014)认为,贫困代际传递的最根本内容可以归结为农户的自我发展能力。这个能力是多层次的,既有生产创收能力、物质资本能力,又有人力资本能力、社会文化资本能力;在市场经济的今天，还包括社会适应能力。少数民族山区农户的自我发展能力相当薄弱，在代际传递过程中并不会使这些能力提到提升，仅仅是原样传递下来，这样，贫困也就传递下来，使得贫困具有长期性、持续性的特征[①]。

直观上看，贫困代际传递的内容，就是贫困状况、致贫因素、不利条件等方面的要素从上一代传递到下一代。不论是前述的有限资源、生产生活方式、传统观念，还是自我发展能力，这些内容既表现出该农户的贫困状况，也表现出致贫因素和不利条件。贫困代际传递，必然会对个人、家庭、社会产生极大的负面影响。对个人来说，长期的贫困会使人失去斗志；对家庭来说，长期的贫困使得不得不减少对孩子健康、教育的投入以维持基本的温饱需求，这将对整个家庭持续性增收带来负面影响；对社会来说，大量贫困者的存在和代代延续，必将给社会带来不稳定的隐患和增加社会负担，其后果无疑是负面性的。因此，要采取有效措施阻止这些内容的传递。

第四节 山区少数民族贫困代际传递的主要特征

山区少数民族贫困代际传递，既具有一般地区贫困群体的基本特征，比如，主要发生在偏远村寨，政府福利难以得到，发生的群体大多身体健康状况欠佳、劳动能力较差等；同时，它又具有山区、民族、时段等特定特征。

一 区域集中特征

区域特征，是指山区与平原、荒漠、河海边等地理环境因素对

[①] 陈全功、程蹊：《少数民族山区长期贫困与发展型减贫政策研究》，科学出版社2014年版，第64—65页。

贫困代际传递的影响存在不同点。在贫困问题分析框架中，往往将这种贫困称为"空间贫困"。我们将在第三章中对此进行深入探讨。总体看，山区少数民族贫困代际传递受山区这一地理环境因素影响更大。

在中国广大农村和城市，都存在贫困代际传递问题，但从集中程度看，中西部民族山区农村更为集中，比例更高，发生概率更高。以湖北省连片集中贫困的两大片区——大别山片区和武陵山片区比较，大别山区 L 县是非民族山区县，该县贫困代际传递比例为33.3%（陈全功和程蹊，2015）；而武陵山片区的长阳和宣恩两个民族山区县，贫困代际传递比例为80%（见前文所述）。出现这种情况，一方面是因为非民族地区、非山区的区域贫困发生率和深度均低于民族山区；另一方面是引发贫困代际传递的原因在民族山区更为复杂，贫困历史更为长远，生产方式更为落后，市场经济改革更为缓慢，阻断贫困代际传递的方法更缺乏。

二 民族群体特征

世界银行东亚及太平洋地区扶贫与经济管理局（2009）在评估中国贫困和不平等问题时指出，"地域和民族并不是贫困问题唯一的两个决定因素"，"西部地区是贫困发生率最高也最严重的地区，但是半数以上的贫困人口分布在其他地区，贫困最严重的是山区和少数民族地区，一半以上的贫困人口分布在非山区、非少数民族地区。"但是，这种情况在 2010 年后有所变化：从贫困集中程度和深度上看，民族山区的少数民族居民是贫困的最大主体（可参见第一章的研究背景分析）。因而，集中连片特困山区发生贫困代际传递的比例和概率更高，具有一定的民族人群特征——少数民族群众的贫困代际传递特征明显。

从实地调查来看，即使在中西部民族地区，例如青海循化撒拉族自治县，汉族和撒拉族比较而言，撒拉族群众的贫困比例和发生概率更高；到 2015 年底该县 3100 贫困户 11000 贫困人口中，撒拉族就有 2300 户 8700 多人，藏族有 700 多户 2100 多人，分别占总贫困户和贫困人口的 74%、4%；该县汉族人口陷入贫困的较少。再例如云南德宏州瑞丽市，当地汉族群众比德昂族、景颇族等少数民族群众的贫困发生率要低一些；到 2015 年底该市 3800 多户 1.3 万名贫困群众中，就有 2200 多户 8000 多人是景颇族和德昂族群众，占贫困群体的 60%；而当地汉族贫困群众占比不到 20%。

从统计数据看，山区少数民族群众的贫困发生率远远高于非少数民族群众。以国家民委对人口较少民族的监测统计数据为例①，到 2014 年底，全国 2116 个人口较少民族聚居村还有贫困人口 81.73 万人，贫困发生率为 27.3%；而同期全国农村贫困人口 7017 万人、贫困发生率为 7.2%，民族八省区农村贫困人口 2205 万人、贫困发生率为 14.7%。这些人口较少民族聚居村分布在滇桂黔山区就有 600 多个村近 300 万人，占全国人口较少民族聚居村的 29.2% 和人口数的 47.2%，贫困发生率均超过 30%。并且，这些少数民族群众的贫困都是深度贫困，贫困代际传递比例非常高，基本上 80% 以上的贫困户经历过两代以上的传递。

贫困代际传递具有民族群体特征，一方面是因为山区很多少数民族是世居当地的"直过民族"，社会发育程度较低，世代贫困具有历史原因，而汉族群众多是外地迁移而来，具有较长的发展历史，拥有较好的基础，因而贫困发生率和代际传递概率均较低；另一方面是因为山区少数民族群众的人力资本、社会资本等资源条件

---

① 人口较少民族是指全国总人口在 30 万人以下的 28 个民族。从"十一五"开始，国家对这些民族进行专项扶持，并建立了监测统计数据系统。"十二五"时期，纳入扶持和监测的人口较少民族聚居村共 2119 个，总人口 272.7 万人，其中，人口较少民族 136.0 万人，占 49.9%。由于少数民族人口占比较大，容易区分汉族和非汉族人口的发展情况，因此，选用人口较少民族监测统计数据有一定说服力。本报告涉及人口较少民族统计数据，均为国家民委内部数据。

较少，受其民族文化影响较深，而汉族群众文化素质普遍较高，受约束限制较少。

三　历史和个体时点特征

贫困代际传递，受到多种因素的影响，特别是各个时代的重大制度变革，以及个体生命中的意外事件的影响，因而，贫困代际传递具有较明显的历史时点和生命周期特征。

从历史时点来看，贫困代际传递往往发生在重大制度变革时期。良好的制度变革，将会阻断贫困代际传递；恶化的制度变革，可能会加深和强化贫困的代际传递。陈全功和程蹊（2015）曾考察过集中连片特困地区L县贫困农户的贫困代际传递历史，发现山区第一代贫困人口发生贫困的时间在20世纪三四十年代，是旧社会腐败的政治等制度造成的；第二代发生贫困的时间在50—70年代，是中华人民共和国刚刚成立、还未成熟的经济制度造成的。发生代际变化的时间是在80年代中后期，得益于改革开放制度。

从个体生命周期时点来看，贫困代际传递基本上是发生在出生时刻，也就是儿童时期的状况决定了后续一生状况；贫困代际被阻断的时点往往是在青壮年时期，这一时期如果没有得到改善，极有可能不仅自身继续贫困，还将传递到下一代。

在中国农村，贫困代际传递的历史和个体时点特征，不论是山区还是平原农区和高寒牧区，也不论少数民族还是汉族，基本都有这种特征。它不是山区少数民族贫困群体所特有的特征。但是，值得关注的是，山区少数民族贫困代际传递的历史时间跨度更长，个体生命周期特征更加明显，从侧面反映这一区域、这一群体的脆弱性。因此，抓住政府的重大制度变革时机，以及关注儿童和青壮年等特定人群，对阻断贫困代际传递这一问题有着重要启发意义。

四 传递方式和内容特征

从传递方式看，山区少数民族贫困的代际传递呈现双向性特征：即代际传递与代际支持并存。一方面，"父母→子女"形式的上代向下一代传递：贫困的父母为了一家人的生存，不得不减少对孩子健康、教育等方面的资金支出；由于没有接受文化教育，也没有机会接受技术培训，子女别无选择，只能依靠种地谋生，继承了导致祖辈和父辈贫困产生的一切不利条件与因素，贫困传递下来。另一方面，"子女→父母"形式的代际支持：子女一代要赡养扶助父母，可能致使家庭负担增加，贫困状况得以延续。调查发现，"养儿防老"观念在山区少数民族农户中生根发芽，代代相传，已成社会伦理要求；农村社会养老保障制度虽已在山区推行，但由于所保金额有限，群众要想生活得衣食无忧还得依靠子女的赡养；如果子女这一代仍然没有摆脱贫困，其传递路径将加入"子女→父母"过程，由于子女贫困导致了父母的持续贫困或再度陷入贫困。

从传递内容看，山区少数民族贫困的代际传递呈现综合性特征。他们传递的不仅仅是物质财产继承，还包括身体健康状况、思想观念、生产生活方式、人际关系，即物质、人力、社会三种资本的传递，是多种综合要素的传递。山区少数民族农户，父母一代传递给子女一代的三种资本相当有限，对子女摆脱贫困的帮助不太大。相反，一些比较传统落后的思想观念，如生育观念、教育观念，以及封闭保守的意识，传递给下一代，反而有害于脱贫。

贫困代际传递的双向性和综合性，决定了阻断其传递任务的艰巨性。要阻断山区少数民族长期的贫困代际传递，既需要政府相关政策的扶持又需要当地群众自己的努力。

第五节 贫困代际传递与变化的关键时点

编译贫困个体和家庭的生活故事,有助于我们理解贫困代际传递的特点和发生原因。陈全功和程蹊(2015)对湖北集中连片特困山区 L 县某贫困村 18 户农户进行重点追踪,了解这些家族在不同时间段的生活变化情况,以及户主一生的生活故事,集家族史和生活史于一体进行访谈,得到贫困代际变化的历史和个体生命周期时点的相关信息。

一 贫困代际传递与变化的历史时间点

受访的 18 户农户家庭状况变化历史是:中华人民共和国成立初期,18 户户主父辈均为贫困户;到 20 世纪 80 年代中期,有 3 户解决了温饱问题,其余 15 户为贫困户;到 21 世纪初(2005 年),又有 7 户基本脱贫;目前剩余 8 户为贫困户,其中 1 户 1 人没有后代,1 户女儿因出嫁脱贫、父母仍然贫困。根据他们的描述,绘制其父代、本代到下一代前后近百年的重大历程和贫困变化状况,如图 2—5 所示:

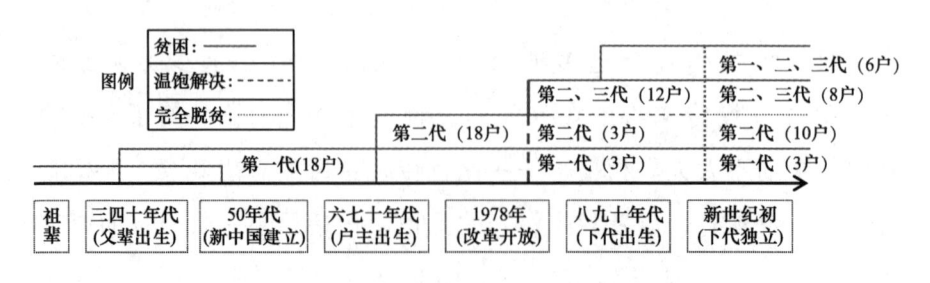

图 2—5 不同时期受访农户贫困状况的变化

图 2—5 所示,受访农户父辈第一代发生贫困的时间为 20 世纪三四十年代。在旧社会,贫穷农民既无土地又无权利,受尽压迫和

剥削，注定整个家族处于贫困状态；只有在建立新中国这样大的社会变革之后，才有机会获得改变。50—70年代，父代仍然贫穷，这是由当时国家整体状况以及贫农身份决定的。第一代贫困状况的改变，有两个时间点：一是在改革开放农村实行承包责任制之后的80年代中后期，有3户因劳动力充足、自身勤劳，解决温饱问题后逐步摆脱贫困；二是在21世纪初（2005年左右），有几户因子女（第二代）生活状况改变而脱贫，此时他们已年近70岁，基本丧失劳动能力，只能由子女赡养。目前，在受访农户中，有3户4位老人健在，仍然处于贫困状态。

受访农户第二代发生贫困时间是20世纪六七十年代，为户主出生时由父母贫困状况传递而来。他们摆脱贫困的时间一部分是在80年代中后期；一部分是21世纪初。

受访农户的第三代发生贫困是在20世纪八九十年代出生时间段，也是由上代贫困传递而来；摆脱贫困则在2005年左右。

表2—4　　　　受访农户各代人口处于贫困状态的时间长度

代际时间	处于贫困的时间段			平均持续时间
第一代	1935—1985年	1935—2005年	1935—2015年	
受访农户	3户	12户*	3户	
持续时间	50年	70年	80年	68年
第二代	1965—1985年	1965—2005年	1965—2015年	
受访农户	3户	7户	8户	
持续时间	20年	40年	50年	41年
第三代		1990—2005年	1990—2015年	
受访农户		1户	6户	
持续时间		15年	25年	24年
第四代			2015—2020年	
受访农户			3户	
持续时间			5年	5年

*该时间段内部分户主父母（第一代）已经死亡，为简便原因概算到2005年。

总体看，受访户主父母第一代处于贫困状态的时间最长，平均持续68年；第二代贫困持续时间平均41年；第三代24年（见表2—4）。按照2020年全国全面建成小康社会目标，到时受访贫困户全部脱贫，第四代人口不再贫穷。也就是说，自中华人民共和国成立后，贫困农户要经过四代人才可以走出代际贫困的陷阱。

从受访农户贫困代际变化的历史时间点来看，1935年、1965年和1985年、2005年①为四个重要节点，前两个是第一代和第二代人的出生时间，后两个是他们贫困状况改变的时间。值得注意的是，1985年和2005年分别是我国农村实行土地制度改革和户籍制度改革之后，带来农民生产方式、增收途径改变的时间点。没有这两次大的制度变革，农民仍然难逃贫困命运。因此，要增加农民收入、阻断贫困代际传递，必须进行宏观制度的变革，释放改革红利。这正是历史分析的意义。

二 贫困代际传递与变化的个体生命周期时点

户主个体一生历程既是整个家族生活状况变动的缩影，也是整个社会代际流动的缩影。从受访18户户主的生命历程故事中，可以看到贫困的发生、传递以及改变，是有一定的时点规律的。

按照80岁为一生，可以将受访个体生命历程划分为不同时期；18户户主平均年龄47岁，处于中年期。图2—6刻画了三代人不同时点贫困变化情况。

可以看到，三代人最初发生贫困的时间都为出生时，是由上代贫困状况传递而来的，这正是学术界称为"贫困代际传递"的现象。他们摆脱贫困的时点不尽相同：第一代人一部分是在中年期，一部分在老年期；第二代人相应地滞后在青壮年或中年期；第三代

---

① 为统计简便，本书对受访农户叙述的20世纪三四十年代、六七十年代、80年代中期、21世纪初分别取中间值作为所有受访农户的平均年份。

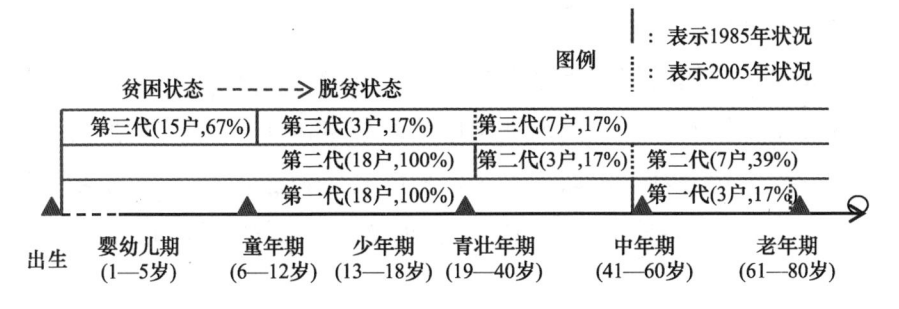

```
                              ┊ 表示1985年状况
                        图例  ┊
                              ┊ 表示2005年状况
  贫困状态 ----> 脱贫状态
  第三代(15户,67%) │ 第三代(3户,17%) │ 第三代(7户,17%)
                   │ 第二代(18户,100%) │ 第二代(3户,17%) │ 第二代(7户,39%)
                   │ 第一代(18户,100%)                  │ 第一代(3户,17%)
▲─────────────────▲──────────────────▲─────────────────▲───────────────▲────→
出生  婴幼儿期    童年期    少年期    青壮年期    中年期      老年期
      (1—5岁)  (6—12岁) (13—18岁) (19—40岁)  (41—60岁)  (61—80岁)
```

图 2—6 个体生命历程中的关键时间点与贫困变化

则顺延到童年或青年期。这种脱贫时点的代际顺延特征，体现了我国农村上下代之间传承与赡养的伦理规则。

通过编译受访农户家庭和个体一生重大历程，我们发现孩子出生、子女上学、就业、结婚、年老生病等是影响贫困代际变化的关键事件。

孩子出生，意味着家庭负担和开支增加，有可能导致贫困发生；特别是山区农村多子女情况下，它更容易成为致贫原因。如果父母本身贫困，这个刚出生的孩子也就承继了上代贫困。在访谈的 18 户农户中，父母第一代在 60 年代前均处于贫困状态，因此，他们第二代一出生就过着贫穷的生活；并且，第二代普遍是多兄弟姊妹，一家有四五个小孩，家庭负担均较重，脱贫难度很大。因此，第二代人更多的人口不仅承继了第一代贫困，还使得贫困时间持续近 20 年。

子女上学，既可能成为家庭致贫的关键事件，也可能是家庭脱贫的关键条件。由于受访农户第二代人上学接受教育的时间段是在 20 世纪 70—80 年代末，其时中国教育并未进行市场化改革，家庭投入相对较低，因此，接受教育并未成为家庭致贫的原因。但第三代人上学接受教育是在 90 年代至 21 世纪初，此时教育市场化改革大范围开展，学费、生活费等教育投入成为家庭开支的较大部分，因学致贫情况增多。在受访 18 户农户中，至少有 6 户因子女上学延缓了家庭脱贫步伐。

同时,我们了解到子女上学对于大部分家庭来说是福音。因为教育投入得到回报,子女因上学后找到较好的工作,快速地帮助自己和家庭脱贫致富。例如,受访农户陈某军家族中有两个兄妹因大学毕业后到铁路部门工作,彻底告别贫困,有效阻断了世代贫困现象。

就业和结婚是个人乃至家庭的大事件。在农村,这两个事件是一个人"独立"的标志:通过个人或夫妇二人的劳动挣钱(农业生产或者外出打工)来成家立业,以及反哺赡养老人,让两代人口过上好日子。在访谈农户中,有8户就是通过自己或孩子打工来摆脱贫困的。

生病是导致受访农户长期处于贫困的大事件。调查18户中有3户因为家里有1个慢性病人,导致整个家庭两三代人均陷入贫困之中。因此,有效的医保支持政策可以阻断贫困代际传递。

总之,山区少数民族的贫困代际传递,比非山区、非少数民族更加普遍,发生概率更高,时代历史和个体生命周期特征明显,也导致政府的扶贫脱贫工作更为艰难。要实现民族地区与全国其他地区同步"脱贫摘帽"和"全面建成小康社会"目标,必须重视山区少数民族贫困代际传递问题,找寻有效的阻断对策。

第 三 章

山区少数民族贫困代际
传递的内在机制

贫困为什么会在代际传递？山区少数民族贫困家庭的代际传递有何不同之处？这些疑问涉及内在机制的讨论。本章试图通过内在机制讨论揭示贫困代际传递发生的深层次原因和影响因素。

第一节 解释贫困代际传递机制的三个视角

一 代际传递机制的语义理解

为什么贫困会在代际传递？很多学者和民众都发出这样的疑问。从理论看，它既包括对贫困代际传递的内在机制探讨，也包括对贫困代际传递的产生原因和影响因素探讨。很多研究将此两类侧重点混为一谈，语义区分不清楚。第一章中对国内外关于贫困代际传递内在机制的主要研究文献进行过梳理和评述，本节进一步予以补充。

国际学术界上对贫困代际传递的内在机制、产生原因和影响因素区分比较清楚，其中对内在机制探讨有五大类，即：①人力资本投资机制；②社会框架机制；③财产继承机制，"合约"传导机制；④童年起始条件传导机制。实际上，最后一种机制探讨的是传导机制,即,贫困代际传递是通过什么方式和途径传递而来,并非探讨为什么会传递这种深层次理论问题;从语义来说,是"how"与"why"的区别。

国内学者对贫困代际传递内在机制探讨较少,而且往往把"内在机制"与"影响因素"、"产生原因"或"传导机制"等同等对待。例如,祝建华(2015)介绍了研究贫困代际传递机制的三个理论视角:社会排斥视角、人力资本视角、劳动力市场理论视角,实际上,这三个视角是关于"传导机制"的探讨,属于解释贫困代际传递"how"的范畴。国内类似这种研究文献较多。再例如,秦雪征(2014)总结国外关于代际流动的传导机制研究成果指出,人力资本在代际的积累和转移是代际收入流动的重要途径;杨新铭和邓曲恒(2016)基于2008年天津家庭调查数据实证检验了代际收入流动的三个途径或方式:①直接传递方式,即父母将收入直接转移给子女;②人力资本传递方式,即父母通过对子女教育等人力资本内容进行投资,提高其能力,进而影响其收入;③工作选择传递方式,即父母通过一些途径帮助和影响子女选择工作,进而影响子女收入。这三种传递方式,解释的既是"how"的问题,也是"what"的问题,即传递的内容是包括收入、人力资本、工作机会等。

梳理国内近年研究文献,发现较多学者研究贫困代际传递机制时,实际上主要探讨:①贫困如何在代际间传递(即"how"的问题);②传递了什么(即"what"的问题);以及③哪些因素影响了传递(即"factors"的问题)。例如,陈琳和袁志刚(2012)认为,人力资本、社会资本和财富资本对中国代际收入传递的解释力达到60%以上,而且以财富资本为主;薛宝贵和何炼成(2016)也认为财富资本、社会资本以及人力资本三种资本之间相互作用,进一步加剧了代际收入传递。此外,还有李昕(2011)、龙翠红和王潇（2014）、陈杰等（2016）从人力资本、社会资本等方面探讨收入怎样在代际间传递，实证结果表明人力资本起到了重要作用，社会资本的影响也很显著。秦雪征（2014）指出，包括健康和环境在内的一系列"先天禀赋"和教育、就业等"后天因素"对收入和人力资本的代际流动有着显著的影响。李路路和朱斌（2015）提出，社会排斥（体制排斥和市场排斥）影响了收入代际的继承性。

以上这些研究虽然宣称是分析收入的代际流动机制，实则说明了贫困代际传递的主要内容和方式（"what"的问题），以及如何传递（"how"的问题）和传递的因素（"factors"的问题），但并没有说明"为什么传递"（"why"的问题）。

当然，贫困"为什么"会发生传递（即"why"的问题）是与"如何"传递（"how"的问题）、传递"什么"（"what"的问题）、"影响因素"（"factors"的问题）紧密联系一起，难以独立考量。只是从学理上看，"为什么"传递这种内在机制问题，引导我们更深层次理解该问题，探寻背后的机理。了解了内在机制，就有助于我们了解贫困代际传递的驱动力（driver）和维持力（maintainer），从而找到阻断代际传递的有效途径。

二 解释内在机制的三个视角

国内外学者对贫困代际传递的内在机制探讨，往往把它放在社会关系或社会阶层问题中进行探讨，即讨论社会关系、社会阶层为什么发生代际继承。从已有文献看，解释为什么贫困（或收入、教育、职业、地位、阶层等）在代际会传递下来，可以归纳为三个视角：

第一个视角：传统的家庭伦理文化视角。这一视角认为，我国传统伦理文化所造成的家庭代际行为规范和伦理观念，是一种"双向抚养"模式，即父母要养育子女，子女要赡养老人。这样，包括社会关系、收入和物质财富在内的各类资源也就在代际传承或反哺，即出现代际传承和代际支持两种情形。中国传统家庭伦理文化下，各类资源在代际传递集中体现为物质财产的传递。

几千年来，中华民族形成了"不孝有三，无后为大"的传统家庭伦理理念，"血脉延续"观念根深蒂固，注定了家庭对家族财产是采取代代相传、财富代际继承的方式。邓长春和桑秋波（Sang Qiubo，2016）总结，中国传统继承制度以礼法和宗法作为最高行为指南：身份继承称为"承祧"，遵循嫡长子制度；物质继承称为"析产"，遵循诸子均分制度。焦垣生和张维（2008）指出，中国在以伦理代替宗法的漫长传统社会中，家庭财产的继承在家文化的影响下表现出明显的中华民族文化特色：分家（诸子均分）是财产继承的主要形式，它承载着赡养、抚养及保证家庭门户的延续等功能；财产传承严格限制在家庭和家族的范围内。这种财产继承和传递背后的伦理文化逻辑，被高永平（2006）称为"家系主义"。

学者们认识到，我国传统家庭伦理文化下的财产继承和传递存在城乡和民族差别。高永平（2006）指出，在现代中国城市，家庭财产的继承基本上遵循了《继承法》的规定；而在农村，财产继承的实践仍然是遵照民族文化习惯进行的。两者之间的主要区别，一是继承人资格的不同，在城市中，家系成员均有继承权，但在农村女儿是没有继承权的；二是继承时间的不同，现代继承法采取的是"死后继承"原则，而传统家系继承制度下，儿子在分家（即新家系的诞生）时就可能导致家庭财产的分割和让渡，分家后父母不再构成一个独立的家庭单位，家产（特别是房地产等大宗财产）要全部分给儿子们。

少数民族的财产继承和传递受其民族习俗影响较大。刘龙初（1996）曾对我国少数民族在1956年民主改革前后的家庭财产继承习惯进行梳理，与汉族家庭伦理文化下的财产继承有一定差异。民主改革后，少数民族家庭财产继承开始以国家《继承法》为依据进行调适，发生一定变化。但在一些地区仍然具有民族和地域特点。例如，藏族对女儿的财产继承权存在差异，多数地区采取女儿和儿子平等对待的态度，也有一些地区完全剥夺女儿的继承权（彭毛卓玛、更太嘉，2008）；哈萨克族的财产继承一般都遵从父母安排，实行幼子继承制，同时男女继承份额有明显的差别（齐蕾，2013）；云南普米族、纳西族、彝族、苗族等少数民族中，家庭财产由幼子继承的习俗规则存在。李思颖（2016）以湘西土家族苗族自治州为例，说明少数民族在财产继承上与汉族存在一定差异：少数民族财产继承大多以男性主义为核心，女性很难实现婚姻家庭财产的继承权，即使这种财产继承发生在城市家庭之中。

第二个视角：社会关系和政治阶层的视角。这一视角主要研究社会流动问题，认为再生产机制和统治权力机制是社会关系和阶层为什么在代际间传承的内在机制。

李路路（2006）提出，"再生产机制"是那些被置于社会不平等体系中的社会集团，特别是那些具有垄断位置和某种社会优势的社会集团，基于维护、扩大、延续自己地位和利益的需要，使用各种方式使得自身社会位置能够持续保存并在代际不断传递下去的机制。这种再生产机制之所以能够维持和运转，是因为还有一个与之配合的"统治权力机制"，即那些占据统治地位的社会集团不仅将他们所拥有的权力作为直接的"暴力"或"强力"来使用，更为重要的是其权力转变为一种特殊情况——"统治"秩序和制度，使得利益保证和地位延续变得更为稳定。在这两大机制的作用下，社会地位、阶层等内容从上一代传递到下一代。受这两种机制的作用，代际的继承性模式得以在具有不同结构、不同制度、不同文化和不同社会运行状况的社会中普遍存在并延续。

阶层关系是社会关系中最核心的关系，它的代际传递情况能够展现一个社会的流动状况。学者们将阶层代际传递的内在机制称为"阶层再生产机制"。边燕杰和芦强（2014）指出，"阶层再生产"是父代和子代的阶层地位具有较高的同一性、相似性，父子之间的阶层地位没有发生根本性的变化。阶层再生产，不仅是身份的传递，还包括金钱、房产、豪车等经济资源，以及教育和文化资源、权力资源等各类资源的传递。优势阶层的父代为了维持、传递、强化自身的资源利益，使子代尽可能地进入自己所在的阶层，便形成了阶层再生产和阶层固化现象。

社会转型和变革能否改变这种"阶层再生产机制"？李路路（2002）指出，中国市场经济制度的改革并没有改变这一机制，原有的阶层仍然被持续地再生产出来，即：那些过去占有优势地位的群体，通过不同资本的交换、社会网络和人力资本的优势，其原有的代际的地位继承性在向市场转型的变革中得到保持或延续。这是因为，"市场"中包含了社会、政治、文化的逻辑和权力的实施，而不仅仅是经济行为和经济关系，市场领域中的经济活动在很大程度上是被政治所形塑的；而社会分层和阶层再生产，既受各种制度"路径依赖"的影响，更受到政治、社会利益以及文化传统的强大影响，建立在阶层基础上的政治和社会利益相对独立于经济理性，会通过各种不同的方式顽强地延续下来。特别是在国家主导的市场转型和改革下，各项改革就是那些在社会中占有优势的群体所主导，他们不仅具有相当的主动权，而且具有主导权力，因而，权力的延续或转移、政治市场化、地方文化传统、路径依赖的方式和程度等，都有可能成为阶层和资源代际传递的新机制，决定了社会分层结构变化的结果。这就是为什么现阶段我国贫富差距拉大、阶层逐渐固化的深层次原因。

第三个视角：行为经济选择、投资决策的视角。这一视角是从经济学分析框架入手，讨论家庭收入代际流动中各类资本（特别是人力资本）的投资—收益情况，以经济决策和行为经济选择探讨代际流动机制，比较有影响力的是美国学者布劳（P. M. Blau）和邓肯（D. Duncan）的"职业流动分析框架"和贝克尔（G. S. Becker）的"人力资本投资分析框架"。

布劳和邓肯认为，一个人的成就绝不是偶然的，它受个人的天赋才能、家庭背景和后天努力等多方面因素的影响，因此，可以用"职业流动分析框架"解释为什么上一代社会不平等现象会传递到下一代。他们用"父亲的职业地位""受教育水平"等指标作为先赋性变量（上一代资源），以及"受访者的受教育水平"和"初职职业地位"等指标为后致性变量（下一代所继承），分析先赋性和后致性两类因素对"目前职业地位"的影响。这一模型称为"地位实现模型"[①]。"职业流动分析框架"认为，在西方现代工业社会，父亲的受教育程度与个人受教育水平，都对子代的职业地位获得产生了显著影响；当子代具有同等教育水平时，家庭背景就会成为其初始职业地位获得的重要影响因素。这一结论在英格兰和威尔士、美国等地，得到实证验证[②]。

贝克尔（G. S. Becker）用"人力资本投资分析框架"建立了经济学数量模型解释代际收入流动问题。这一分析框架下，假定每个家庭在跨代间最大化其效用，父母一代让孩子接受教育、保证健康和营养等方面，把这些"人力资本"作为一项投资，以期获得"未来收益"，进行投资—收益的经济决策。图3—1中，纵轴表示父母对孩子教育投资的预期边际收益和预期边际成本，横轴表示对孩子教育投资情况（即孩子的受教育年限）。父母对孩子教育投资的决策依据是"边际收益＝边际成本"。当父母的金融资源和收入

[①] 李怀玉：《新生代农民工贫困代际传承问题研究》，社会科学文献出版社2014年版，第5页。

[②] 徐慧：《转型期的贫困"代际转移"及相应公共政策研究》，经济科学出版社2015年版，第4页。

增加时，个人边际成本曲线可能向下移动，同时针对孩子教育的均衡投资可能会增加（即图中 t_0 增加到 t_1）；当父母的人力资本增加（受教育水平较高）时，个人边际收益曲线将右移，从而增加孩子教育的均衡投资（即图中 t_0 增加到 t_2）。也就是说，如果改善父母的收入或人力资源，可以导致儿童人力资本的增加[①]。

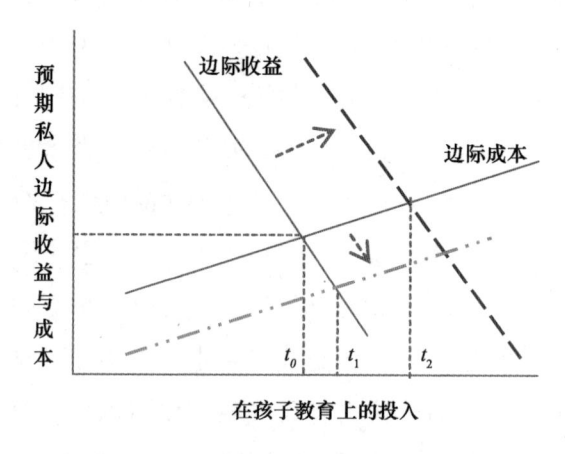

图 3—1　父母对子女教育的投资决策

"人力资本投资分析框架"并不是一个完整的收入代际流动分析框架，它是把教育作为一种生产性投资行为来看待，为解释贫困家庭为什么可以通过接受教育来实现阶层流动提供理论依据。包括教育、健康和营养等要素的人力资本，受制于父母收入和其他资源，父母对孩子人力资本投资情况，最后也决定了孩子一代的贫富状况；贫困代际传递是因为缺乏对孩子人力资本的足够的投资。因此，在贫困代际传递问题研究中，教育投资往往被看成是缓解和阻断代际传递的必要手段之一。

[①] 儿童发展迅猛团队"年青一代成长及其后果"项目组：贫困的代际传递与不平等——基于埃塞俄比亚、印度、秘鲁、越南年青一代生活历程的研究，载左常升主编《国际减贫理论与前沿问题（2016）》，中国农业出版社2016年版，第313—314页。

贝克尔的"人力资本投资分析框架"提供了研究贫困代际传递内在机制的一个经济学逻辑思路，得到众多研究收入代际流动、收入不平等问题的经济学者追捧，也成为行为经济学研究的经典成果（贝克尔，1995）。他们以最大化行为、市场均衡和偏好稳定的综合假定为核心，建构了能用于解释全部人类行为的经济分析方法。在他们看来，人类一切行动皆可作为经济活动进行对待。在经济活动安排过程中，通过积累适量信息和其他市场投入要素，行动者将源于一组稳定偏好的效用增加至最大。例如，在生育行为方面，作为经济活动安排一种形式的生育行为，它主要受到收入因素的影响，收入的增加既会增加所希望的子女数量，又会增加所希望的子女质量等（陈文超，2016）。

国内一些研究也开始以经济学思维逻辑探讨贫困代际传递问题，例如，周宗社（2017）从惯例、模仿、循环累积、协同演化和行为演化五个方面对农村贫困家庭代际传递情形展开讨论，有一定启发意义。我们认为，现代市场经济体系下，个体和家庭的各项活动，包括接受教育、找寻工作等，都会从"成本—收益"角度来考虑该行为的合理性，进而作出最优决策。这种决策，必将对本人和家庭后代产生一定影响。因此，用经济学思维逻辑考虑山区少数民族的贫困代际传递问题，符合现代经济社会的现实。

第二节 山区贫困传递的"民族代际契约"机制

贫困代际传递，不仅存在区域差异（贺雪峰、郭俊霞，2012），还存在民族差异（刘龙初，1996；高永平，2006；彭毛卓玛，2008；无名，2013；李思颖，2016），因此，探讨我国山区少数民族贫困代际传递的内在机制很有必要。我们认为，这一区域、民族的贫困代际传递现象背后的理论逻辑,既包含经济契约逻辑,也包含民族文化契约逻辑,是一种"民族代际契约"机制。在这一机制中,父母一代提供给子女一代基本需求和教育,并传承其剩余财产;子女对父母承担赡养扶助义务,决定着父母老年生活状况,带有较强的"经济契约"和"民族文化契约"特征;它在强化了父母对子女、子女对父母的双边义务过程中,自然地出现贫困代际的转移和更替。

一 基本涵义

所谓"契约",就是两个主体之间签订成文或不成文的合同(contract),以保证在未来一方履行职责、一方享受权利,它是法律层面的一个术语。家庭各种资源由父母一代传递到下一代,并不一定都有合同约定,但往往相互默认或遵循,具有"契约"精神。伊萨克·塔费雷(Yisak Tafere,2006)曾将家庭贫困代际传递的内在机制概括为"合约"传导机制,认为"代际合约"(intergenerational contract)是一套准则、规则、信念和实践,左右着不同层次家庭和不同层次社会之间的相互关系。我们认为,山区少数民族的贫困之所以在代际间传递,其理论机制就是"经济契约"和"民族文化契约"共同作用的结果。

(一)家庭代际关系的"经济契约"机制

在现代经济体系下,经济主体之间从事各项经济来往和交易,都是在一定的"经济契约"机制下开展的,以当前签订的合同约定来实现未来时段的某种收益。家庭关系中的代际传递和代际支持两种行为,发生在父母一代和子女一代之间,构成了时间上的"现期付出——未来收益"特征,并且代际间均遵守某种约定、信念,使得代际关系和谐平衡。

一个家庭中,抚养和赡养、子女教育、财产继承等活动,就是在"经济契约"机制下得以运转。它包括两个过程：第一过程：父母在子女未成年立户之前，要提供给子女一定量的生活品和文化教育产品，帮助他们健康成长、获得生存技能，是一个"付出"（经济学中的投资）的过程；尽管父母一代并未将此过程以经济会计方式来核算"成本"总量。在子女长大或成家立户后，父母还需要传承其一定家庭财产和生产生活资源，完成一种"传递"行为。第二过程：父母在年老时期，子女就要反哺父母，对之进行赡养和扶持，承担扶助义务，保证其生活需求。对于父母来说，这是得到"收益"的阶段。父母养育子女和传承财产、子女赡养和扶助父母，这两个过程可能会通过具体的合同来①，或者社会习俗和惯例来加以规定和约束。从经济学视角看，父母对子女的抚养、子女对父母的赡养，是一种经济互换行为，体现了双边的经济义务和权利，是一种"成本—收益"在不同时期的表现（见图3—2所示）。

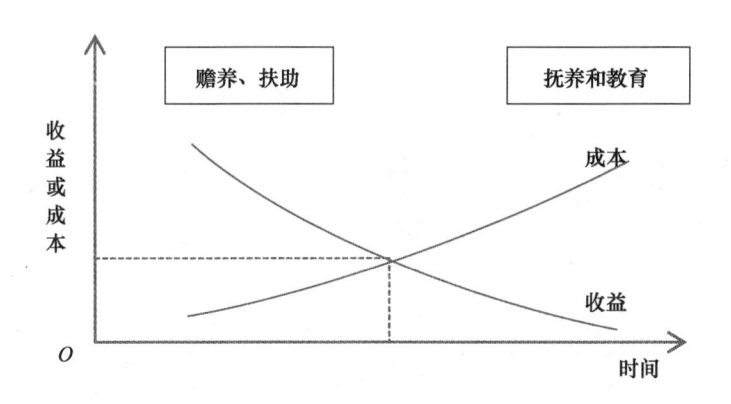

图3—2　父母和子女双方行为在时间上的"成本—收益"关系

图3—2中，抚养和赡养两种行为的"成本—收益"关系是相对的。抚养子女，对于父母来说是一种现期的"成本"，对于子女

---

① 例如，现代社会中一些父母与子女签订抚养到18岁的约定，以及多个子女如何赡养父母的约定。

来说是过去（上一期）的"收益"；赡养父母，对于父母来说是一个未来的"收益"，对于子女来说是现期的"成本"。对于父母和子女两代人来说，他们是在各自时间点上依据"成本—收益"关系作出理性决策，以期达到最优均衡水平。

在家庭代际关系的两个过程中，继承和传递起到一个"中介桥梁"和"保证金"作用，保证"现期成本"和"未来收益"之间能够进行转化。如果没有这一"中介桥梁"和"保证金"，父母一代与子女一代的家庭关系就会失衡。在家庭代际关系运行简图（图3—3）中，继承和传递行为作为一种"中介桥梁"和"保证金"，使得：① + ② = ③，否则，仅有①就难以与③构成对等关系。在这里，继承和传递就充当了"契约"角色，使得两类行为交换的双方（父母、子女）义务和权利得到清晰确定，从而能够保证"成本 = 收益"。

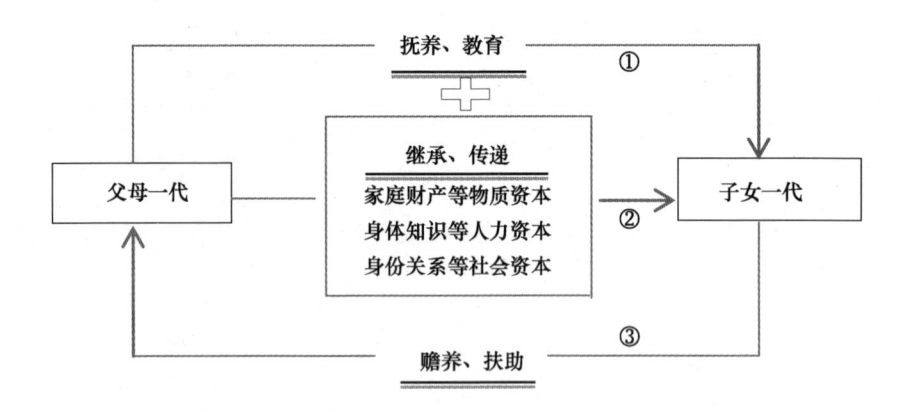

图3—3 家庭代际关系运行简图

刘汶蓉（2012）研究发现，代际互惠失衡就会影响代际支持（赡养和扶助）失衡，使得代际和谐关系遭到破坏。她描述的情形，就是图3—3中仅有①与③之间缺乏一个"契约"约束所导致的。

家庭代际关系中的"经济契约"机制，并不是指一定要有一张纸质合同，而是指描述父母和子女双方关系运行性质的一个术语。同时，它是从经济成本与收益角度来看待父母和子女的行为决策依据。实际生活中，父母抚养和教育子女，可能并不一定从自己现期所付出的经济成本角度来考虑，可能纯粹是文化习俗、社会行为规范的结果；同样，子女赡养和扶助父母，也并不一定是从过去所得收益角度来考虑，可能更多是中华民族"孝"文化自觉行为结果。但是，正因为有了继承和传递这一行动，才能够使得父母养育、子女赡养的关系更加稳固与和谐。从这一角度看，就是"经济契约"机制所发挥的作用所在。

（二）财产代际传承的"民族文化契约"机制

中国农村，特别是在民族山区农村，特别重视本民族文化习俗、惯例、社会规则，从而使得它们在家庭代际关系运行中具有"契约"功能，我们称此为"民族文化契约"机制。

具体来说，中华民族在千年发展历史过程中，形成了"子女养育""财产继承""父母赡养"等一系列关于家庭代际关系、财产继承方面的伦理道德准则，从而使得各项家庭行动成为一种惯例和习俗，自然而然，不会违背和变更；否则，就会遭到本民族、社会的道德谴责或惩罚。例如，家庭财产的处置方面，中华民族普遍遵循"上代传给后代"的传统，上一代创造财富是为了给下一代更好的生活，因而财产传递成为"天经地义"之行动。这种民族文化，经过上千年的实践，已然深入民心，成为民众共同的行为准则，就是一种隐性的"契约"，约束父母和子女的行为，使得家庭关系和谐运转。

在本章第一节中，我们回顾了"传统的家庭伦理文化视角"下的家庭财产传承内在机制，实际上就是"民族文化契约"机制。这里的民族文化，既包括整个中华民族的传统家文化，也包括各个少数民族的家庭伦理习俗。这一机制，阐释了中国农村家庭的财产为什么会在代际间传承，而不是被捐献或赠予某一组织。

王树新（2004）在《社会变革与代际关系研究》一书中回顾了中国传统文化与代际关系，指出"尊老爱幼是中华民族传统文化的重要内容，它规范并指导着中华民族的人际关系和代际关系，形成了系统的理论和一系列的教育、奖惩制度。"[①] 可以看到，家庭代际关系受民族文化的影响较大。在现代社会，家庭代际关系中的核心内容之一——财产传承，无疑也受到民族文化的深刻影响。

当然，随着社会变革与进化，特别是对外开放与市场化改革，会对传统民族文化形成一定冲击，也必然对包括财产传承在内的习俗、惯例等隐性"契约"产生冲击，使得这种"契约"的约束力下降或失效；此时，就需要显性的"经济契约"加以补充，以此来保证现代家庭关系和谐运转。

现阶段，民族山区与东部沿海经济发达地区不同之处，在于其开放性较低、相对封闭，民族文化受到的市场冲击较小，因而，其家庭代际关系中的"民族文化契约"机制仍然发挥着较大作用。就财产传承来看，父母仍然是将其一生财富传递给子女，子女也在继承中得到财富和赡养义务；他们在本民族关于代际传承的习俗、惯例的约束下，践行家庭"契约"，接受社会道德和文化的评判。本书将在第四章继续探讨民族文化与贫困代际传递的关系。

二 山区少数民族家庭代际关系的典型图景

山区少数民族家庭代际关系，既遵循"民族文化契约"，也遵循"经济契约"，在两种契约机制下混合作用，形成特点较为突出的"民族代际契约"机制。下面以我们访谈过的武陵山片区恩施州鹤峰县一户贫困家庭为例，简要展现家庭代际关系图景。该农户三

[①] 王树新：《社会变革与代际关系研究》，首都经济贸易大学出版社2004年版，第33—52页。

代同堂，共有 6 口人：第一代父母 2 人；第二代（本代）夫妇 2 人；第三代子女 2 人，是典型"上有老、下有小"的土家族家庭。按照刘汶蓉（2012）划分，目前该户主处于"赡养"和"互换"两个阶段①；从经济决策角度看，是"现期支出"给亲代和子代"成本"、期望获得子代"未来收益"的阶段。我们将两个阶段家庭代际关系运行的内在机制用图 3—4 表示如下：

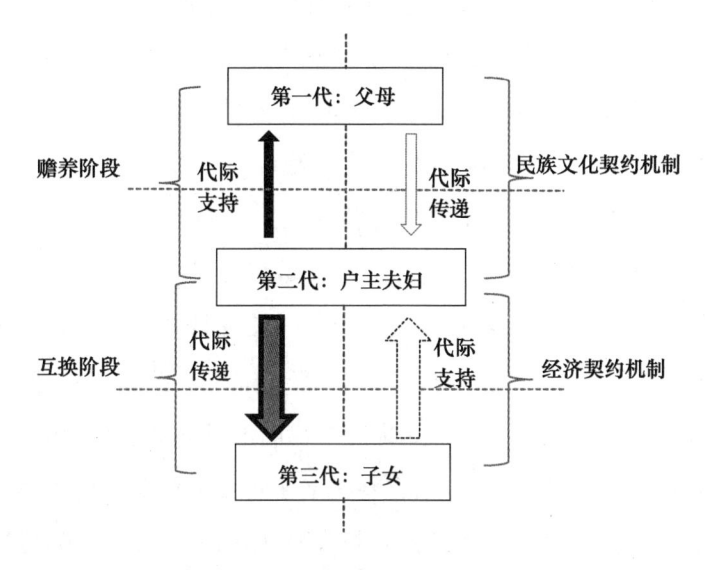

图 3—4　以被访谈户主为中心的代际传承关系

注：图中实心箭头表示现期行为，虚空箭头表示过去和未来行为，箭头越粗表示传递或支持的频度及内容更多。

图 3—4 中，家庭代际的行为分为"代际传递"和"代际支持"两类，其中，户主对父母的"代际支持"（赡养）主要是出于本民族文化习俗的约定，可以看作"民族文化契约"机制起作用；户主对子女的"代际传递"（养育和财产继承）主要出于投资和交

---

① 刘汶蓉：《反馈模式的延续与变迁：一项对当代家庭代际支持失衡的再研究》，上海社会科学院出版社 2012 年版，第 119 页。

换目的,可以看作"经济契约"机制起着重要作用。

具体到访谈的鹤峰县贫困户家庭代际传承情形:20世纪90年代户主结婚时,父母按照土家族习俗将其中一间房屋给了他们,让其独立成家,用户主的话说是"根本没给什么"。到了2010年,父母年老体弱,加上生病,无法依靠自己生活,户主不得不将他们接到自己家里,合在一起居住,承担照顾之责。访谈中被问及"为什么要赡养父母"和"不照顾他们会有什么后果"时,户主回答说"这是我们土家族人做人的最基本要求""不照顾父母会被周围人看不起、说闲话。"可以看到,户主与父母一代的关系确实遵循"民族文化契约",该机制保证了代际关系的和谐运行。

再看户主与下一代子女的代际传承情形:90年代中期,一女一儿陆续出生,养育负担不断增加——除了要养活孩子、保证其健康成长(基本生活需求)外,还要让其读书上学、接受教育。当问及"养育负担和赡养负担哪一个较大"时,户主回答"养育负担较重";问到"为什么要这么培养孩子"时,户主给出"我们这里都是这么做的""还不是让他们将来过得好一点""自己将来老了也要他们养"等回答。从户主回答中,可以看到两点信息:一是少数民族农村的"代际传递"力度大于"代际支持"力度,代际资源向下倾斜;二是代际关系的维持中既有"民族文化契约",也有"经济契约"的混合作用。

三 补充讨论

以上关于山区少数民族家庭代际传承的内在机制讨论,是从理论层面理解贫困为什么会在代际间传递。"民族代际契约"机制包含两个:民族文化契约和经济契约,该机制强化了父母对子女、子女对父母的双边义务,直接或间接规定了家庭资源的代际转换,影响了两代人家庭状况;例如,使得贫困在代际间传递,下一代人复制上一代人贫困境况与遭遇。关于此机制还有四个内容进行补充讨论:

一是对"经济契约"的认识。一些学者反对从经济学角度看待家庭代际关系，认为父母养育孩子、孩子赡养父母不是出于经济上"成本—收益"的考虑，也不是一种投资行为。例如，王跃生（2011）认为，家庭代际关系主要是依赖法律、政策、道德、家规族训和风俗习惯等传统社会力量来维系；在当代，传统维系力量已被削弱，因此要加强道德力量在代际关系维系中的作用①。我们认为，随着市场经济体制的逐步建立，少数民族山区居民考虑问题时必然会以经济学的"成本—收益"原则进行决策。例如，对待子女上学问题上，很多少数民族家庭就用"读书划不划算""女孩子读书对家庭没用"等方法来处理，这实际上就是经济学思维，或者说是"经济契约"机制维系家庭代际关系。市场交换思维，已经在山区少数民族居民家庭关系中得到认可。

在西方发达工业化国家，父母与子女的代际关系更多地表现为"单向接力"模式，代际传承更多地体现出"经济契约"机制性质：父母对孩子的教育支出等被看作是"人力资本投资"，以期得到更高的"回报"（包括物质和情感支持）。很多父母并不一定将财产"无偿"地传承给子女，而是通过某种契约方式留给社会。西方国家家庭比较单一和直接的"经济契约"机制，也决定了代际传递的内容（例如债务）比中国农村家庭传递的内容更少一些，更强调子女人力资本提升，使得下一代具备打破世代贫困的能力。

二是上述讨论"民族代际契约"机制中，主要讨论家庭财产的代际传递，实际上代际传递的内容很多很复杂，家庭财产只是物质资源的一部分，对子女进行抚养和教育就是一种人力资本的传递，此外，包括贫困文化、身份阶层、职业收入，以及社会关系等众多

---

① 王跃生：《中国家庭代际关系的维系、变动和趋向》，《江淮论坛》2011年第2期。

内容，都会以不同方式传承到下一代。第一章和第二章中对家庭代际传递的内容作过总结：物质资本、人力资本、社会资本和政治资本等。这些内容之所以能够传递，也是因为"民族代际契约"机制作用：上一代将这些资本有意或无意地传递给下一代，是为了将来获得更富足生活——即"契约"的意义。

三是"民族代际契约"机制包含着对贫困代际传递原因的讨论。在这一机制中，"民族文化"是导致贫困代际传递的一个原因（后文第四章讨论）。当然，导致贫困代际传递的原因是多方面的，既有山区等自然环境因素，也有社会封闭和排斥等制度性、文化性的因素，也有子女一代能力和身体条件等个人因素。同时，值得指出的是，很多因素既是贫困代际传递发生的原因（即"why"和"how"的问题），也是贫困代际传递的影响因素（即"factors"的问题），贫困代际传递是各种力量综合作用的结果。本书将在后续各章节中予以探讨。

四是如何通过打破"民族代际契约"机制来阻断贫困代际传递问题。首先，这一机制是经过一定社会和经济环境、一定历史时段而形成的，不是一下子通过某种变革就能打破它；因此，往往是通过改变该机制的形成环境来实现阻断世代贫困。例如，通过改变山区少数民族居民的文化习俗（女儿与儿子同等权利、重生轻死、积极向上心态等），减少代际传递的负面内容，从而阻断贫困代际传递。再例如，通过社会保障制度、公平就业制度，以及社会风气等方面的改革，来改造造成世代贫困的社会及文化环境，从而打破贫困代际传递。因此，围绕贫困代际传递的内在机制来设计相关方案、制定相关政策措施，从内（内在机制）外（外部因素）两个方面入手[①]，构建打破代际传递的完整体系。

---

① 参见第一章第三节"研究框架"所示。

第四章

民族文化、人力资本与贫困代际传递

当前，中国农村贫困人口规模仍然较大，到 2016 年底还有 4300 多万人。从人群来看，主要是鳏寡孤独、残疾和重病等失能人，以及老年人和儿童，其中少数民族群体比例较高。在中西部山区，少数民族贫困问题更加严重，不仅发生率高，而且代际传递比例高。本章讨论造成少数民族群体贫困代际传递的主要原因，即"民族文化"和"人力资本"因素的影响力。

第一节 民族文化与山区少数民族贫困的代际传递

第三章关于贫困代际传递内在机制的讨论，让我们从理论层次深度了解民族地区贫困问题。其中，"民族文化契约"机制是区分"民族贫困"与其他地区类型贫困的一个重要方面。正如郭佩霞（2008）所指出，"民族贫困"特殊性在于此类贫困客观上有它的特殊构成要素，包括少数民族地区的特殊地理条件、生理素质、组织基础、政治制度和历史背景要素，以及构成或维系民族存在的情感要素，如民族感情、宗教信仰、文化认同、利益意识等[1]。"民族

---

[1] 郭佩霞：《凉山彝区政府反贫困研究》，经济科学出版社 2008 年版，第 52 页。

贫困"以特殊的民族关系为依托，受到民族文化因素的影响较大，往往还与宗教、政治、法律等问题纠缠在一起（王文长，2016）[①]。本节延续第三章内容，讨论民族文化对山区少数民族贫困代际传递的影响情况。

一 民族文化的核心内容和传承发展

（一）民族文化的核心内容

民族文化是一个包含社会学、人类学、文化学等多个学科的综合概念。何琼（2004）指出，"民族文化是指在自然文化的基础上，人类社会创造了以民族性为本质特征的文化"[②]。施惟达（2011）定义，"民族文化是一个民族在长期的生产生活过程中积累形成的，也是一个民族赖以生存的基础及进行内外部世界交流沟通的工具和手段"[③]。这里的民族文化，是指除汉族文化以外的少数民族文化，是各少数民族在千百年的生产生活实践中经过不断沉淀、积累起来的生活习惯、风俗观念、宗教信仰、语言文字、文学艺术、生产技术等方面文化因素的总和（何琼，2004）。

从以上经典定义看到，民族文化是一个包罗面很广的概念，既有精神方面，也有物质方面，还有行为和制度方面的内容。张文勋和施惟达在《民族文化学》中将民族文化的基本构成分为有形文化、行为文化、精神文化、语言文化四个方面：（1）有形文化，主要指民族文化中的物质创造部分，如工具和饮食、服饰、建筑、交通工具等；（2）行为文化，是指一个民族所共有的习惯性行为、偏好，或共同遵循的风俗和制度；（3）精神文化，指民族文化中的精

[①] 王文长：《少数民族地区反贫困：实践与反思》，中国社会科学出版社2016年版，第70—72页。

[②] 何琼：《西部民族文化研究》，民族出版社2004年版，第7页。

[③] 施惟达等：《文化与经济：民族文化与产业化发展》，云南大学出版社2011年版，第4页。

神创造部分，如思想观念、世界观、价值观、宗教信仰等，还包括心理意识（即情感方式和思维方式）；（4）语言文化，即以语言为核心的符号系统。①通常，我们指称的民族文化是偏重于行为、精神和语言层面的内容，它们能够体现民族的独特性，是各个民族相区别开来的内在内容。一个民族的风俗习惯、宗教信仰、价值观念、语言艺术、社会组织、社会制度、文化心理等，最能体现其民族性，是民族文化的核心内容。本章在后续讨论中，民族文化主要是指这些核心内容。

在民族文化众多核心内容中，我们关注各少数民族文化中的独特生产生活方式内容。张文勋和施惟达（1998）曾按照生产生活方式将我国少数民族文化划分为三大类型：山地型、平坝型和狩猎型民族文化。其中，山地型民族文化是山地民族一种特有的生态文化特征，例如，生活在云南西北部的独龙族、怒族，较完整地保存着山地民族的文化特点。该类型民族文化往往具有原始文化特征，一直保留着许多原始的生产方式和生活方式，体现出对自然环境的一种极大的依赖性。平坝型民族文化，如西南的壮族、彝族，以种稻的生产方式为主的农业经济特征；渔猎型民族文化，兼有山地型和平坝型的特点，如白族、摩梭人、傣族等，以及西南部深山密林中的珞巴族，此类民族文化以狩猎文明为主。研究山区少数民族贫困问题，从文化机制角度，主要也是研究这三类民族文化对农户家庭贫困的发生、传递所产生的影响。

何琼（2004）按照生态经济文化标准对西南地区40多个少数民族进行过分类，主要有：（1）狩猎、采集和捕鱼起主导作用的民族文化类型，主要有西南地区的佤族、德昂族、布朗族、独龙族及拉祜族；（2）以锄掘农业或动物饲养为主的民族文化类型，主要有

---

① 张文勋、施惟达等：《民族文化学》，中国社会科学出版社1998年版，第9页。

云南的佤族、德昂族、布朗族、景颇族、哈尼族、拉祜族、基诺族，以及贵州、广西的苗族、瑶族、仫佬族、毛南族；（3）以犁耕农业为主的民族文化类型，主要有北方的回族、满族、朝鲜族和维吾尔族等。也就是说，每一个民族文化下，其生产生活方式形成了独特特征，也决定了该地区农户的贫富状况。研究贫困代际传递问题，就要重点研究民族文化中的生产生活方式这一主体内容的影响作用。

民族文化对一个地区的社会经济发展有着非常重大的影响。一般地，民族文化会影响居民和家庭的生产力（包括生产方式、工具、产业构成、产出效率等）、消费结构和水平、流动迁移，以及社会治理等方面，进而使得整个地区受其影响。例如，民族文化会影响社会结构，比如社会组织治理、婚姻家庭和亲族关系，就是所说的社会资本，使其成为影响家庭和社会发展的一个制约因素。再比如，民族文化影响居民的劳逸之道（即对劳作与休闲的安排，以及各自方式），进而影响地区生产力。我们观察到海南黎族文化和西南云贵川彝族文化中，崇尚休闲慢适的生活，居民会把较多时间用来喝酒、聊天、娱乐活动（包括体育竞技），而不似汉族崇尚勤劳节俭的文化，导致其生产劳作水平较低，地区发展也相对缓慢。时至今日，西南等地经济社会发展程度较低，很大程度上与聚居在此的少数民族民族文化有关。云南的怒族、独龙族、佤族、基诺族、布朗族、苦聪人（拉祜族）以及云贵川的苗族、彝族，历史上一直比较落后，其地区经济社会发展程度较低；独龙族、怒族聚居区的经济发展至今仍然比较落后。

当然，地区经济社会发展落后，并不意味着该地区的少数民族文化落后。实际上，民族文化没有优越与落后之分，只有对居民和地区发展产生正面与负面影响之分，相对于现代社会其内容中有优秀和糟粕部分之分。本章主要讨论民族文化对居民发展所产生的负面影响。

（二）民族文化的传承与发展

民族文化的传承性，是指该种文化会由上代传承到下一代。这里的传承，不是指文化的传播，而是指文化的继承与延续。张文勋和施惟达（1998）指出，民族文化的传承可以通过以下途径实现：(1) 生活方式的传承；(2) 生产方式的传承；(3) 宗教信仰的传承；(4) 伦理道德观念的传承；(5) 节庆习俗的传承；(6) 语言与文学艺术的传承。这六大途径，经过潜移默化或言传身教方式，传承给下一代，对下一代个人和家庭乃至整个区域的经济社会发展产生深刻影响。正因为民族文化的传承性，所以通常称为"民族传统文化"，强调其历史上的一贯性和延续性。

民族文化都有一个历史变迁过程，其中有传承、有创新、有流失。文化传承往往是民族内部的一种自发行为，通过代代相传的方式被一个民族继承下来，从而使得下一代会复制上一代民族文化下的境遇状况。也就是说，民族文化的传承性会导致该民族家庭生活状况的传递性。比如，上一代家庭比较贫困，只要这种被传承下来的民族文化没有发展和创新，下一代家庭也容易复制上一代贫困状况，贫困呈现代际传递特征。

当然，民族文化还有一个发展过程，也就是有创新或流失的情形发生。这一情形，是在外界环境变化和冲击下出现的。主要表现为：[①] (1) 社会制度变革对传统社会文化的颠覆，如20世纪50年代合作制下各民族的行业组织（商会）被消除；60年代"文化大革命"中一些宗教信仰的铲除和改造。(2) 经济体制变革对民族行为方式和观念带来变革，如90年代后市场经济浪潮对封闭、自给自足的民族文化的改变。(3) 国家宏观文化政策对民族传统文化

[①] 施惟达等：《文化与经济：民族文化与产业化发展》，云南大学出版社2011年版，第23—28页。

的保护和挖掘，如 90 年代后我国开展的"节庆"活动、"特色村寨"建设、文化人才培养等，从政府层面帮助民族文化发展。（4）大众传媒对少数民族单纯的文化心理产生冲击，如对主流民族文化的向往，对自己民族文化失去信心，使得本民族的生产方式、语言文艺、服饰工艺、信仰和观念都在大众传媒的浸染下发生变异或流失。

现阶段，我们特别关注市场经济体制的确立对少数民族传统文化的巨大冲击影响。例如，西南山区众多少数民族开始舍弃精神生活而追求物质生活水平，形成竞争意识和市场意识，以及生产生活方式的改变（弃农从工或从商），均是在 1994 年市场经济体制确立后才逐步出现。施惟达等（2011）调查过云南怒江州泸水县百花岭村的傈僳族，该地群众原以农耕为主，但在 21 世纪后开始尝试从事农业之外的其他职业，例如开饭店或旅店，发展乡村旅游。再例如，云南贡山县小茶腊村的独龙族，"剽牛"这一神圣的祭祀仪式活动已经屈从于市场经济，演化为一种文艺表演，只有在外地人去拍摄或调查时根据客人需要才表演。在临沧市沧源佤族自治县，年轻人开始走出佤族村寨，外出到大都市的民族村、酒店或餐饮娱乐场所进行佤族特色歌舞表演，民族文化活动演化为"市场经济"活动。

市场经济的冲击，不仅体现在少数民族的生存环境发生较大变化，生产方式得到根本性转变，贫富差距更加明显，更体现了对传统社会的结构和发展产生本质的改变。例如，企业公司制文化已进入村寨，逐步冲击原有的宗族文化；父母—子女和夫妻关系的契约文化已经冲击了原有的亲族文化。这种冲击，将对少数民族家庭的上下代关系，以及家庭财产传递、发展起点等产生影响，可能导致世代贫困或者阻断了贫困代际传递。换句话说，市场经济对民族文化的冲击，在贫困代际传递问题上，可能有正面影响，也可能有负面影响。

二 民族文化与"贫困文化"的内嵌互生关系

关于民族文化对地区和家庭贫困的影响作用,可以用"贫困文化"一词予以概括。本节对贫困文化的内涵,以及民族文化与贫困文化的关系予以说明。

(一)"贫困文化"的内涵

"贫困文化"概念最早由美国社会学家刘易斯(Oscar Lewis)提出,他认为贫困现象之所以持续加强和循环发生(即代际传递),是因为孩子从父母那里学到了引起贫困的价值观和人生态度,由此产生了一系列信仰和行为方式(包括冷漠、屈从和宿命论的态度,对教育的不重视,倾向即刻满足而不是节俭等)、不稳定的家庭生活等[①],"简言之,它(贫困文化——笔者注)是一种比较固定的、持久不变的、代代相传的生活方式,贫困文化对它的成员有独特的形态和明显的社会心理影响"。

"贫困文化"概念和它具有代际传递性的观点,得到较多学者认可,成为解释贫困发生原因的权威理论之一,深刻地影响着后世学者。在美国,关于贫困理论大致分为两类:文化的或行为的理论、结构的或经济的理论,其中文化论认为贫困的真正原因是由穷人的行为、价值观和文化造成的,而结构或经济论认为造成贫困的主要原因是缺乏人人平等的机会(如经济机会、教育机会、权利缺失、种族排斥等)。例如,1993 年梅隆·迈格奈(Myren Magnet)在《梦想与噩梦》(*The Dream and the Nightmare*)一书中认为,穷人不是因为缺乏社会的、政治的和经济上的机会,而是因为他们缺乏抓住身边多种机会的内在动力[②],即穷人的价值观和行为方式决定了其贫穷。

---

① 王树民:《超级大国的弱势群体:战后美国贫困问题透视》,学林出版社 2011 年版,第 136—137 页。

② [美]哈瑞尔·罗杰斯:《美国的贫困与反贫困》,刘杰译,中国社会科学出版社 2012 年版,第 56—57 页。

国内一些学者对"贫困文化论"比较认同，也有众多研究成果。例如，周鸿（1998）认为，贫困文化是指与主流文化相对立，某一社会群体在生活方式、思维与信仰方式，以及知识、观念、习俗和技能上的滞后与缺乏的亚文化①。钱宁（1999）认为，贫困文化是一个有特定含义的社会学、人类学概念，是指民族传统文化中那些制约社会状况改善、维持旧有面貌而导致社会发展裹足不前，使人们陷入贫困的文化心理与文化观念，也指那些限制人们生产生活方式的改变，使人们无法接受新技术、新方法来提高自己生活质量和生活水平的风俗习惯和宗教信仰②。方清云（2012）对国内研究情况进行了较为全面的概括。她界定贫困文化是指"根源于贫困经济生活的一种有别于主流文化的亚文化，是相对贫困的小部分人群在长期贫困生活中的生产生活等物质形式及其行为方式、习惯、风俗、心理定式、生活态度和价值观等非物质形式的总和"。她的界定是一个综合定义，既认为贫困文化是一种亚文化，是特定人群（长期贫困人口）才有的一种文化，又认为贫困文化的内涵丰富，并具有代际传递性③。

简而言之，贫困文化是那些贫穷地区的人们在长期贫困生活中形成的一种价值观、生活态度、行为方式和心理定式，它成为一种内在因素影响地区和人群经济社会发展状况。一定程度上，经济贫困的实质就是文化的贫困。贫困文化一旦形成，会在代际潜移默化地传递，成为世代贫困形成的根本性原因，阻碍着世代贫困的破解，是一种顽固性的影响因素。

---

① 周鸿：《反贫困文化：民族地区发展的战略抉择》，《广西民族学院学报》（哲学社会科学版）1998 年 S1 期。

② 钱宁：《贫困文化与西部的贫困问题——论西部民族贫困地区发展中的文化困扰及社会学的西部使命》，《北京青年政治学院学报》1999 年第 2 期。

③ 方清云：《民族乡贫困文化自觉：以江西省贵溪市樟坪畲族乡为例》，世界图书出版广东有限公司 2012 年版，第 23—24 页。

贫困文化作为一种社会存在，具有强大的辐射力和惯性，它决定和影响着贫困主体的现实生活，造成与现代社会的隔离，无法完成对自身的超越；它抑制贫困主体参与的积极性，会导致扶贫制度和政策的效率低下，致使政策创新失败（高香芝和徐贵恒，2008）。从目前中外的一些贫困地区和贫困人群，不论是发达国家的"贫民窟"和"有色种族"还是发展中国家的"少数民族族裔"，可以看到，贫困文化对地区贫困、家庭贫困的影响是非常深远，要根除长期贫困和世代贫困，就需要铲除这种贫困文化。

（二）民族文化与贫困文化的关系

少数民族和民族地区，由于种种原因，相对比较贫困，而且持续时间长、代际传递多，因此，逐步形成了地区和人群的"贫困文化"，并且，这种贫困文化逐渐融合在民族文化之中，与民族文化同步演化发展，成为民族文化中的重要内容和表现。可以说，民族文化与贫困文化是内嵌互生、同步发展的。

一方面，贫困文化内嵌于民族文化之中，是民族文化的一部分。前面已经论及民族文化并无优劣之分，但有正负面影响之分，贫困文化就是一种负面影响的文化（亚文化）。民族文化中的一些婚姻习俗、价值观念和生活态度，均可能成为一种贫困文化。例如，西北一些民族的婚姻习俗中主张"族内通婚""近亲通婚"，它必然导致出现痴呆等缺乏生存能力的弱能人口，如宁夏泾源县，此类人口甚至占全县人口的10%，几乎平均每户就要负担一个这样的人[①]。这种婚姻文化（民族文化）已经成为一种贫困文化，极大地影响着地区和民族贫困。另一方面，贫困文化与民族文化是互生的，特别是在一些相对封闭的民族地区，民族文化形成之时也是贫困文化形成之时，贫困文化形成中也逐步演化为一种民族文化，很

---

① 周毅：《从文化角度探讨少数民族贫困问题》，《贵州师范大学学报》（社会科学版）1998年第2期。

难区分二者谁先谁后。例如，一些少数民族的生活消费是"吃在酒上，穿在银上，用在鬼上"[①]，是一种贫困文化，但它已经逐步演化为民族文化，并影响至今。再例如，一些少数民族的文化中，乡土观念极为浓厚和顽固，不愿外出务工，在农耕时代并没有什么负面效应，但在市场经济和劳动要素流动的时代它已经成为负面因素，成为一种贫困文化。民族文化与贫困文化的互生性，决定了消除后者的复杂性和艰难程度。

三 山区少数民族贫困文化的主要表现

现今阶段，山区民族文化中哪些是贫困文化呢？很多学者进行过总结，例如，周鸿（1998）总结民族地区的贫困文化表现为：（1）贫困的价值观——表现为消极无为、听天由命的人生观，安贫乐道、知足常乐的幸福观，安守本分、重农轻商的生产观，懒散怠惰、好逸恶劳的劳动观，闭关自守、老守田园的乡土观，封闭顽固、因循守旧的思维观，多子多福、香火旺盛的生育观，方术迷信、崇拜鬼神的宗教观等"八大观"；（2）落后的生产生活方式——表现在生产上的传统农耕方式，生活上的独特饮食结构和人畜同居等；（3）滞后的民族教育。高香芝和徐贵恒（2008）总结民族地区的贫困文化突出表现是思想保守、观念落后、心理消极、主体性认知能力不强以及知识存量低和结构不合理。

郭佩霞（2008）和朱明熙（2008）总结了西南地区彝族的贫困文化七大表现[②]，李钢和王泽红（2009）介绍了云南一些少数民

[①] 王建国：《贫困的奢侈》，《吉首大学学报》（社会科学版）1993 年第 1 期。
[②] 彝区贫困文化的七大体现：第一，重名轻利的人伦观；第二，安于现状、知足常乐的生活观；第三，多子多福、重男轻女的生育观；第四，过度嗜酒、厚死薄生的消费观；第五，单一僵化的思维方式；第六，不合时宜的生活习俗；第七，以血缘和地缘为纽带的人际交往方式，如等级内婚和同族通婚。参见郭佩霞：《凉山彝区政府反贫困研究》，经济科学出版社 2008 年版，第 215—218 页；或朱明熙等：《西南地区农村反贫困研究》，经济科学出版社 2008 年版，第 119—124 页。

族的贫困文化表现，过竹等（2011）和邵志忠（2016）介绍了红水河流域的少数民族（壮族、瑶族）的婚育文化和丧葬文化中所体现的贫困文化特征，方清云（2012）介绍了江西贵溪市樟坪畲族的贫困文化表现。这些研究成果让人们更好地理解山区少数民族的贫困文化。本节结合实地调查（如海南黎族、武陵山片区的土家族和苗族、云南德宏和大小兴安岭地区的人口较少民族）情况，归纳山区少数民族的贫困文化表现如下。

（一）落后的生产文化

山区少数民族往往以"山地"和"山居"文化为基础，形成相对落后的生产文化。主要体现是生产上以农为本、交换意识缺乏，对商业和市场经济相对排斥。例如云南怒江的怒族、普米族、独龙族，德宏的德昂族，沧源的佤族等少数民族居住的区域，偏僻农村几乎所有农户以耕作为生，有限的农户收入中农业经营占90%，从事农业生产的劳动力占93%以上[1]。这种生产文化对于农户增收比较艰难。

（二）陈旧的生活态度和方式

山区少数民族文化中安于现状的生活观、嗜酒和均分的消费观，不仅影响家庭成员身心健康，还导致因循守旧、缺乏创造意识。例如，西南彝区和云南德宏州等地少数民族群众容易满足于小富即安，知足常乐，只要温饱解决了就万事大吉。再例如，江西畲族民众仍然信奉"养牛为耕田、养猪为过年、养鸡下蛋换油盐"的生活观，只要能够维持起码的生活需要就普遍感到满足了[2]。调查中，一些少数民族群众宁可在家无所事事，也不肯外出打工或发展一点山区副业，他们的口头禅是"那么辛苦干什么，有吃有喝就知

---

[1] 李钢、王泽红：《民族地区经济贫困的文化根源探析——以云南为例》，《经济研究导刊》2009年第22期。

[2] 方清云：《民族乡贫困文化自觉：以江西省贵溪市樟坪畲族乡为例》，世界图书出版广东有限公司2012年版，第55页。

足了"。在云南瑞丽市一些景颇族、傈僳族和德昂族村寨中，随时可以看到一些青壮年在闲聊，问及他们靠什么维持生活，他们懒洋洋地回答，"到山上采山毛野菜"。

山区少数民族群众喜欢喝酒，严重影响了其身体健康和生产生活。无论在海南黎族，还是在西南彝区，可以看到一些少数民族群众从早到晚喝酒，整个人成醉醺醺状态，根本无法开展生产活动。而且，少数民族节庆文化中喜欢搞平均主义、铺张浪费，例如，云南少数民族中彝族、傈僳族、独龙族、佤族等群众中存在有肉同吃、有酒同喝，一家杀猪全村同吃的习俗；西南四川彝区的"剽牛"期间，主人家即使借钱也要买牛搞活动，造成较大的经济负担。

山区少数民族群众厚死薄生，丧葬文化畸形。例如，红水河流域壮族地区有"重来生不重现世"文化，与儒家"重现世重人生"文化截然不同，他们把葬礼作为家庭重大事情来办，有的人家不惜倾其所有操办丧礼，所需开销非常大；在白裤瑶丧葬文化中，还要举行砍牛送葬及宗教祭祀活动，甚至把一生的财富积累都用完，丝毫不顾及今后的生活，哪怕今后生活从零开始[①]。在四川彝区，彝族文化中有"吃在酒上、闹在鬼上""卖田超度父、卖地超度母"的习俗[②]，已然成为一种贫困文化。畸形的消费和丧葬文化，使得生产要素（如耕牛）损失、消费增加、积蓄花完，对于山区农耕家庭来说，极易陷入贫困之中。

（三）隔离的社会交往文化

山区少数民族文化中的守土观、婚姻观、生育观，以及语言文化，具有封闭的特征，使得他们与外界交流交往较少，难以融合，与主流社会的经济活动隔离开来，容易陷入贫困。

---

① 邵志忠：《丧葬文化观照下的红水河流域少数民族地区贫困》，《学术论坛》2016年第9期。

② 朱明熙等：《西南地区农村反贫困研究》，经济科学出版社2008年版，第121页。

首先，少数民族普遍比较守土恋乡，不愿外出；他们宁愿每天无所事事，也不愿离开山寨到外面世界看看。在当今劳动力流动加速、外出打工成为主要创收手段的情况下，山区少数民族的守土文化将对其摆脱贫困极为不利。

其次，山区少数民族的婚育文化逐渐成为一种贫困文化。在婚姻上，一些少数民族普遍存在族内婚和村寨通婚，导致通婚圈比较狭窄。例如，红水河流域的白裤瑶、布努瑶（如巴马瑶族自治县）男女青年的交往范围大多局限于本族群之内，男女青年的婚姻也大多通过媒人牵线搭桥才能结为夫妻，而在这一过程中，本族女孩一般不嫁外族①。婚姻是帮助女性摆脱贫困的通道之一，因此，隔离的婚姻文化使得少数民族家庭难以摆脱世代贫困。在生育上，山区少数民族普遍信奉"多子多福、重男轻女"，这一文化不仅排斥了妇女和儿童的权利，还造成了家庭贫困效应。例如，在海南彝族村寨，可以看到很多青壮男劳动力在家喝酒玩耍，而妇女在田间艰难劳作，"男逸女劳"的性别关系使得家庭创收效率不高。有的家庭，为了要个儿子，不断地生育，以致家庭成员多达七八人，生活负担非常重。

最后，山区少数民族的语言对于他们与外界交往极为不利。很多少数民族群众由于文化水平较低，不会说普通话，成为阻碍其外出的重要因素。调查中，几乎所有的山区少数民族群众谈到因为语言不通不愿外出，即使外出也只愿意与本民族的人来往。这种隔离的社会关系，成为少数民族发展的重大障碍，导致贫困问题比较严重。

总之，山区少数民族的贫困文化表现多种多样，特别是在市场经济体制下，民族文化中的一些负面影响逐渐显现出来，会成为一

---

① 过竹、潘春见、邵志忠：《从婚育文化看红水河流域少数民族地区的贫困——红水河流域少数民族地区贫困原因研究之四》，《经济与社会发展》2011年第12期。

种贫困文化。例如，休闲、享受的等社会风气（也是民族文化的一部分），在激烈竞争的市场经济下，反而成为阻碍少数民族群众积极进取、努力创收的贫困文化。方清云（2012）曾归纳山区少数民族负面的民族文化为：（1）因循守旧，缺乏创新意识；（2）崇尚个性，缺乏集体意识；（3）封闭自守，缺乏兼容意识；（4）温饱即安，缺乏进取意识。这四个方面意识的缺乏，深刻地影响着少数民族的发展，也给民族地区扶贫脱贫工作带来更大困难。

四　山区民族文化对贫困代际传递的影响

正如前面所述，民族文化和贫困文化均具有代际传递性，也就是下一代会继承上一代的文化；如果民族文化的负面影响存在（贫困文化），下一代也会因文化而继续陷入贫困，贫困代际传递发生。可以说，贫困文化的代际传递过程，也是贫困状况本身的代际传递过程；民族文化（贫困文化）既是贫困代际传递的一个内容，也是影响贫困代际传递的一个因素。

（一）发生影响的基本机制和路径

民族文化影响贫困代际传递，首先体现为它已经内化为一种机制——民族文化契约机制（详见第三章），在家庭财产代际传承和代际支持方面，通过一种契约精神，实现代际间的传递。在少数民族文化中，上一代的财产（不论微薄还是丰厚）或债务，会传承给下一代子女，使得子女一代家庭具有更多财产或债务，影响着贫富状况。在有些山区民族文化中，财产并不传承给女子（如湘西苗族），使得女子成家后可能面临上代同样的贫困境况；也有些民族文化中，约定次子继承（如云南普米、纳西等族），就可能使得其他子女更难摆脱贫困。民族文化下家庭成员的继承地位，成为影响贫困是否传递的根本性、驱动性因素。从机制角度看，民族文化是贫困代际传递的"驱动力（driver）"。

其次，民族文化通过三个途径影响贫困代际传递。一是生产途径；二是生活途径；三是社会交往途径，从上一代传递到下一代，成为影响贫困代际传递的三个因素。上文中论及山区少数民族的三种贫困文化表现，实际上就是三个传递途径和方式，将影响上一代贫困的因素传递到下一代，使得下一代继续因这些因素而导致贫困或者难以阻断代际传递。从途径角度看，民族文化是贫困代际传递的"维持力（maintainer）"①。

以婚姻文化途径为例。山区少数民族习惯于族内通婚、亲戚通婚，它一方面使得低能孩子出生率较高，直接影响子女一代的身心健康，下一代将承继父母贫困境况；另一方面，它中断了与外界交往通道，使家庭的社会关系网络更加狭小，欠缺社会资本，减少了摆脱贫困代际传递的有利要素。第二章中一些山区少数民族家庭调查案例中，有些世代贫困家庭的女子因为外嫁而中断了贫困代际传递，很好地证明了扩大婚姻圈是阻断世代贫困的重要通道。

此外，贫困文化中的传统生产文化、生活态度和生活方式，既是贫困发生的原因和影响因素，也是贫困代际传递的重要内容，它们在由上一代传递到下一代过程中，深刻地影响着下一代家庭的贫富状况。

（二）四个村寨案例

实地调查中，我们可以深刻地观察和感受到山区民族文化对贫困代际传递的影响。本节以重庆酉阳县涂市乡银铃土家族村、海南东方市江边乡俄查黎族村、贵州黔东南州榕江县车江乡三宝侗族寨、云南瑞丽市勐秀乡南桑德昂族村为例，简要说明山区少数民族文化对贫困代际传递的影响情况。

（1）重庆土家族村的居住和婚育文化

银铃土家族村是重庆酉阳县比较偏远的山村，距离县城3个小

---

① 有关贫困代际传递的"驱动力"和"维持力"的含义，参见第一章第三节中有关研究框架的论述。

时左右车程。2009年7月，我们调查该村6组自然村，仅通简易砂石路，雨天泥泞难达。该自然村大约有20户，基本上都是贫困户，也都经历过祖辈贫困，是一个贫困代际传递比较严重的贫困村。

在影响该村世代贫困发生的众多因素中，我们观察到土家族人畜混居的居住文化，以及近亲结婚、重男轻女的婚育文化产生的负面影响较大。按照当地居住习俗，村民户户房屋为土家族木楼，上面一层住人，下面一层安放农具、牲畜，以及厕所，在楼梯间挂满玉米或堆放土豆；几口人混住在一间房屋中，一间火塘屋常年烧着木材，大家没事就围坐火旁喝几口烧酒。这种居住文化，家庭成员的卫生健康得不到保证，还容易发生火灾。我们调查的一户贫困户，就是因为火塘烧火引发火灾烧毁原有住房，不得不借债修建新屋；两个小孩子因为家里欠债而无法继续上学，一家人为此发愁。

调查该村发现，贫困户普遍是近亲结婚，而且父母"重男轻女"思想非常严重，总希望生养儿子。有一贫困户，夫妇二人是姨兄妹结婚，据称还未出"五服"；家里已经有了两个女儿，可为了生个儿子，又冒着高龄风险准备再生第三胎。该户因为孩子多，劳动力少，因而比较贫穷。更令人担心的是，不仅他们这一代暂时难以摆脱贫困，可能导致下一代孩子成家时也同样会处于贫困之中，婚育文化成为贫困代际传递的重要因素。

（2）海南黎族村的生活文化和语言文化

江边乡俄查村是海南有名的黎族村，它以保存完整的"船形屋"建筑和黎族部落文化而著称。该村有100多户500多人，集中居住在靠近山边一块平地，由厚厚的芭茅草盖成的拱形人字泥土屋无序分布，村中有一条泥泞路进入各家各户，是一个典型的深度贫困村。2011年1月考察期间，当地政府已经另辟地方建好几排水泥平房，但搬迁进去的黎族群众较少。

黎族村的贫困具有典型的代际传递特征。据介绍，该村贫困户几乎都经历三四代人，至今只有2—3户的孩子因为外出打工赚了一点钱，愿意迁到村外住水泥平房，开始与老一代不一样的生活。引起黎族群众贫困的代际传递，有多个原因，其中之一是恶劣的居住条件和落后的生活方式，以及语言不通，致使父代和子代均陷入贫困。而居住、生活和语言，恰恰是黎族民族文化一部分，这些文化已经演化为贫困文化。

在俄查村黎族文化中，居住在"船形屋"是对祖先的感念，是对"恶鬼"的躲避，是一种文化符号和精神家园。但是，这种不开窗户、低矮的"船形屋"对孩子身体成长不利，同时屋里长期烟熏火烤、无光亮也损害视力，导致黎族孩子个头不高、身材瘦小，成年人生病较多。而且，黎族人习惯于坐在地上织布，养一种成本较高的"花皮猪"，人畜混居，就地大小便，小孩打赤脚等，已然形成一种文化。这种贫困文化导致了贫困的代际传递，也阻碍了对世代贫困的突破。

俄查村黎族群众语言独特，外人很难听懂，他们也不愿与人交流，对外来人抱有极重的戒备之心。考察中，即使上过学的小孩子也不能很好地用普通话进行交流，老一代人基本听不懂外来语言，语言文化也成为贫困代际传递发生和阻碍因素。

（3）贵州侗寨的祭祀文化

车江乡三宝侗族寨号称"天下第一侗寨"，由上、中、下宝寨组成，顺河绵延约15公里，有9个村2500户1.4万人，是侗族语言标准音的发源地，又是美丽爱情传说中"秦娘美"的故乡。2012年11月，我们实地考察了其中的寨头村，该村既是三宝侗寨的代表村，也是该县有名的"古榕奇观"景点，有四五十棵古榕树沿河而立，是一个集民族文化、特色建筑和自然风光于一体的村寨。村寨中保留着较为完好的侗族生活场景，家家务农、户户纺纱，老少男女在河边榕树下闲谈游戏，一派宁静自得之感。但是，从政府统计数据和现场观察，该村寨贫困家庭和贫困人口还比较多，贫困发生率达到30%左右，且这些贫困户基本上都经历了多代贫困。

头寨村侗族祭祀文化比较浓厚，村中有最古老的侗族祖先"萨堂"庙。侗族村民信奉女神萨玛，每月初一、十五都要烧香上茶祭祀，每年正月、二月间要隆重祭祀，全族男女要盛装打扮参加祭祀活动。我们考察期间，恰逢一贫困户因家人离世做法事祭祀活动——一大群人在法师引导下跪拜、唱哭。据随行干部介绍，这种祭祀活动虽然限于家族内部，但一般也要持续两三天，花费不在万元之下，即使东挪西凑借钱也要搞，否则会不合侗族丧葬习俗，遭到族人取笑和谴责。这种丧葬文化增加了贫困户家庭负担，父母需要较长时间来还债，子女也随之更加贫困，贫困发生了代际传递，阻断难度加大。

（4）云南德昂族村的采摘文化和守土文化

勐秀乡南桑德昂族村是一个"直过"村，村民原散居在大山之中，在20世纪90年代后开始搬迁集中，全村有农户89户388人，德昂族329人，剩下59人为景颇族人。2015年底，全村人均收入4200元，经"精准扶贫"摸底有贫困户53户123人，户占比59.6%、人占比31.8%，是一个深度贫困村，也是一个贫困代际传递问题比较明显的贫困村。

南桑村德昂族文化中，生产文化和守土文化对其贫困代际传递的影响较大。在生产上，德昂族习惯上山采摘果实和毛野菜，靠山吃山，偶尔种植一些稻谷和橡胶；在故土观念中，老寨子是最好的地方，宁愿守住一栋木板房屋和几亩林地，也不愿外出挣钱。这种采摘文化和守土文化深刻地影响着德昂族人，导致到现在还很难劝说村民改种农作物或者发展养殖业，产业扶贫工作推进艰难、效果不大。2016年8月，我们调查该村时，看到当地政府征收了该村部分土地作为工业园区，并引进园林企业帮助村民发展种树，但村民们拿到征地补偿款后花了2万—3万元修缮一下房屋，其余的就买酒喝或者打牌；村里青年人整天聚在一起喝酒打牌，不愿外出做工或者改种绿化树木，村寨气氛颓废。当地山野菜比较有名，如果上山采摘一天至少可以卖得六七十元，比在附近的园林企业打工50元/天的酬劳高，而且悠闲自由不受人管束。当地扶贫干部、帮扶企业对村民的生产文化和守土观念也无可奈何，以致该村到现在仍然比较贫穷，贫困代际传递现象比较突出。

五 总结及延伸讨论

以上对山区民族文化，以及它对贫困代际传递的影响机制和路径论述，更多地偏重于事实归纳，由于数据资料难以获得而无法予以数理论证。但一些典型村寨案例也说明了民族文化的深刻影响：它影响上一代，成为引发父辈家庭贫困的重要原因；同时，它经过潜移默化的传递，逐步演化为一种贫困文化，影响着下一代家庭，如财产的继承、落后的生产方式和生活方式，以及隔离的社会关系，成为子代发展的不利因素，使之更容易陷入父辈贫困境况；而且，这种贫困文化也成为阻断世代贫困的重大障碍，深刻地影响着多代家庭状况。

总之，当民族文化中的负面影响逐渐演化为一种贫困文化，它的代际传递性也带来了家庭贫困的代际传递。民族文化（贫困文化）既是贫困代际传递的"驱动力（driver）"，也是贫困代际传递的"维持力（maintainer）"。因此，要打破贫困代际传递，重要一点是要打破这种贫困文化。

从贫困文化的代际传递性来说，它是影响世代贫困的"先赋性因素"，同一个区域、同一个族群下，下一代人很难逃脱上一代人的这一因素的影响。但是，如果下一代人通过接受外来先进文化，比如外出读书、打工，走出原有的贫困文化圈，就极有可能打破其代际传递性，从而也会阻断贫困的代际传递。事实也是如此，很多山区贫困家庭的孩子，通过读书升学或者参军，或者外迁和外出务工，走出山村，跳出贫困文化的桎梏，从而告别了父母一代的贫困，过上富裕的新生活，成功阻断了贫困的代际传递。

而且，随着市场经济和社会保障制度的建立，民族文化的负面影响力将会进一步缩减，对贫困代际传递的"驱动力"和"维持力"都会减弱。例如，在中国东部经济较发达地区，子女承继父母贫困境况的比率比西部山区的比率就低一些，这是因为东部地区市场经济更加活跃，子女与父母两代人的经济依赖相对弱些，同时东部地区老年人得到的养老保障更好一些；这样，家庭财产继承、子女对父母的依赖情况均发生变化，家庭文化更加开放，下一代继承上一代的物质和非物质的东西就少得多；而在中西部落后山区，年轻一代对年老一代的财富继承、文化继承的重要性还比较强，民族文化的代际传递效应会持续发生。在市场经济和完善社会保障条件下，民族文化并不是一个家庭是否会发生贫困代际传递的决定性因素。

归根到底，民族文化（贫困文化）最终是内化在贫困个体身上，不同个体受民族文化的影响并不相同。在适当的外界作用力下（如教育、扶贫或外迁），民族文化的"先赋性因素"影响力会下降，个体能力和素质等"后致性因素"将发挥更重要的作用，将决定着个体是否会传递上代的贫困境况。从这个意义上说，民族文化是个体能力和素质的一种表现，是人力资本的一个重要内容；贫困是否发生代际传递，以及如何阻断贫困代际传递，归根到底是看个体的人力资本状况，人力资本是贫困代际传递的"决定性因素"。

第二节 人力资本与贫困代际传递

前述山区民族文化对贫困代际传递的影响力，归根到底是个体能力和人力资本因素的影响力表现。本节从更广泛的范围内讨论人力资本对贫困代际传递的影响作用。

一　人力资本的丰富内涵

人力资本一词自20世纪60年代提出之后，已然成为概括个体素质、能力和文化状况的综合性名词。它包含较为丰富的内容，一般认为，它包括：

（1）个体的身体健康状况。主要指居民的身高、体型、面貌、肢体、体能、营养、疾病等身体素质和健康状况，它很大程度上来自于基因遗传，是一种"先天禀赋"类型的条件。身体健康条件，是个体从事社会经济生产和生活活动的基础与实物载体，是决定个体家庭生活状况的起始性因素。

张毅（1994）通过对中国百万人以上的18个少数民族身体素质分析，指出"大部分少数民族的身体素质低于汉族人口的平均身体素质，但高于亚洲的平均身体素质"[①]。从全国人口身体素质来看，中西部山区少数民族的身体健康状况比其他地区要低一些，主要表现为：身体条件稍微单薄，营养水平较差，患地方病或身体残疾的比例较高。这一健康状况，必然带来家庭较大经济负担，是贫困代际传递的重要原因。据统计，当前中国贫困人口中超过三成为因病致贫、因病返贫，人力资本较弱导致。第二章调查山区少数民族贫困代际传递情况，发现贫困家庭成员的身体健康欠佳是贫困代际传递的一个特征，也是贫困代际传递的重要原因。

（2）个体的经验、文化教育和技能水平。主要指居民在过去活动中积累的经验，所接受的文化教育状况（包括识字、运算、语言等）、所掌握的技能知识、动手能力和创造能力等。它是人力资本

---

① 张毅：《中国少数民族身体、文化素质分析》，《人口学刊》1994年第5期。

的核心内容，是通过"后天"投资和学习获得的。通常所说的人力资本投资，主要指让个体接受文化教育和培训。人力资本投资理论说明，让孩子接受教育，不仅会让孩子因此受益，也会带来家庭"未来收益"。第三章中介绍"人力资本投资"是实现家庭和个人社会向上流动的重要途径，是破解贫困代际传递的根本性措施。

（3）个体的品格、思维意识和观念。主要指居民对外界事物和环境的处理和适应能力、行为方式、人生态度、意志品质，以及对外部环境的看法等。它既是民族文化在个体身上的一种体现，也是个体在外部社会环境下逐步学习形成的，是一种较高层次的人力资本内容。

山区少数民族在长期生活中，形成了一定的民族文化，也铸就了个体的品格、思维意识和观念想法。前述山区民族文化（贫困文化）提到，一些贫困个体往往思维较为僵化、安于现状、不愿与外界交流，有着消极的生活态度，对其个人发展和家庭摆脱贫困极为不利，甚至成为阻碍突破贫困代际传递的重要因素。

总之，人力资本既包括上述"可视性"的物质条件（身体健康状况），也包括上述"非可视"的精神条件（教育文化、技能、经验、思维意识、观念等），是概括个体素质和能力的综合性名词。在公平公正的社会环境下，由于不存在对某个群体得到各种机会、权利的剥夺和排斥，那么，个体的素质和能力这种人力资本就成为阿玛蒂亚·森所说的"可行能力"[①]的一部分了。一定意义上说，"可行能力"是对人力资本这一概念的更高层次概括。不论是人力资本概念还是可行能力概念，均提醒我们要高度重视它们对贫困形成和贫困消减的重要作用。

---

① 关于"可行能力"概念含义可参见：[印]阿玛蒂亚·森：《以自由看待发展》，任颐、于真译，中国人民大学出版社2002年版。

二 人力资本与贫困发生及代际传递的关系

(一) 已有主要研究结论

人力资本与贫困及代际传递,具有非常紧密的关系。自20世纪60年代以来,就有众多专家学者对此予以论述。例如,贝克尔和托马斯(Becker and Tomes,1979)就认为人力资本短缺是导致贫困发生的根本性原因,对人力资本进行投资可以有效地帮助穷人摆脱贫困;高乐尔和特西敦(Galor and Tsidon,1997)认为父母的人力资本水平对贫困代际传递有较大影响,因为父母人力资本具有局部外部性(自己孩子受教育程度)和普遍外部性(社会技术进步激励下一代),人力资本水平在父母与孩子之间会发生代际传递。

一些社会学者和经济学家们在讨论人力资本与贫困代际传递的关系时,常用人力资本与社会(或收入)流动的关系来阐释。这是因为,人力资本是解释个人收入的最重要变量之一,也是导致代际收入相关的最基本原因。因此,通过分析人力资本的"代际收入弹性"指标情况,可以衡量人力资本对代际收入传递的影响程度。例如,陈琳和袁志刚(2012)研究表明,在控制子代的受教育年限后,代际收入弹性在1995年的农村样本为0.246,在2002年样本中为0.212,表明人力资本不仅对我国的代际收入流动性有一定的解释力,而且这一解释力随时间大幅增强。学者们通过对人力资本的不同形式,如教育、健康,与代际流动的关系进行实证研究,说明了人力资本是贫困代际传递的重要影响因素。

最近几年,国内研究人力资本与贫困及代际传递关系的成果较多。例如,尹飞霄(2013)对人力资本形成的重要形式——接受教育和培训、提高营养和健康、实现劳动力迁移,进行了微观和宏观实证分析,发现户主接受教育年限每增加1年,家庭贫困发生率下降1.7%;户主健康水平提高1个单位,贫困发生率下降3.3%;

参加过培训的家庭比未参加的贫困发生率下降27.1%；劳动力迁移的家庭贫困发生率下降30.7%。程名望等（2014）从收入增长和差距缩小的双重视角研究了健康和教育对农户贫困的影响情况，发现2003—2010年中国农村贫困发生率逐年降低的原因主要得益于户主健康和教育水平的提高，也就是健康与教育所体现的人力资本对农村减贫具有显著作用，而且，健康的作用更加明显。王志章和刘天元（2016）利用连片特困地区1816个农村贫困家庭的微观调查数据，对影响农村贫困代际传递的内生因素进行实证分析，发现父辈受教育程度、对子女受教育的支持程度、家庭生育和养育投入对农村贫困代际传递有显著的负向影响，也就是人力资本投资是阻断贫困代际传递的重要因素。祝建华（2016）也认为，父母教育与子女教育具有传递性，进而对贫困代际传递有着较强关系。谭灵芝和孙奎立（2017）通过对南疆地区15年跟踪调查，发现父代受教育年限对家庭收入流动性的影响显著；邵挺等（2017）基于高校毕业生就业数据，实证分析发现父母的受教育程度和职业，较大程度地传递给下一代，进而影响高校毕业生的工资收入（即以后的家庭状况）和社会流动性。

　　教育、健康等人力资本对于贫困代际传递的影响较为明显，因此，对人力资本进行投资将有利于阻断这种传递。例如，让贫困家庭孩子接受高等教育，取得高中或大学文凭，帮助孩子一代找到更高工资水平的工作，从而打破贫困传递。这就是人们常说的"知识改变命运""跳出农门"，实现向上的社会流动。但是，近年中国农村出现新一轮"读书无用论"，以及社会上"知识无力"的讨论，对包括孩子教育在内的人力资本投资作用或收益产生较大质疑。据《中国教育扶贫报告（2016）》披露，在中西部欠发达地区，尤其是边远、贫困及少数民族地区，农村初中辍学率较高，有的地区超过10%；而辍学原因并非经济困难，而是对知识改变命运的信心不足。调查发现，在辍学的初中学生中，因家庭贫困辍学的学生比例仅为7.3%；而因厌学辍学的比例则为63%；受"读书无用论"影响辍学的占25%；因其他因素影响的占4.7%[①]。更令人担忧的是，越底层农户家庭越认同"读书无用论"[②]，因而其代际因教育而发生的社会流动率可能性也就越低，阶层固化症结难以得到化解。如何创造农村孩子享受平等的教育待遇环境，以及提高人力资本投资收益率（对代际贫困的阻断效应），是当前各级政府需要考虑的重大问题。我们在第六章将对教育和就业制度与山区贫困代际传递的关系予以进一步分析。

（二）发生影响的机理和途径

人力资本对贫困代际传递的重要影响，从机理上说，首先是人力资本本身具有代际传递性，是贫困代际传递的一个基本内容；其次，当父母对自己和孩子的人力资本进行投资，将增强家庭和孩子的创收增收能力，影响各自家庭收入，间接地传递贫困与富裕状况。其机理图示如下：

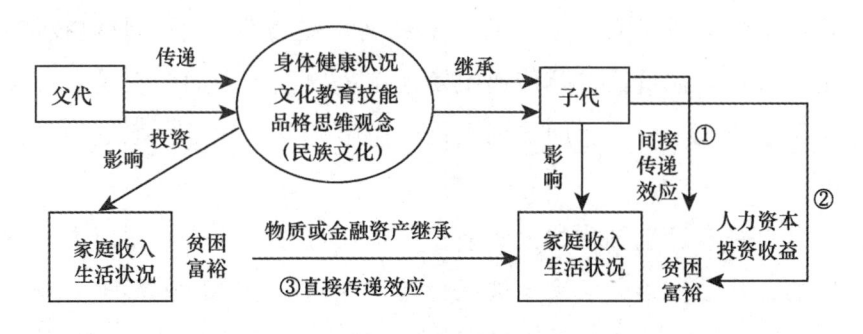

图4—1 人力资本对贫困代际传递的影响机理

[①] 司树杰等主编：《中国教育扶贫报告（2016）》，社会科学文献出版社2016年版，第46—47页。

[②] 调查报告：越底层农户家庭越认同"读书无用论"，http://hb.qq.com/a/20150909/016232.htm。

图 4—1 简要说明了人力资本对贫困发生和代际传递的影响机理。主要体现在两个方面：一方面，父代的人力资本是其家庭收入和生活状况的影响因素，决定家庭是否贫困，进而通过物质财产或金融资产继承方式，传递给子代，使得子代家庭是否摆脱贫困，这一过程可以说是人力资本的直接传递效应（图中③所示）。另一方面，人力资本在父代和子代之间传递，使得它成为影响子代家庭收入和生活状况的一个内生因素，可以说是人力资本的间接传递效应（图中①所示）；同时，父母对子女进行人力资本投资，使得子女人力资本存量增加，可能使得子女摆脱贫困，人力资本收益较高（图中②所示）。

人力资本发生影响的途径有三条：一是通过身体健康途径发生影响，即父母的身体条件经生物遗传给孩子一代，使得孩子具备某些"先天禀赋"条件，为其后续生产和生活提供身体基础，直接影响孩子一代家庭的状况。比如，贫困父母的某种疾病遗传给孩子，可能直接导致孩子成年后因病致贫、因病返贫，实质就是将贫困代际传递下来。二是通过文化教育、技能、经验渠道发生影响，即父母这些不足会对子女产生影响，例如父母受教育水平、职业技能。这是人力资本在贫困代际传递中发生作用的重要方面。三是通过民族文化途径发生影响，即贫困文化途径影响下一代子女家庭的贫富状况。

人力资本发生影响的三条途径也是人力资本的三个方面内容所决定的，其中，第二条途径被认为是在现代社会中发生影响力较大的一个途径，也是能够阻断贫困代际传递的最重要途径。很多研究表明，父母受教育水平与下一代家庭贫富与否有着直接关联，教育是阻断贫困代际传递的最重要通道。例如，郭丛斌（2009）在《教育与代际流动》一书中指出，"教育是代际传承的复制机，是促进代际流动的助推器"①；祝建华（2016）在《贫困代际传递过程中的教育因素分析》一文中论证了"父母教育与贫困的代际传递有着较强关系"②；郭晓娜（2017）在《教育阻隔代际贫困传递的价值和机制研究》一文中指出，"通过教育，可以使人的处理不均衡能力有所提高，如提高知识文化水平、职业技能水平，从而提高收入水平，摆脱世代贫困"③。

父母的教育这一人力资本对子女发生影响作用，直接表现为子女的教育水平和教育发展上，具有代际传递性。首先，父母受教育水平不足，将导致家庭收入不足，无法为子女提供足够的经济条件供其接受更多教育，出现辍学现象。其次，父母受教育水平低，导致父母在对子女课业进行辅导的时候，直接表现为辅导能力不足，无法给子女提供足够的知识支持，一定程度上影响子女的教育发展。再次，父母受教育水平低，会影响其家庭的教育观念以及对子女的教育期望值，任其落后于整个社会平均教育水平。最后，父辈受教育水平低，会影响子女培养兴趣特长的机会，不利于其全面发展。子女的教育状况，是其人力资本的一部分，最终积累成个人素质和能力，决定了成年后的职业、收入、生活等方面，从而也决定了其家庭的社会阶层（穷人或富人）。

因此，对人力资本进行投资，最主要的就是父母投入一定的资本（货币资本、实物或时间）让孩子接受教育，为其全面发展创造条件，增加或提高孩子的智能和体能，为子女成人后能够创收提供起码条件。从现实中看到，父母对子女的教育投入很大程度上决定了子女成人后的收入水平，决定了子女对社会所做贡献的大小。这就是人力资本投资的家庭价值和社会价值所在。

---

① 郭丛斌：《教育与代际流动》，北京大学出版社2009年版，第15页。
② 祝建华：《贫困代际传递过程中的教育因素分析》，《教育发展研究》2016年第3期。
③ 郭晓娜：《教育阻隔代际贫困传递的价值和机制研究——基于可行能力理论的分析框架》，《西南民族大学学报》（人文社会科学版）2017年第3期。

三　山区少数民族的人力资本概况

由于民族山区所处的自然地理环境，以及经济社会发展历史与平原地区有较大不同，使得聚居于此的各个少数民族人力资本发展相对不足，成为影响贫困代际传递的重要因素。下面从三个方面依次说明山区少数民族所拥有的人力资本和投资概况。

（一）山区少数民族身体健康状况较差

在人口学中，有一系列指标可以衡量人口的身体健康状况。钱建明（1991）认为最能体现的是死亡和平均寿命方面的指标。他的研究表明，我国少数民族人口健康水平较低，四分之一的民族死亡率大于10‰，特别是婴儿死亡率高达80.6‰，范围值为40.50‰—133.94‰，较全国同期的34.8‰高出一倍以上。此后，还有众多学者进行分析。我们认为，民族山区群众的身体健康状况欠佳，集中体现为地方病患者比例高、婴儿死亡率较高，人均预期寿命较低等三个方面。

首先，民族山区的地方性疾病较为普遍，导致因病致贫、因病返贫、因病传递贫困的情况比较严重。地方性疾病，主要与居民所居住的空间地理环境有关，并且难以消除。据陈国阶（2004）对中国山区人口学特征研究结果，我国重点防治的8种地方病中，碘缺乏病（如甲状腺肿、克汀病）主要出现在大巴山、大小兴安岭、秦岭、云贵高原、湘西等少数民族山区，大骨节病和克山病也主要分布在这些山区。此外，地方性氟中毒和砷中毒，以及山区少数民族因近亲结婚等原因，导致家庭疾病发病比例高，残疾率也较高。中国地方病防治研究中心的孙殿军等（2000、2002）研究表明，我国地方病中的碘缺乏病、大骨节病、地方性氟中毒、砷中毒、克山病等5种地方病绝大部分集中在西部地区，重病区又集中在"老、少、边、穷"地区，儿童和育龄期妇女是地方病高危人群或易受侵害人群。庄万禄和陈达云（2006）对四川民族地区调查发现，阿坝州、凉山州、甘孜州是地方病的重灾区，大面积影响脱贫致富，3个民族州50余个县，几乎都有地方病发生，比较严重的有29个县200余万人，占民族地区县数的58%，人口总数的33%。这些地方性疾病，导致小区域群众出现生存危机，个别家庭存在消失危险。

其次，民族山区的婴儿死亡率比较高。据陈晓芳等（2006）基于人口普查统计数据计算，我国40个少数民族1990年的婴儿死亡率为50.95‰；2000年为46.065‰；有25个少数民族的婴儿死亡率有所下降，15个有所上升；云南的德昂族、哈尼族、基诺族、拉祜族、怒族和佤族等山区少数民族的婴儿死亡率在100‰以上；而同年全国婴儿死亡率为32.20‰。

最后，山区少数民族群众的人均预期寿命较低。以四川和云南民族山区为例。据有关部门统计，四川民族地区2011年的人均期望寿命达到70岁[1]，而早在2010年全省人口平均预期寿命就达到74.75岁，接近全国平均水平；分地区看，成都人均预期寿命为77.10岁，而三个民族自治州中阿坝州为72.13岁、甘孜州为72.10岁，凉山州为72.26岁，均低于其他地区[2]。云南少数民族人口平均预期寿命2000年为69.14岁，2010年为75.85岁；而同期汉族人口平均预期寿命为73.79岁和78.91岁。在少数民族中，2010年人均预期寿命较低的是拉祜族（67.61岁）、佤族（68.03岁）、景颇族（68.05岁）、傈僳族（69.56岁）等[3]，这些民族均为山区民族。

---

[1] 石小宏：《民族地区人均期望寿命达70岁》，《四川日报》2012年6月30日第002版。

[2] 沈婷婷：《四川省人口平均预期寿命达到74.75岁》，四川在线，http://sichuan.scol.com.cn/fffy/content/2012-09/18/content_4099285.htm。

[3] 李昂：《云南省少数民族人均寿命和人均受教育年限的相关性分析》，《科教导刊》2016年2月（中）。

（二）山区少数民族受教育程度较低

我国少数民族人口受教育程度普遍较低。据 2010 年第六次人口普查结果显示，全国 6 岁及以上少数民族人口中未上过学的有 840.97 万人，占少数民族人口的 8.27%，而汉族比例为 4.71%；云南、贵州、四川、广西、湖北、湖南、海南等省区的民族山区少数民族群众文盲率比例比汉族比例都要高些，分别为 10.29%、12.20%、24.74%、5.21%、5.62%、5.44%、6.23%。15 岁及以上少数民族文盲人口，全国总数有 708 万多人，占少数民族人口的 8.15%；最高比例的前五个地区：西藏（35.69%）、四川（26.25%）、青海（21.76%）、甘肃（18.80%）、贵州（13.82%）[①]，绝大部分是山区少数民族人口。分民族看，文盲比例最高的门巴、珞巴、撒拉、德昂、傈僳等民族，超过全国平均比例 4—5 倍。

表 4—1　　主要山区少数民族 15 岁及以上人口文盲率

民族	主要聚居地区（山区）	比例（%）
汉族	全国	4.60
少数民族	全国	4.88
苗族	武陵山、秦巴山、滇桂黔及乌蒙山片区	10.74
彝族	四川及云南乌蒙山片区	14.51
哈尼族	滇西边境山区	14.00
傈僳族	滇西边境山区	18.54
佤族	云南西南山区	13.67
拉祜族	云南西南山区	14.63
普米族	云南西南山区	15.41
怒族	云南西南山区	14.38
德昂族	云南西南山区	21.39
独龙族	云南西南山区	17.04
东乡族	六盘山片区	18.21

---

① 数据来自《中国 2010 年人口普查分民族人口资料》。

续表

民族	主要聚居地区（山区）	比例（%）
撒拉族	六盘山片区	24.13
门巴族	西藏	36.14
珞巴族	西藏	31.13
藏族	西藏、四省藏族自治州	29.59

资料来源：国家统计局人口和就业统计司、国家民族事务委员会经济发展司编《中国 2010 年人口普查分民族人口资料》，民族出版社 2013 年版。

（三）山区少数民族贫困文化根深蒂固

贫困文化是某一贫困区域或贫困群体所共同具有的文化特征，也是人力资本的一种表现形式。在我国中西部山区，一些少数民族群众在长期的贫困生活中，逐步形成了一些比较落后文化，如保守消极的生活态度、厚死薄生的消费文化、守旧恋土的生产文化，从而从精神到行动上内化为较低的生产和生活能力，以及较为僵化的思维意识。这种以"生活态度""个人能力""思维意识"等形式表现出来的贫困文化，就是一种深层次含义的人力资本范畴；只不过它表示较低的人力资本水平。

前述第一节已经对我国山区少数民族贫困文化的主要表现进行了概括，它从另一角度说明山区少数民族人力资本薄弱。要提高他们的人力资本水平，破除贫困文化的桎梏是应有之义。

山区少数民族群众的人力资本水平较低，一般体现为各项能力较低，如生产创收能力、资产保值增值能力、市场适应能力、紧急事故处理能力等。当前民族山区的贫困家庭经历了较长时间的贫困，有超过三分之一贫困户属于世代贫困，有的前后经历三四代。国家一直对这些家庭进行扶贫和帮助，为什么他们还陷于贫困？其根本原因是这些家庭成员的身体、文化、意识、技能等方面较差，缺乏自我发展的能力，个体能力不高，导致难以挣脱世代贫困的枷锁。个体能力是影响贫困代际传递的根本性因素。

四 教育发展对贫困代际传递的重大影响

人力资本薄弱是导致贫困发生以及贫困代际传递的重要原因，因此，提高人力资本水平成为阻断世代贫困的重要措施之一。一般地，通过教育和培训，以及实践（边干边学），可以较为快速地提高人力资本水平。其中，教育发展的意义最为重大。遗憾的是，中西部民族山区教育发展相对缓慢，还不能较好地发挥阻断贫困代际传递的作用。

（一）教育发展不足导致长期贫困形成和传递

陈全功和程蹊（2006）曾对乡村教育与长期贫困之间的关系进行过研究，发现民众受教育水平越低，该家庭长期贫困状况越严重；教育发展不足，导致农村地区长期难以消除贫困；而长期贫困又反过来影响学校教育发展，形成一种"教育发展不足——家庭和地区长期贫困——教育投资不足——长期贫困"的恶性循环境况。在民族山区，包括学前教育、中小学教育、职业技术教育，以及大学教育等各种教育层次在内的教育体系发展不足，不仅阻塞了贫困家庭脱贫和向上流动的途径，甚至还增加家庭负担，成为新的致贫原因。

民族山区教育发展不足主要表现为：

一是乡村教育体系的不完整，使得山区少数民族孩子接受教育机会减少。当前，中西部山区普遍缺乏学前教育，如幼儿园或学前班，以及职业技术教育，如农技学校等。例如，云南德宏州芒市三台山德昂族乡，很多村寨因为没有幼儿园或学前班，3—6岁孩子基本上都在家玩耍或由爷爷奶奶老一辈照顾，根本没有接受类似城市孩子的早期教育。中西部山区县，大多数没有农技学校供初中毕业学生选择，也很少对农民进行技术培训。调查中，80%以上的农民表示没有接受过农业技术培训。

二是中小学撤并后,导致基础教育被忽视,或者增加了家庭的教育负担,逐渐成为教育致贫的重要因素。由于人口出生率下降,以及人口流动加速,中西部山区中小学进行了大规模的撤并,中学基本上集中在县城,有的几个乡镇才有一所初中,几个行政村才有一所小学,导致山区少数民族孩子上学距离更加遥远。我们调查云南德宏州陇川县一个景颇族村寨,不到10岁的孩子每天要步行2个多小时山路到邻近乡政府所在地上学,到傍晚很晚才回家,路途上安全问题突出。一些高年级小学生(三年级以上)和初中生,还得住宿在学校,由于年幼而不得不由家人陪读。一些家长算账,陪读所花费的租房费、生活费,以及不能生产的机会成本,一年超过8000元。庞晓鹏等(2017)对西部农村小学生家长租房陪读现象做过调查,估计租房比例占学生数的1/4,并且低收入水平家庭租房的概率更高,所付出的成本也更高。这种因学校布局调整而导致的教育发展不足,是新时期教育不公平的一个新特征,它极大地阻碍了世代贫困的突破。

三是基础教育质量较低,无法与城市和东部地区的教育进行竞争,致使教育减贫作用较弱。中西部民族山区,教育质量较低主要表现为学生的学业成绩较低、升学率较低、辍学率较高。据《中国教育扶贫报告(2016)》显示,部分民族地区和贫困地区初中毕业生的升学率不到70%,连片特困地区甚至不足50%;而辍学率高到10%[①]。出现这一情况主要是由于各级政府对乡村教育的投资较低,致使办学条件较差、教师数量和质量均不匹配,教学人员难以稳定。在当前中国教育向素质、全面、国际化目标迈进,城市和东部地区不断提升教育质量的大竞争环境下,山区少数民族孩子处于

---

① 司树杰等:《中国教育扶贫报告(2016)》,社会科学文献出版社2016年版,第47页。

不利地位。

四是社会培训教育逐渐渗透,课外补习成为新的受教育渠道,将进一步增添农村贫困家庭负担,造成山区群众受教育机会不平等。在市场经济体制逐步深入背景下,社会力量介入基础教育成为新特征,家庭对孩子教育的投入从校内延伸到校外,家长和孩子对高质量教育的需求不断增加,因此,在城市和东部地区的家庭孩子会进行大量的课外补习,提升其综合竞争力。但在中西部山区,不仅缺乏这些社会培训机构,也会出现新的教育机会不平等情形。

(二)教育减贫功能弱化致使贫困代际传递

接受教育一度被认为是减贫,特别是阻断贫困代际传递的根本性措施。但是,由于某些教育发展本身存在不足,以及相应的就业、职业选择等配套制度存在问题,使得教育减贫功能弱化和异化,难以阻断贫困的代际传递。主要表现为:(1)初高中基础教育的收益率较低,难以消除长期贫困。因为很多初高中毕业生,大多从事农业、商业和消费服务业等较低工资水平的工作。(2)大学教育成本一再提高,且因贫困山区孩子难以考取就业声誉较好的大学,出现"毕业即失业"情况,高等教育缓解贫困的作用在减弱。(3)课外补习教育扩大了孩子竞争力差异,增加了家庭负担,创造并延续了教育不平等,进而导致社会不平等。(4)社会歧视和不良风气误导了家庭和学校教育功能,减弱了教育对个人能力发展的长远意义,间接导致山区群众不愿投资教育,不愿让孩子接受更高层次教育,因而也难以依靠教育来实现脱贫或者向上的社会流动。

教育减贫功能弱化和异化,最典型的结果是新一轮"读书无用""知识改变不了命运"等相关论调出现。《中国教育扶贫报告(2016)》显示,目前农村辍学初中生中受"读书无用论"影响而致使辍学的比例占25%,而因家庭贫困辍学的比例仅为7.3%,也就是越来越多的辍学并非经济困难原因,而是由学生自身学习动力不足、知识改变命运信心不足等非智力因素造成的[①]。徐水晶（2016）也总结到当前贫困家庭和个体大多因为低教育期望和低成就期望，导致在教育选择上自我淘汰，不愿读书和升学，宁愿早早地靠打工创收。因此，新时期教育扶贫首先要破除新一轮"读书无用论"，从教育本身、教育与就业制度的连接，以及社会氛围的营造等多方面着手，重塑教育是阻断世代贫困的根本性通道的地位。

五 民族文化和人力资本因素作用总结

山区少数民族群众出现贫困代际传递这种深度贫困问题，从内在机制来说，是民族文化为基石的传承机制决定了包括物质财产、精神意识、人力和社会资本在内众多内容，从上代传递到下一代；从发生原因来说，民族文化和人力资本是导致贫困代际传递的根本性、深层次原因。民族文化中的消极方面（即贫困文化），经过潜移默化，由上代传递到下一代，成为下一代家庭继续发生贫困的重要原因。同时，这些贫困文化在下一代孩子身上生根发芽后，内化为一种人力资本，与身体健康、文化知识等一起，共同构筑成该个体人力资本的总和。因此，从个体角度来看，民族文化是其人力资本的一部分。而人力资本，最后体现的是该个体的自我发展能力，人力资本与个体能力这两个概念基本上是统一的。

人力资本不足是山区少数民族群众容易发生贫困的重要原因，也是导致贫困代际传递发生的原因，因为下一代没有足够的能力来挣脱贫困锁链，所以发生与上一代同样的境况——贫困。因此，加大对山区少数民族的人力资本投资是弥补其不足的重要措施，这一投资既要来自各级政府的公共投入，也要来自家庭的私人投入和社会力量的公益投入。遗憾的是，由于地方财力、家庭贫困、社会组

---

① 司树杰等：《中国教育扶贫报告（2016）》，社会科学文献出版社2016年版，第47页。

织认识不够等多方面原因，民族山区人力资本投资不足的局面在当前并没有得到较大改观。

民族文化和人力资本还是破除贫困代际传递的阻碍因素。也就是说，民族文化中的消极影响（贫困文化）、人力资本相对不足，会成为一种维持力量，阻碍世代贫困的突破。这就是我们所说的，民族文化和人力资本既是贫困代际传递的"驱动力（driver）"，也是贫困代际传递的"维持力（maintainer）"。

第 五 章

空间地理环境与贫困代际传递

贫困问题的主体有两个：一是区域，如民族地区、中西部地区、山区、城市与乡村等；二是个体，如少数民族、妇女、儿童或老年人，以及弱势群体。一些研究认为，中国贫困已经由"区域性、整体性贫困"过渡为"个体性贫困"，如少数民族。我们认为，贫困人口必然居住在一定地区内，如果聚集在某一个区域，"个体性贫困"就与"区域性、整体性贫困"统一起来了。当前中国农村贫困人口主要分布在中西部山区，特别是少数民族地区的贫困发生率较高且相对集中，可以说贫困人口的空间分布具有区域性特征，"个体性贫困"与"区域性、整体性贫困"出现一致情形。因此，研究山区少数民族的贫困问题，与研究少数民族山区的贫困问题是一致的，只是后者更偏重研究"山区"这一空间地理环境因素的影响力。

第一节 自然地理环境与贫困
关系的理论解释

进入 21 世纪以来，中国农村贫困越来越集中于中西部连片山区、荒漠区、高寒区，全国 14 个连片特困地区贫困人口占了全国贫困人口的 50.3%，贫困人口与地区的锁定情形比较突出。地区的自然地理环境与人口贫困的形成和传递，以及减贫等问题紧密连接在一起。虽然一直有学者反对"地理环境决定论"①，但现实情况一再反映自然地理环境是经济社会发展中不容忽视的一个决定性因素，是贫困代际传递的重要原因和影响因素。

一 基础设施、地区经济增长与贫困的关系

自然地理环境，是对居民生产生活所面对的物质条件的总概括，它包括自然地理（地形地质、土壤、水文资源）、气候（气温、光照）、生物和矿产，以及道路等方面内容，是社会经济发展不可缺少的要素。学者们一直比较关注这些自然地理环境要素与区域贫困、个体贫困之间的关系，例如，曲玮（2012a，2012b）就利用2000—2006年甘肃省51个扶贫开发重点县的面板数据实证分析气候、地形、土地与土壤、水资源、自然灾害等主要自然地理环境因素对贫困产生的影响，发现自然地理环境是导致农村贫困的决定性因素之一；欧海燕和黄国勇（2015）运用2006—2012年新疆17个边境重点贫困县市的面板数据进行实证分析，发现自然地理环境对农民收入和农村贫困率有显著影响。

通常，自然地理环境通过农业生产力、交通和疾病三个途径影响地区经济社会发展和个体生产生活。从理论上说，自然地理环境对贫困发生作用的机理是：（1）通过影响农业生产力，进而影响农户收入，形成贫困；（2）通过交通等基础设施来影响生产和生活，进而形成贫困或阻碍脱贫；（3）通过地方性疾病来影响贫困。这三个机理可以归为两类：第一类是自然地理环境影响了地区经济增长，进而影响贫困；第二类是自然地理环境影响个体居民身心健康，进而影响贫困。下面探讨第一类发生机理。

---

① 有关"地理环境决定论"及其学术争论可参见宋正海《地理环境决定论的发生发展及其在近现代引起的误解》；《自然辩证法研究》1991年第9期。

第五章 空间地理环境与贫困代际传递

（一）产生影响的总体逻辑

自然地理环境对农业生产力的影响较大。一方面，气候、水文、土壤等方面是农业生产的基本条件，较大程度决定农业土地的产出效率；另一方面，围绕农业生产的基础设施，如灌溉设施、运输道路等，影响着农业生产的效率。农业生产力的高低，决定着地区经济增长和家庭经营收入，进而决定了农户的家庭状况（见图5—1）。

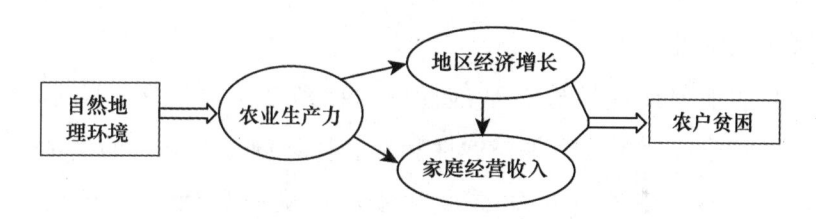

图5—1 自然地理环境影响家庭贫困的理论逻辑（1）

一直以来，地区经济增长对于农村减贫工作意义重大。国内外已经达成共识：中国减贫事业取得举世瞩目之成效，首先得益于长期较高速的经济增长。在农村，保证地区经济增长的主要产业之一就是农业，它受自然地理环境影响较大。因此，探讨农村贫困问题，要考虑自然地理环境因素。

我国中西部山区的自然地理环境较为恶劣，主要表现为[①]：（1）土地资源质量偏低，开发利用难度较大。山区受地形等自然环境影响，宜耕土地并不多，而且部分地区容易发生水土流失、沙化等退化现象。（2）自然灾害多发、频发，严重影响农牧业生产和居民生活。如暴风雨、冰雪、滑坡、泥石流、地震等多种灾害，既是

---

① 根据陈国阶等（2003、2010）《中国山区发展报告》部分内容整理。陈国阶等：《2003中国山区发展报告》，商务印书馆2004年版，第7—9页、第107—114页、第158—160页。陈国阶等：《中国山区发展报告：中国山区聚落研究》，商务印书馆2007年版，第187—195页、第205—209页。

自然气候等因素综合作用的结果,也是现代社会不合理的人类经济活动造成的。(3) 交通道路、饮水等基础设施欠缺,导致居民生产生活极为不便。特别是交通道路,基本上是山路、泥路,距离主干公路偏远,生产和生活资料难以运输,导致农业生产成本高、农产品商品化程度低、居民消费水平高。(4) 地方性疾病较为严重,导致山区人口因病致贫和返贫情况严重。目前,与山区自然地理环境密切相关的地方病主要有:碘缺乏病(甲状腺肿、克汀病)、大骨节病、氟中毒、砷中毒和高原病等,对中西部山区人口素质的提高带来较大困难。

自然地理环境还通过基础设施,特别是交通道路、饮水和能源,以及公共服务设施等自然性和社会性设施,对居民的生活产生影响,增加了消费支付的难度和水平,从而导致家庭贫困(见图5—2)。

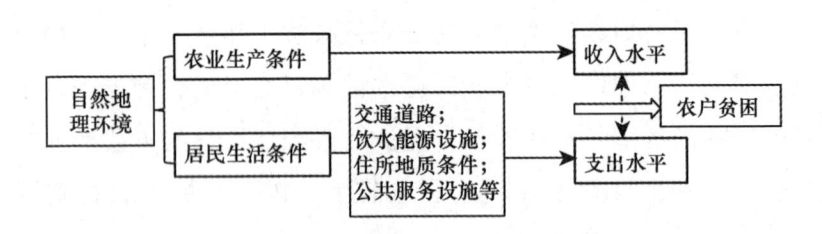

图5—2 自然地理环境影响家庭贫困的理论逻辑(2)

在一定时期,包括自然地理环境在内的不利因素,如较低的人力资本和个人能力、固化的社会文化和制度,以及意外冲突等,导致一个家庭陷入贫困(贫困生成)后,必将对其子女产生深刻影响,不利因素将传递给子女一代(贫困传递)。图5—3简要显示了这一影响过程。

图5—3中,自然地理环境因素等不利因素就像一只"黑箱",对父母一代的家庭贫困发生起着决定性影响。这些不利因素自子女

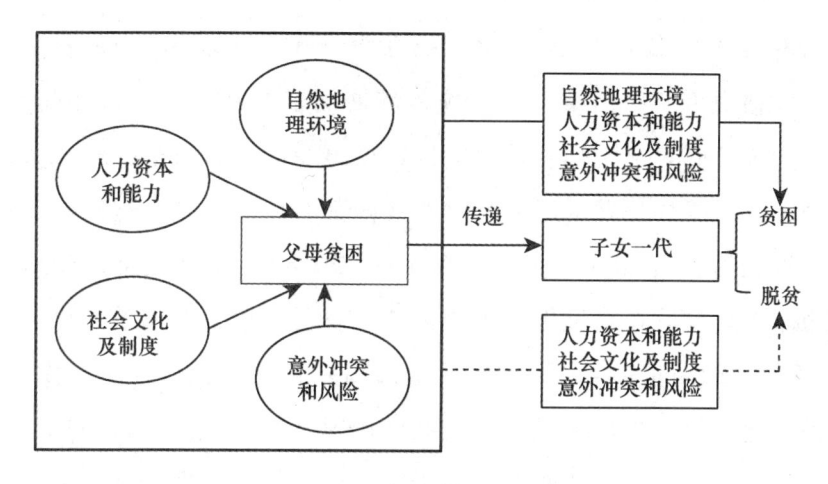

图 5—3　自然地理环境的贫困代际传递效应

出生开始，就"禀赋"传递给他们，至少形成童年贫困。如果子女一代没有摆脱这些不利因素，特别是自然地理环境制约，将会复制父母的贫困境况（图中右上实线情形）；如果子女从这种自然地理环境中走出，将可能摆脱贫困（图中右下虚线情形）。因此，要阻断贫困代际传递，首要的策略是将父母或子女从原来恶劣的自然地理环境中解脱出来，这就是实施"移民搬迁""易地搬迁"等扶贫政策的重要依据。

（二）基础设施与贫困的关系

不论是在学术领域还是在实践领域，充足的基础设施和服务一直被视作地区经济发展和减贫的必要条件。在过去20多年中，理论和实证研究均说明了基础设施在经济增长中的作用付出了较大努力。最近10年来，更多的注意力放在基础设施对贫困的影响上，很多学者对二者关系进行过探讨。例如，雷恩武和多米尼克（Ren Mu and Dominique，2007）以越南为例，说明农村道路修复对市场和机构发展产生重要影响；玛丽·加沙辛等（Marie Gachassin et al.，2010）以喀麦隆为例，实证分析发现投资道路建设对贫困减少的效应比预期的小些，偏远与贫困没有直接关系，但对居民消费支出有较大影响；安幸·佐瓦达斯等（Yasuyuki Sawadaz et al.，2010）研究发现，斯里兰卡大规模灌溉项目对减贫具有重要作用，实施后人均收入、人均食物和非食物支出增加了17.8%、12.2%和37.6%，对减少长期贫困和暂时性贫困都有积极影响。这些研究中以非洲为对象较多（Afeikhena Jerome, 2016），而且还延伸到研究城市基础设施改善对城市贫困的影响，发现一般情况下基础设施发展导致了贫困的减少，但社会性基础设施相比于物质性基础设施，它的大量投资将更能大幅地减少城市贫困（T. P. Ogun, 2016）。

基础设施是一个比较宽泛的概念，它包括物质性和社会性的公共投资，前者主要是用于农业生产和流通的设施，如乡村道路、桥梁、灌溉水利、电话和网络通信、沼气等；后者主要是用于保证居民生活的实施，如住宅、学校、卫生室、体育场、文化场所等。因为基础设施的建设资金较大，因此它们主要通过政府的公共投入来实现。近年来，随着社会组织和公益观念的发展，社会资本投入基础设施建设，对改善农村面貌，促进农村经济发展，减少贫困的发生与传递起到积极作用。

基础设施对贫困发生和传递的作用机制有两条（见图5—2）：一是影响农业生产，进而影响农户收入；二是影响居民生活，进而影响支出水平，最终决定家庭是否贫困。因此，农户如果转换产业结构、开拓新的增收渠道，或者搬离偏远住所，将会有较大机会摆脱贫困。

一般认为，基础设施通过两个渠道对减贫工作发挥作用。一是从宏观上，通过基础设施建设，对地区经济增长起作用，进而影响减贫；二是从微观上，基础设施建设对企业、农户家庭层面的消费行为起作用，进而影响减贫。前者是一个间接效应；后者是一个直接效应。政府通过基础设施的建设，特别是社会性基础设施的建设投入，使得偏远农户对于健康、教育、信息服务的可获得性增加，利于提高人力资本，有助于从根本上解决暂时贫困和长期贫困问题。基础设施投资的间接效应，主要描述对物质性和社会性基础设施建设过程中，一是使农业生产力上升、生产成本下降，进而引致地区经济增长、家庭增收；二是创造新的就业机会（比如道路修建、水利工程），优化市场环境，提供更好的市场准入机会，间接地为贫困人口摆脱贫困提供渠道。

越来越多的研究和调查表明，乡村道路建设对农村减贫效应较大。例如，伊布松和罗泽尔（Gibson and Rozelle，2003）评估新几内亚巴布亚岛上道路通行改善情况，通行时间下降到3个小时以下时，使得贫困指数下降5.3个百分点；加沙辛等（Gachassin et al.，2010）对喀麦隆的乡村道路开通后的效应进行考察发现，投资道路建设对贫困减少的效应比预期的小些，偏远与贫困没有直接关系，但对居民消费支出有较大影响；更重要的是，并不是道路可得性本身，而是通过道路开通后所创造的机会，即劳动力机会，帮助减少了贫困。任慧子（2016）对发展中国家乡村贫困影响因素研究文献进行了回顾，指出学者们对交通可达性的减贫效应已经达成共识。

中国中西部民族山区贫困农户，普遍居住在远离乡镇的高山、深山、大石山等自然地理环境之中，包括乡村道路在内的基础设施相当匮乏，从外部环境方面制约着农村发展，导致贫困问题较为深重。在这些地区，修建通达的乡村公路，成为最迫切的任务；"要想富、先修路"，也成为山区扶贫减贫工作的基本共识之一。

二 自然灾害与贫困的发生和代际传递

自然灾害是引发贫困问题的一个直接原因。不仅中国，在世界上任何一个国家，自然灾害均是对地区经济社会发展和群众生活的一大伤害。黄承伟和何晓军（2013）曾对当今世界上主要国家发生自然灾害所引致的贫困案例进行总结，说明了自然地理环境对贫困的重大影响。王国敏（2005）对中国中西部农村调查发现，自然灾害总是与贫困相伴随，呈正相关关系，成为致贫返贫的主要因素。庄天慧（2010）基于对西南少数民族地区21个国家级民族贫困县67个村的调查分析，指出自然灾害加大了少数民族地区农业的弱质性，灾害所造成的大量经济损失和人身伤亡，使低收入农户极易陷入贫困；救灾减灾机制的不完善，农户抵御灾害的能力弱，又使大量脱贫人口返贫。

自然灾害对贫困发生和传递影响机制：一是直接造成人员伤亡和家庭财产损失，使家庭陷入贫困。据国务院新闻办公室发布的《中国的减灾行动》白皮书（2009年5月）统计，"1990—2008年19年间，平均每年因各类自然灾害造成约3亿人次受灾，倒塌房屋300多万间，紧急转移安置人口900多万人次，直接经济损失2000多亿元人民币"[①]。国家减灾委员会办公室发布的《"十二五"时期中国的减灾行动》（2016年10月）指出，"十二五"时期我国各类自然灾害年均造成3.1亿人次受灾，因灾死亡失踪1500余人，紧急转移安置900多万人次，倒塌房屋近70万间，农作物受灾面积2700多万公顷，直接经济损失3800多亿元[②]。

特别要指出的是，我国自然灾害的区域特征明显。在中西部，主要是地震、山体滑坡、山洪、泥石流等灾害频繁发生。据国家减灾委员会办公室统计，仅2011—2015年中国内地共发生5级以上有损地震灾害事件71次（其中6级以上地震灾害事件15次、7级以上地震2次），位于西部地区的云南、四川、甘肃3省地震灾害损失最为突出[①]。这些灾害发生后，很多原本富裕的农村家庭，财产几乎全部损失并立即陷入贫困境地；有的家庭劳动力伤残或死亡后，导致一家人失去"主心骨"，可能就此使得子女一代家庭也陷

[①] 中华人民共和国国务院新闻办公室：《中国的减灾行动》，2009年5月。
[②] 国家减灾委员会办公室：《"十二五"时期中国的减灾行动》，2016年10月。

入贫困。典型的例子是2008年四川"5·12汶川地震"、2010年青海玉树地震和甘肃舟曲泥石流发生后,这三个省的暂时性贫困和世代贫困人口均有所上升。

二是在减少农业产出的同时,还增加了农业生产支出,导致农民家庭经营性收入下降、生产成本上升,"一里一外"使得家庭陷入贫困,直至可能传递到下一代。农业本来是一个脆弱性产业,受自然地理环境影响较大,有生产的区域性和季节性;一旦发生自然灾害,将会破坏农作物生长规律,直接导致农业减产或绝收,使得一些挣扎在贫困线上的家庭迅速陷入贫困状态。很多情况下,一些农户试图在灾后进行"自救",如兴建损坏的农田水利设施、补种秧苗种苗等,增加了生产成本,使得这些家庭发生贫困的概率上升。据张晓(1999)研究,水旱灾害对农业生产的破坏平均每提高10%,农村贫困发生率就会增长2%—3%,按成灾面积比例和受灾面积比例估算灾害弹性系数分别为0.26和0.17;庄天慧(2010)通过调查也发现,西南少数民族地区一些村寨的贫困发生率高低与遭受自然灾害与否呈正向关系。也就是说,因为自然灾害下农业的产出与支出出现倒挂,致使贫困现象更容易发生。

三是通过破坏农业和基础设施本身,进一步"显性化"农户的脆弱性,导致返贫情形发生,使得一些家庭由"暂时性贫困"转化为"长期性贫困"或"代际性贫困"。在自然地理环境恶劣地区,贫困人口是一个脆弱性群体,一旦发生自然灾害就会打破原有的稳定状态,将进一步加深贫困境况。一些研究返贫问题的专家总结,自然灾害是中国农村返贫的主要因素,在西南石山区和秦巴山区等地,常年遭受严重自然灾害的村占到40%—50%,其返贫率超过50%,贫困的动态变化(贫困—暂时脱贫—

返贫）较明显[①]。例如，甘肃省民政厅厅长介绍，甘肃省"一些灾害频发地区，每年因灾致贫返贫率达30%—40%，而一旦遭遇特大灾害则基本全部返贫"[②]。

总之，自然灾害通过直接和间接方式对贫困发生与传递产生影响，是自然地理环境因素中的关键部分。因此，在各时期的政府扶贫减贫工作中，必须将防范自然灾害作为一项重要内容，建立常设减灾扶贫机制，助推生态脆弱区贫困家庭彻底摆脱贫困。

三　地理资本与空间贫困

贫困问题专家们很早就注意到，穷人往往会集中于某一个区域，或偏远的农村，或杂乱的城市角落，空间分布上是有一些共同特征的。是不是空间地理位置造成了贫困？是不是贫困者"物以类聚、人以群分"？例如，20世纪50年代，哈里斯（Harris, 1954）和缪尔达尔（Myrdal, 1957）提出欠发达地区的经济发展与地理位置有关；90年代中期，世界银行的专家们发现，即使有些地区经济发展了，但仍然有大量人口处于长期贫困之中，呈现空间聚集（spatial poverty concentrations, or spatial clustering）情形。

实际上，自然地理环境对贫困的形成和传递产生影响，集中体现为贫困的空间分布上，即：贫困人口往往分布在一定空间区域之中。这是因为，在二元结构明显的发展中国家，很多诸如卫生设施、教育、机会获得等方面的不利因素，往往也蕴含在空间地理位置之中。空间地理位置，集合了众多引起贫困问题的不利因素，是一个"集合"。世界银行的雅兰和瑞福林（Jalan and Ravallion, 1997）提出一个新概念——地理资本（geographic capital）来概括

---

①　王国敏：《农业自然灾害与农村贫困问题研究》，《经济学家》2005年第3期。
②　肖庆平：《民政在经济新常态下要积极发挥"四个作用"》，每日甘肃网—甘肃日报，http://gsrb.gansudaily.com.cn/system/2015/03/31/015457348.shtml。

这一"集合",把多种差异集合在空间地理位置之中,即,经济社会发展中的教育、卫生、社会保障、政治等各种差别,最后可以用空间地理位置禀赋不同来确定。如果地理位置偏远,集合多种差异而成的"地理资本"也就越低;反之,"地理资本"越高。他们将"地理资本"与物质财产资本、社会资本相提并论,认为它是贫困问题(贫困发生、贫困传递)的重要形成原因。他们通过对中国1985—1990年南方4省微观数据的回归分析,发现有比较强的证据表明,由一系列指标合成的"地理资本"对农村家庭消费增长有显著影响,是地理因素导致了"空间贫困陷阱"(spatial poverty traps)。吉娜·波特(Gina Porter,2007)通过研究发现,因为恶劣的道路和不足的交通,使得次撒哈拉农村妇女和儿童无法获得教育、卫生服务和进入市场,从而陷入空间贫困陷阱。伯克和詹尼(Burke and Jayne,2008)也通过对肯尼亚1997—2007年1275户农户调查发现,空间因素是财富中重要的决定因素,持久性贫困户和非贫困户都趋向一定地区集中。

专家们相信,由于自然或地理禀赋是不容易改变和缓和的,因此空间特征(包括地理特征、公共服务和协变冲击)在贫困的发生过程中是占决定性和统治性地位的(Luo Chuliang,2006)。例如,瑞福林和伍敦(Ravallion and Wodon,1997)证明,在孟加拉国农村,地理性指标是比家庭特征更加重要的贫困指标,居住地是造成贫困的重要决定因素。同时,他们指出,即使在城市地区,也能发现重要的空间差异——在达卡地区的家族明显地要比处在本国其他城市地区的家族状况要好。因此,专家们将这种因为空间地理因素而引致发生的贫困定义为"空间贫困"(spatial poverty)[①]。这一概念把以前对自然地理环境因素作为"单一因素"深化成为"综合因素",把

---

① 陈全功、程蹊:《空间贫困及其政策含义》,《贵州社会科学》2010年第8期。

自然地理环境蕴含在更复杂关系中，至少包含了自然、经济、社会三个方面的因素，使得贫困的定义更加准确，分类更加丰富。

贫困问题专家认为，空间贫困这种与自然地理禀赋紧密相连的贫困状态，实际上体现在它相比于一般城市贫困等具有更明显的四大特征，也可以说是这些贫困群体面临着四大劣势（见表5—1）。

表5—1　　　　　　　　空间贫困的基本特征与衡量

基本特征	主要衡量指标
偏远与隔离（位置劣势）	村庄到基础设施（如公路、卫生服务等）的距离，教育的可获得性（包括学校距离、成本）
贫乏的农业生态与气候条件（生态劣势）	土地的可利用性和质量，雨量线及其变化性（特别在以灌溉农业为主的地方）
脆弱的经济整合（经济劣势）	与市场的连通性（包括自然连通——如到最近农资市场的距离，人为连通——如财政、进入市场的机会成本）
缺乏政治性优惠（政治劣势）	与执政党发展思路相反的地区，或者被认为低投资回报的地区

资料来源：根据伯克和詹尼（Burke and Jayne, 2008）、伯德等（Bird et al., 2007）注和CPRC（2005）相关内容整理。

注：W. J. Burke and T. S. Jayne（2008）: *Spatial Disadvantages or Spatial Poverty Traps: Household Evidence from Rural Kenya*, MSU International Development Working Paper No. 93, 2008.

Bird K., McKay, A. and Shinyekwa. I. （2007）: *Isolation and Poverty: The Relationship between Spatially Differentiated Access to Goods and Services and Poverty*; Paper prepared for the CPRC international workshop Understanding and Addressing Spatial Poverty Traps, 29 March 2007; Stellenbosch, South Africa.

Chronic Poverty Research Centre: *The Chronic Poverty Report 2004 - 2005*, http://www.chronicpoverty.org.

"空间贫困"理论提出后，一些研究者越来越多地收集和建立自然地理上的分解指标，提供一国贫困和不平等在空间上的分布信息，这种资料体系被称为"贫困地图"（poverty maps）或者"贫困绘图"（poverty mapping）。在过去20多年中，世界银行、联合国粮农署（FAO）、环境规划署（UNEP）、国际粮食政策研究所（IFPRI）、发展研究所（IDS）以及其他一些组织的贫困研究者已经和当地的分析人员一起完成了30多个国家的详细贫困地图绘制工作。这些贫困地图提供了一个国家（或某一行政区、社区）内贫困水平巨大差异的清晰画面，让人们能够更好地理解穷人的空间分布，以及去调查贫困和地理环境因素之间的关系（Benson et al.，2007）。最近，科学家们认为通过卫星图片，可以较好地区分一个地区的贫富情况，比"夜灯"图片方式标示贫困地图效果更好（John Bohannon，2016；Neal Jean et al.，2016）。

空间贫困研究中将贫困分布、生态气候、环境、距离、基础设施和公共服务等众多内容纳入一个"地理资本"要素中，并提供一个清晰明了的空间地图，有利于贫困政策的评价和制定。罗楚亮（Luo Chuliang，2006）归纳了空间贫困的两大政策含义：一是可以评价已有的经济发展战略。例如，可以从贫困的空间分布来看待不平衡经济发展战略所产生的后果，以及实施平衡发展战略的重要性。还例如，如何处理经济发展与环境保护之间的关系——因为贫困经常集中于那些环境脆弱地带，穷人正面临着"环境退化悖论"，一方面，恶劣环境导致贫困；另一方面，越贫困就越破坏环境。二是评估已有的减贫政策和措施，提出更有效的、切合实际的反贫困方案。例如，从空间贫困看到农村人口面临的位置劣势和生态劣势，就会想到基础设施投资、户籍制度改革、贫困人口迁移等政策工具。同时，贫困地图会增加政府压力，为落后地区提供更多的公共服务及公共品，重视弱势群体的经济呼声。

第二节 当前中国农村贫困的空间特征

自然地理环境与贫困关系可从以下两个方面来说明：一是它对

贫困发生和传递的影响；二是贫困的空间分布。这两个方面也是一致的，贫困发生和传递也可以通过空间分布表现出来。因此，本节主要通过对当前中国农村贫困的空间分布情况来说明自然地理环境与贫困的关系。

一 集中连片分布

过去三十多年来，中国在扶贫领域取得了举世瞩目的成就，贫困人口从1978年的7.7亿多人减少到2016年的4300多万人，贫困发生率也从97.5%下降到4.5%（见表5—2）。但是，消减剩下的贫困将更加艰难，主要是因为这些贫困人口更加难以触及（分布空间偏远）、减轻贫困对经济增长的反应已经减弱[1]。

表5—2　　按现行贫困标准*测算全国贫困状况

年份	当年价贫困标准 （元/年·人）	贫困发生率 （%）	贫困人口规模 （万人）
1978	366	97.5	77039
1980	403	96.2	76542
1985	482	78.3	66101
1990	807	73.5	65849
1995	1511	60.5	55463
2000	1528	49.8	46224
2005	1742	30.2	28662
2010	2300	17.2	16567
2011	2536	12.7	12238
2012	2625	10.2	9899
2013	2736	8.5	8249

---

[1] 世界银行东亚及太平洋地区扶贫与经济管理局：《从贫困地区到贫困人群：中国扶贫议程的演进——中国贫困和不平等问题评估》，2009年3月，世界银行网站，http://siteresources.worldbank.org/EXTEAPCHINAINCHINESE/Resources/3885741-1199439668180/China_PA_Report_March_2009_chn.pdf。

续表

年份	当年价贫困标准（元/年·人）	贫困发生率（%）	贫困人口规模（万人）
2014	2800	7.2	7017
2015	2855	5.7	5575
2016	2952	4.5	4335

注：现行贫困标准，是指2300元（2010年价格）贫困线标准。资料来源：《2015中国农村贫困监测报告》和2017年3月范小建在中央民族干部学院培训班讲话材料（内部资料）。

我国农村贫困问题具有典型的空间地理特征。20世纪80年代，我国贫困人口集中连片分布的特征就很明显，形成了18个集中连片贫困地区；随着扶贫工作不断深入、贫困人口不断减少，剩余贫困的空间分布特征更加明显。按照国家扶贫办在《中国农村扶贫开发纲要（2001—2010年）》中期评估政策报告，现阶段中国农村贫困人口分布呈现点（14.8万个贫困村）、片（特殊贫困片区）、线（沿边境贫困带）并存的特征；超过70%的贫困群体居住在资源匮

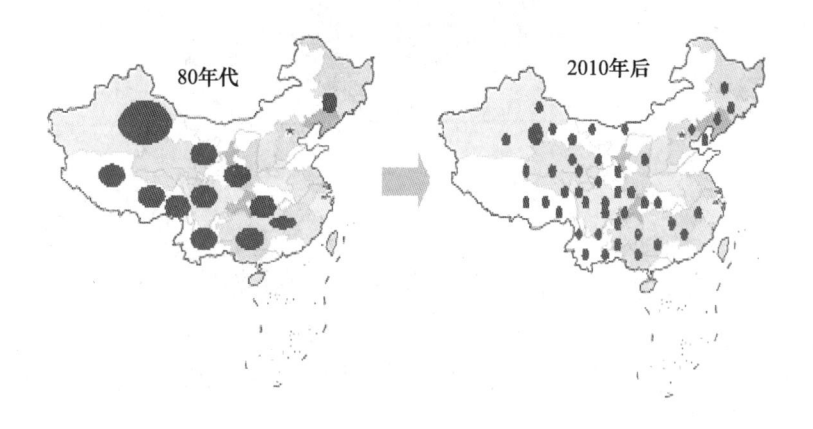

图5—4 当前我国农村贫困"大分散小集中"分布

乏、环境恶劣的深山区、石山区、高寒山区、黄土高原地区[①]。

图5—4中显示了我国贫困的空间分布变化情况。总体上看，贫困人口主要集中在中西部地区。2011年，《中国农村扶贫开发纲要（2011—2020年）》颁布实施，该纲要明确说明了我国贫困人口的空间分布进入一个新阶段：（1）全国性分散分布——14个连片特困区分布；（2）城乡普遍分布——90%分布于农村；（3）"大面积"向"区域性、大分散小集中"转变。在现阶段，14个集中连片特殊困难地区成为国家的扶贫开发工作主战场（见图5—5）。

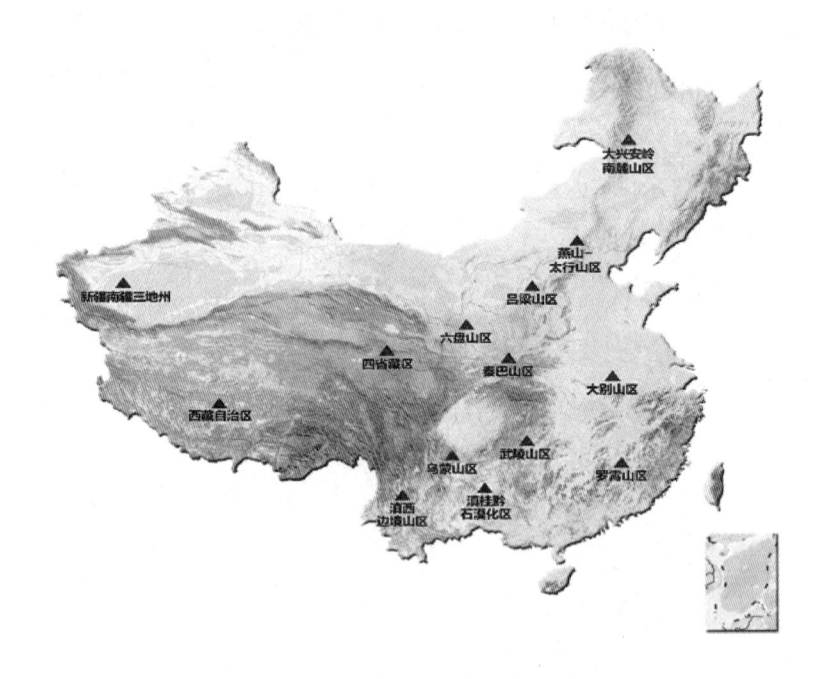

图5—5 当前我国扶贫减贫工作的重点区域

从前述我国贫困人口的空间分布演化看到，现阶段贫困的集中连片分布特征依然突出。14个片区的贫困人口数占49.3%，其中，

[①] 国务院扶贫办（2006）：《中国农村扶贫开发纲要（2001—2010年）》中期评估政策报告，http://www.cpad.gov.cn/。

西藏、四省藏区、新疆南疆三地州等3个片区占3.8%，其余11个片区占45.5%。这些连片特困地区，自然地理条件总体恶劣，地形以山地、丘陵、高原为主；经济社会发展普遍落后，基础设施薄弱，教育卫生社保等社会事业发展滞后，贫困问题严重，是我国发展版图上的"凹地"[①]。

二 民族山区分布

从地形地貌角度看，当前我国贫困人口主要集中在中西部民族山区。除3个片区外，11个集中连片特困区中，只有大兴安岭南麓片区和大别山片区包含较大范围的平原地区，生态脆弱，自然灾害频繁，受气候影响较大。同时，11个片区大体可分为民族片区和非民族片区，武陵山片区、乌蒙山片区、滇桂黔石漠化片区、滇西边境片区、六盘山片区、大兴安岭南麓片区等6个片区为民族片区，其余5个为非民族片区（共计，2016）。相比较而言，民族片区的贫困问题更加严重。总体上，中西部的老区、少数民族地区、边境地区和特困山区（通常说"老少边穷山"地区），区域内部贫困人口高度集中，自然资源和社会经济条件相似，具有空间贫困的典型特征。

中国贫困人口是与山区紧紧连在一起的。"老少边穷山"既是贫困人口空间分布的高度概括，又是贫困环境背景的生动写照。在80年代中期所确定的18个连片贫困地区全部为山地或高原；90年代中期制定"八七"扶贫攻坚计划所确定的592个贫困县中，丘陵和山区占86%、平原仅占14%[②]；到2010年新阶段所确定的14个片区中，山区占9个。即使当前我国经济社会发展取得巨大成就，

---

① 共济：《全国连片特困地区区域发展与扶贫攻坚规划研究》，人民出版社2013年版，第15—28页。

② 陈国阶等：《2003中国山区发展报告》，商务印书馆2004年版，第245页。

但是广大山区贫困基本面未发生根本变化,仍然呈现出:贫困面积广、贫困历史长、贫困程度深、脱贫进程慢的特征①。一定程度上说,中国的贫困就是"山区贫困"。

更趋严重的是,当前中国"山区贫困"相对于全国其他地区贫困普遍缓解的情况,反而更加集中,贫困状况趋于恶化。以14个片区贫困人口规模和占比来看,2011年为6035万人、占比49.3%(其中11个片区5564万人、占45.5%);2016年为2182万人、占比50.3%(其中11个片区2209万人、占比51.0%),2016年就比2011年占比上升较多(见表5—3)。

表5—3　　　14个片区贫困人口和发生率变化情况

片区名称	县数（个）	贫困人口（万人）		贫困发生率（%）	
		2011年	2016年	2011年	2016年
滇桂黔	80	816	312	31.5	11.9
武陵山	64	793	285	26.3	9.7
乌蒙山	38	765	272	38.2	13.5
六盘山	61	642	215	35.0	12.4
滇西边境	56	424	152	31.6	12.2
大兴安岭南麓	19	129	46	24.1	8.7
燕山—太行山	33	223	99	24.3	11.0
吕梁山	20	104	47	30.5	13.4
秦巴山	75	815	256	27.6	9.1
大别山	36	647	252	20.7	7.6
罗霄山	23	206	73	22.0	7.5
南疆三州	24	159	73	38.7	12.7
四省藏区	77	206	68	42.8	12.7
西藏区	74	106	34	43.9	13.2

---

① 陈国阶等:《中国山区发展报告——中国山区发展型动态与新探索》,商务印书馆2010年版,第57页。

续表

片区名称	县数（个）	贫困人口（万人）		贫困发生率（%）	
		2011年	2016年	2011年	2016年
共计	680	6035	2182	29.0	10.5
全国	2850	12238	4335	12.7	4.5

资料来源：《2015中国农村贫困监测报告》和2017年3月范小建在中央民族干部学院培训班讲话材料（内部资料）。

"山区贫困"还与少数民族紧紧连在一起。将我国少数民族分布图与全国主要山系进行叠加，可以明显地观察到山区是少数民族聚居的主要地区。一直以来，中国少数民族人口集中分布在山区，他们中有近2/3居住在山区，占山区总人口的1/5。陈国阶等（2007）曾对我国主要山区居住人口进行梳理，发现超过50%的少数民族居住在西南和西北地区。在西南和西北地区，除青藏高原外，其余均为山区（如乌蒙山、六盘山等），是30多个少数民族的集中居住区；在东北大小兴安岭，以及中南地区的武陵山、大瑶山、南岭、十万大山、五指山都分布有大量少数民族人口。从全国行政区划来看，"山区"与"民族地区"有较大的重合性。

同时，民族地区一直是中国农村贫困人口的集中地区。新时期国家确定的592个扶贫工作重点县中，民族八省区有232个县，位于民族地区（包括民族八省区、八省区以外的民族自治州和自治县）的共有299个，占全国重点县总数的50.5%。在14个片区680个县中，民族八省区有292个，位于民族地区（同上）有421个，占总数的61.9%[1]。11个山区片区中，位于民族地区的县数也超过50%（见表5—4）。可以说，中国农村贫困的主体集中在民族山区，而民族山区又集中在滇桂黔三省区。

---

[1] 张丽君、吴本健、王润球等：《中国少数民族地区扶贫进展报告（2016）》，中国经济出版社2017年版，第5页。

表5—4　　　　14个片区覆盖的省（区、市）　　　　单位：个

片区名称	涉及省（区、市）及辖内县数
滇桂黔	广西（29）、贵州（40）、云南（11）
武陵山	湖北（11）、湖南（31）、重庆（7）、贵州（15）
乌蒙山	四川（13）、贵州（10）、云南（15）
六盘山	陕西（7）、甘肃（40）、青海（7）、宁夏（7）
滇西边境	云南（56）
大兴安岭	内蒙古（5）、吉林（3）、黑龙江（11）
燕山—太行山	河北（22）、山西（8）、内蒙古（3）
吕梁山	山西（13）、陕西（7）
秦巴山	河南（10）、湖北（7）、重庆（5）、四川（15）、陕西（29）、甘肃（9）
大别山	安徽（12）、河南（16）、湖北（8）
罗霄山	江西（17）、湖南（6）
南疆三州	新疆（24）
四省藏区	云南（3）、四川（32）、甘肃（9）、青海（33）
西藏区	西藏（74）

以上中国农村贫困的空间分布情况，可以归纳为"两个集中、两个相连"特征：（1）两个集中——集中于中西部、集中于14个片区，（2）两个相连——与山区相连、与民族相连。它是现阶段中国基本国情之一。因此，调查和研究"民族山区"的贫困问题对于了解中国农村贫困问题具有重大意义。

第三节　山区因素在少数民族贫困发生与传递中的作用

随着人口流动自由化，我国少数民族群众逐渐遍布于各地。但总体上，山区这种自然地理环境综合的因素，多多少少会对少数民族的家庭生产、生活、居住、个体能力和文化习俗等方面产生直接或潜移默化的影响，进而决定了家庭和个人的贫富境况。

一 山区因素是民族地区贫困发生的第一原因

前述中国农村贫困的空间分布，实际上就是自然地理环境因素对贫困所产生重大影响的一种直观表现。而且，我们看到，民族地区与"山区""贫困地区"有较大范围的重合性，因此，可以从民族山区贫困的成因方面了解"山区因素"的重要影响。

一些学者早就指出民族山区贫困的成因之一是自然环境因素，例如陈国阶等（2004）总结山区贫困的形成因素，第一个就是山区发展的自然环境差，"或由于荒漠干旱、常年缺水、生物生存条件不能满足，或由于山高坡陡、植物立地条件差、耕作困难，自然环境恶劣严重制约农业发展，从而导致贫困"[①]。汪三贵等（2016）对少数民族致贫原因的分析，首要因素为区域特征因素，即："地理位置更加偏远，地形条件更差，气候条件更加恶劣。"[②] 王文长（2016）分析少数民族地区贫困特征成因，第一个成因是"少数民族地区恶劣的生态环境"，并且把这种贫困归纳为"环境贫困"和"资源性贫困"[③]。张丽君等（2017）在总结民族地区贫困的主要原因时，第一个原因也归纳为自然因素，如交通不便、气候恶劣、生态环境脆弱、地质条件不稳定、自然灾害高发。

"山区因素"是一个综合性、概括性较强的概念，它集中说明了山区各种不利的自然地理环境。对民族山区贫困类别进行划分，有助于理解"山区因素"对民族地区贫困发生所起的作用。当前，民族地区因自然地理环境导致的贫困有以下几类：

（1）青藏高原地区的高寒贫困。因为高原和寒冷，出现缺氧缺

[①] 陈国阶等：《2003 中国山区发展报告》，商务印书馆 2004 年版，第 253 页。

[②] 汪三贵、张伟宾、杨龙：《少数民族贫困问题研究》，中国农业出版社 2016 年版，第 151—152 页。

[③] 王文长主编：《少数民族地区反贫困：实践与反思》，中国社会科学出版社 2016 年版，第 79 页，第 88—95 页。

温，交通不便，资源承载能力低，导致贫困发生。西藏、四省藏区共有151个县，属于此类贫困。

（2）南疆三地州、内蒙古高原东南边缘的沙漠化贫困。因为气候干旱、缺水、风沙等恶劣环境，生态承载能力非常脆弱，导致贫困发生。南疆三地州、大兴安岭东南部、阴山—燕山山区等均属于此类贫困。

（3）黄土高原地区的缺水性贫困。涉及六盘山片区和吕梁山片区，还包括青海的海东地区，共130多个贫困县。该地区由于地形破碎，土质疏松，气候干旱，水资源缺乏，同时具有高寒特点，导致当地发展农业条件较差，容易发生贫困。

（4）喀斯特高原的喀斯特贫困。包括以贵州为中心的滇桂黔及川鄂接壤地带，即滇桂黔石漠化片区、乌蒙山片区和武陵山片区，共130多个贫困县。该地区山多地少，石灰岩广布，土层很薄，水土流失非常严重，成为水土并缺型贫困地区。

（5）横断山脉的深山贫困。包括雅砻江—元江一线以西的川滇两省的地区，共40多个贫困县。该地区的空间地理以高山峡谷、封闭为特征，耕地不足，交通不便，信息不灵，生产生活条件均较为恶劣。同时，居住此地区有20多个少数民族，部分人口较少民族社会发育程度较低，属于"直过"区。

（6）东部局部和海南的孤岛贫困。东部是我国经济发展较为发达地区，但包括福建、广东在内一些山区，以及海南岛五指山区，集中居住着少量少数民族，由于自然条件和历史原因，相对于周边地区均较为贫困，是发达地区中的"孤岛"。

（7）西南山区的边境贫困。我国西南、西北、北部和东北等陆地边境沿线，居住大量少数民族地区，边境县和民族县重合度高，承担为国守土戍边重任。西南山区，特别是滇西边境，山高林密，耕地较少，国内外民族来往频繁，自然环境、历史文化、国土安全三重因素交织影响，导致该地区贫困问题更加复杂。

以上七类民族地区贫困，除前三类外，后四类均为民族山区贫困。可以看到，民族山区贫困是我国民族地区贫困的主体，受到自然地理环境的影响比较大。同时，这些特困地区的一个重要特点是生态功能区，是国家的限制开发或禁止开发区，这些贫困是典型的生态贫困。因此，帮助这些地区摆脱贫困，必须从改善自然地理环境入手，但同时又面临着如何兼顾生态功能区的保护与开发问题。

二　山区因素引致的贫困发生率和集中度较高

宏观视角下，自然地理环境对民族山区贫困的影响主要表现为这一区域群体的贫困发生率较高。世界银行（2009）评估中国贫困和不平等问题时指出，"中国贫困最严重的是山区和少数民族地区"，"山区的贫困发生率是非山区的2—3倍，少数民族地区的贫困发生率是非少数民族地区的2—3倍，而且，那些处于山区的少数民族相对其他少数民族有着更高的贫困发生率；还有，在处于山区的人中，少数民族拥有更高的贫困发生率。那些拥有这两个不利条件（既是少数民族又处于山区）的人民拥有最高的40%（28%）的消费贫困率（收入贫困率）"。[①]

值得关注的是，近年民族山区贫困发生率仍然居高难下，贫困人口的集中度更高。以2010年至2016年民族八省区数据为例，贫困发生率年均降低3.54%，2016年为9.3%，高于全国4.8个百分点；贫困人口占比2010年为30.4%，2011年上升到32.0%，2012年至2014年基本稳定在31.4%左右，2015年和2016年又分别上升到32.50%和32.55%（见图5—6）。虽然这一上升幅度只有2.15%，但人口规模仍然较大。这一问题应该引起高度重视。

[①] 世界银行东亚及太平洋地区扶贫与经济管理局：《从贫困地区到贫困人群：中国扶贫议程的演进——中国贫困和不平等问题评估》，2009年3月，第51—52页。

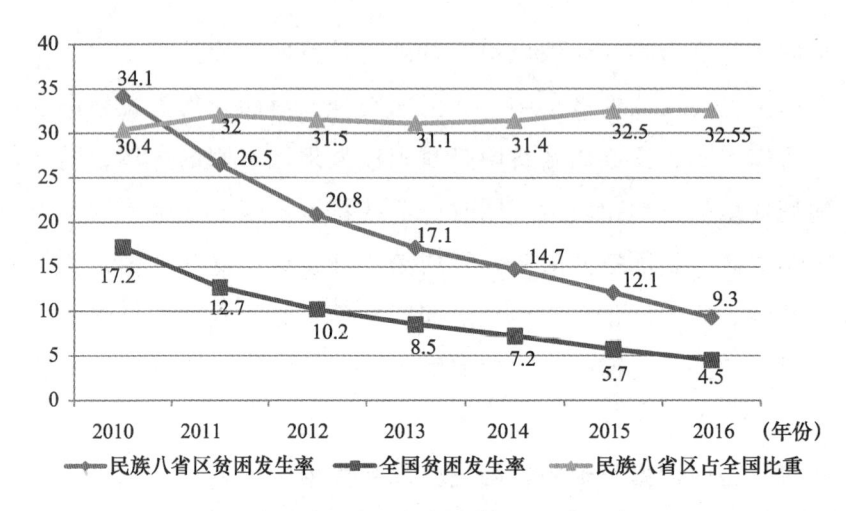

图 5—6　近年民族八省区与全国贫困发生率及占比（%）

三　山区因素引致的地方病问题

自然地理环境对贫困形成的一个影响还表现在地方病上。其基本机理是，自然地理环境—地方病—因病致贫、返贫或传递。

按照《预防医学》界定，"地方病，是指在某些特定地区内相对稳定并经常发生的疾病"，"地方病尤其多发生在山区、农村、边疆和少数民族地区，并且已成为一些地方致残致贫阻碍社会发展的主要因素"。在我国重点防治的 8 种地方病中，与民族山区环境密切相关的主要有碘缺乏病、大骨节病和克山病[①]。

陈国阶（2007）曾对我国典型民族山区的地方病聚落做过专案介绍，例如四川省阿坝县大骨节病聚落、西藏左贡县绕金乡氟中毒聚落，均是受当地自然地理环境影响而出现的疾病，患病少数民族群众身心遭受巨大痛苦，面临贫病交加的巨大压力。

表 5—5 概括了我国民族地区五类地方病。这些地方病很大一部分是由于山区自然环境所诱发的，是"山区因素"的一个表现。

---

① 陈国阶等：《2003 中国山区发展报告》，商务印书馆 2004 年版，第 158—160 页。

表 5—5　　　　　　　　民族山区部分地方病的分布

病名	病因	分布
地方性氟中毒	特定地理环境引发	饮水型氟中毒分布除上海、贵州和海南外，全国山区均有
		燃煤污染型氟中毒重病区集中在云贵川交界的山区、渝鄂湘交界山区
		饮茶型氟中毒分布在云南、四川、西藏、青海、甘肃、新疆、内蒙古等地
大骨节病	特定气候和缺硒所致	川藏到黑龙江的狭长地带，以山区为主
克山病	地理环境等多种因素所致	东北—西南形成的较宽阔地带，多为大山脉两侧半山区或丘陵地带
地方性砷中毒	特定地理环境引发	贵州、陕西、新疆、内蒙古、宁夏等地
高山病	与山区环境直接相连	海拔3000米以上的高山（高原）地区

地方病的发生，必然带来少数民族群众的身体健康欠佳，劳动能力弱，人口素质难以提高，也就是学者们常说的"人力资本较低"。它不仅直接影响个人和家庭的生产生活能力，增加了家庭治疗负担，还间接影响着后代人的生活状态。当前，因病致贫、因病返贫成为民族山区贫困的最大问题。我们在第四章里探讨的人力资本与贫困关系，说明了"山区因素"影响了"个体因素"和"民族因素"，是贫困代际传递的第一因素。

第四节　少数民族贫困代际传递中的山区因素考察

本节主要通过调查过的典型民族山区案例，考察山区因素对贫困代际传递的影响作用。

一　民族山区恶劣自然地理环境和贫困梯度分布实例

少数民族地区农户所处的地理位置和自然条件都比较恶劣。他们大多居住生活在偏离中心城镇的深山区、石山区、高寒区、库区、牧区、边境区，存在着常见的"四差"：一是交通条件差，基本上不通公路；二是居住环境差，土屋茅屋、人畜混居；三是饮水质量差，常年饮用高氟缺碘水；四是抗御自然灾害能力差，农业生产基本上是"望天收"，因灾返贫情况严重。这"四差"之中，首要的是交通道路设施条件较差[①]。

以湖北省恩施州为例。目前，全州虽然全部乡镇都通了油路，但行政村公路通达率仅为74.5%，通畅率更是低至52.3%，至今仍有716个村基本不通公路，占总数的25.5%；其中75个村完全不通路，641个村虽有路，但系毛坯路，且路面宽度在3.5米以下。此外，由于修筑质量差、级别低，养护管理跟不上，导致抗灾能力弱，很多道路经不起自然灾害的侵袭，遇到暴雨或泥石流便路断车阻，交通中断，人员及货物进出困难；农村群众购买生活用品、生产资料和销售农产品，主要还是依靠肩挑背驮。

如果借用"地理资本"这一集合概念说明山区少数民族农户所面临的恶劣条件，他们的"地理资本"相比于城区居民、其他地区居民无疑是最低劣的，土壤、地质、气候等条件都不利于农户的生存和发展。例如重庆市酉阳县，该县境内喀斯特地貌特征明显，有限的耕地土质贫瘠，零星分布，低产田土比重占到50%以上；全县常年地质灾害监测点多达285个，洪涝、干旱、冰雹、冰冻等自然灾害连年发生，每年因灾致贫返贫率达13%以上，"一方水土难以养活一方人"。同时，自然资源匮乏，人地矛盾突出，人均耕地仅

---

① 陈全功、程蹊：《少数民族山区长期贫困与发展型减贫政策研究》，科学出版社2014年版，第82—85页。

0.89亩,接近联合国人均0.8亩农田生存保障警戒线。从全国范围看,山区少数民族农户所处的地理位置不仅偏远,他们所拥有的土地、气候等自然条件也是最差的,这就从生存和发展的基本要素方面决定了他们比平原地区、汉族农户更容易致贫返贫,属于空间贫困类型。

山区少数民族群众普遍居住在偏远山区,恶劣的自然环境不仅导致他们生产结构单一(纯农业生产)、抗风险能力弱,而且使他们远离公共服务机构,无法得到更多的公共物品和公共服务,构成多方面(多元)贫困,加剧了社会不平等。陈全功和程蹊(2014)曾对恩施州来凤县14个重点贫困村与全州及全国整体基本公共服务水平进行对比分析,可以看到,恩施州基本公共服务水平普遍较低,而重点贫困村基础设施等更为落后,普遍存在行路难、饮水难、上学难、看病难等问题。更重要的是,恶劣的生存环境使贫困农户远离市场、远离信息,无法参与到市场经济体系之中,将进一步"固化"了贫困群体,使之持续性地处于贫困之中。

在调查过的少数民族山区,贫困状况都呈现出"县城—远郊区—偏远区"的分布特征:贫困人口和比例随距离县城远近而逐步增多,越是偏远的地方贫困比例越高,而且长期贫困人口和比例越高。例如恩施州鹤峰县,该县邬阳乡远离县城,山高林密,贫困人口和比例比其他乡镇都高;而该乡最贫穷的地方又在三元村,基本上都是贫困户,长期贫困比例接近80%,都经历两代以上的代际传递。再例如重庆市酉阳县比较贫困的乡镇之一涂市乡,距离县城一个半小时车程;而该乡最穷困的银岭村,位置更远,离乡政府2个多小时车程;越野车辆行驶在崎岖山路上,异常颠簸,乘客提心吊胆,时刻担心发生意外。该村总农户495户,其中贫困户320户、特困户88户,比例高达82.4%;全村总人口1871人,贫困人口494人、特困人口205人,贫困人口发生率37.4%;经历两代以上贫困的农户占到2/3。实际上，不仅在以上典型的民族山区贫困县，在更多的民族地区，其贫困状况分布都呈现了这种依少数民族农户居住位置而逐步加深的特征；即便是整个民族地区，相对全国也是贫困的集中分布区。从全国到民族自治地方，再到具体的乡镇和村庄，都是"城镇中心—乡村—村庄"分层分级、梯度加深地贫穷下去，贫困的空间地理位置特征明显。

二 三个山区民族家庭的贫困代际变动情形

从自然地理环境禀赋的角度，"山区"这个词浓缩了诸多发展不利因素。但在考察中，我们看到不同家庭的贫困代际变动情形不尽相同——有的家庭贫困仍然在代际间传递，有的家庭却在子女一代摆脱了贫困。此节通过两个民族家庭案例，探讨"山区因素"的影响作用。

案例一 湖北宜昌长阳县火烧坪乡青树包村向某一家

长阳土家族自治县是武陵山片区一个国家扶贫工作重点县，境内火烧坪乡是一个高山乡镇，平均海拔1800米，年平均气温7.6℃，全年无霜期200天左右，耕地较少。2002年以前，该乡土家族群众以种植玉米、土豆为主，兼业养殖，创收增收渠道较少，贫困问题比较严重。2002年以后，开始大规模开发"高山蔬菜"，利用高山反季节优势，种植萝卜、辣椒、包菜等蔬菜，很快走出了一条脱贫致富之路，被广泛宣传。

向某一家，祖辈居住在高山，因为耕地少、子女多，家庭比较贫困。向某回忆，自己小时候连玉米饭都没有吃的，每餐只能吃点土豆或红薯，忍饥挨饿是最平常的事情；到1992年自己结婚时，父母也没有什么资产传承给他们，只有一间房屋，算是独立成家了，可谓"一贫如洗"。直到2004年，自己看到周围村民种植蔬菜，也开始改种蔬菜，并开垦了一些荒地扩大面积，到 2008 年时种植面积达到 30 亩左右，每年收入接近 10 万元。可以说，利用高山优势，帮助他创收增收，摆脱了贫困。

调查中，向某透露他家还在县城买了一套商品房，在冬季不能种植蔬菜的时候，到县城居住享受"城里人"的生活，一到春夏种植季节才返回高山住所。这种"候鸟式"的生产生活方式，并不止他们一家，仅他们组就有 4—5 家。

（2008 年 8 月调查）

案例二　湖北恩施州宣恩县长潭河侗族乡猫子庄村李某一家

宣恩县位处武陵山腹地、鄂西南边陲，属于国家级贫困县，境内海拔 1200 米以上的高山占全县总国土面积的 25.7%；海拔 800—1200 米的二高山占 47.1%；800 米以下低山占 27.1%。该县长潭河乡以侗族居民为主，占总人口的 51%，是一个民族乡，距离县城 34 公里，境内有"七姊妹山自然保护区"；居民大多居住在崇山峻岭之中，物质资料相当缺乏，创收增收渠道极少，历史上从未摆脱过贫困的困扰。该乡猫子庄村距离乡镇政府所在地 40 公里，海拔 1800 米，全村有 533 人，贫困人口占 39.8%，其中世代贫困人口占 29.7%；村民主要种植玉米、红薯和马铃薯，产量较低，仅能维持温饱。

李某一家是三代同堂家庭，下有两个儿子，均结婚生子，但因为无房屋没有分家，与李某居住在一起。目前，两个儿子均在外打工（外省建筑工地），儿媳都得了妇科病，每年要花费 2 万多元医疗费，打工所得大部分都花在疾病治疗上面，以至于三个孙子孙女的学费无法筹集。很明显，李某一家是典型的世代贫困户，从其祖上到孙子一代，前后四代人均处于贫困之中，代际传递特征明显[①]。

调查中，李某一直感叹居住在大山深处的难处。他介绍，自己家水田还不到1亩，耕地还是自己开垦出来的几亩，只能靠种植玉米、马铃薯，以及采点草药创收。由于居住偏远，不好请工帮忙，因此只能自己勤扒苦做，把两个孩子养大。在90年代，总算盖了一栋四大间相连的吊脚楼，又相继看到孩子结婚，算是一生大事都完成了。现在老了不能动了，只能在家帮忙陪一陪孙子孙女。他介绍，两个孩子没读什么书（仅读小学，还未毕业），靠种点田地根本无法生活，也娶不到媳妇，因此，只有外出打工。李某说，他如今的愿望是两个孩子赚点钱，搬离这里，到乡政府那里生活，最好让孙子孙女远离大山，过上富裕一点的生活。

（2013年7月调查）

案例三　云南德宏州芒市三台山德昂族乡上帮村民小组曹某一家

三台山乡是全国唯一的德昂族民族乡，位于德宏州州府芒市西南部，距离芒市22公里，地形较为复杂、起伏较大，坡度一般在25°—30°，平均海拔1015米，气候类型属南亚热带低山丘陵气候。该乡邦外村上帮村民小组，属于山区，距乡政府8公里，以德昂族聚居为主，2004年从邦外老寨陆续搬迁到现址，是一个"直过"村寨。2006年4月开始由上海市民宗委进行结对帮扶，为感恩上海的关心和支持，故取村名为"上帮村"。该村人均耕地3.6亩，主要以种植业和养殖业为主；2015年常住居民可支配收入4848元，人均口粮254公斤。

---

① 部分内容可参见林福美、向黎明、陈全功《山区少数民族贫困代际传递研究——以宣恩县为例》，《民族论坛》2014年第2期。

曹某一家并不是该村认定的建档立卡贫困户，但从该户居住条件和家庭财产判断，属于贫困户。该户住房原来靠近山边，为两大间相连的土坯房。2016年5月，一场大暴雨引发泥石流，冲垮了房子，全家在政府搭建的救灾帐篷里生活。8月调查时，曹某一家正准备在原址修建房子，地基已经平整完成，政府资助了1万多元。

曹某介绍，自己原是从老寨搬迁过来，过去老寨住的是"叉叉房"（以大树杈为支撑搭建的茅草屋），靠在山上采集果子、蘑菇、种植一些玉米为生；现在有了土坯房，还学会了种植甘蔗、澳洲坚果等作物，养殖的生猪和牛也能够变卖出去，收入相比过去有了大幅提高；而且，搬迁到新址后，因为政府帮助修建了通村通组水泥路，出行更加方便，孩子也能到附近小学上学。如今，他们德昂族人的生产生活已经发生了很大变化，已经从祖祖辈辈的贫困境地走出来了，逐渐摆脱了贫困。

曹某对交通道路、住房、作物种植等方面所带来的变化，尤其称赞。但他对自然灾害（如暴雨、泥石流）所造成的损失表示无可奈何，也没有更多资金建造更加安全的住房。据他反映，因灾致贫返贫的农户在附近村组不在少数。恶劣的自然地理环境也导致世代贫困仍然没有完全摆脱。

（2016年8月调查）

以上三个案例家庭都是居住在偏远高山或深山的少数民族，他们面临的自然地理环境有一定的共性，一定程度看都比较恶劣，"山区因素"导致了他们最初的贫困；而且，这种"山区性贫困"也均传递到下一代，以致目前还有两个家族（宣恩李某一家、芒市曹某一家）没有彻底摆脱贫困代际传递的阴影。但是，也有一些山区少数民族家庭（如长阳向某一家），反而利用"山区因素"，变不利为有利条件，摆脱了贫困代际传递。因此，如何处理"山区因素"是破除世代贫困的关键。

欣喜的是，中国政府正积极努力，引导山区少数民族群众攻克"山区因素"的不利影响，例如实施生态扶贫、产业扶贫，以及移民搬迁、乡村道路建设等政策措施，帮助山区少数民族贫困家庭尽快摆脱贫困，并试图配合其他创收增收手段，以期彻底斩断贫困代际传递的恶性链条。

三 "民族因素"与"山区因素"的影响力讨论

结合第四章有关影响"贫困代际传递"的"民族文化和人力资本"因素，人们一直思考和讨论："民族因素"与"山区因素"，到底哪一个因素对贫困发生和代际传递的影响更大呢？

从自然地理禀赋角度，"山区"这个词浓缩了诸多发展不利因素，以致有"地理资本"这样的概念予以概括。山区地理资本——不仅包括山区的自然地理环境，还包括山区所引致的社会资本、政治权利等方面的内容（我们将在后续第六章中探讨山区少数民族家庭所占有的社会资本与政治权利情况）。从前面论述的基本理论，以及典型案例，可以看到"山区因素"毫无疑问对家庭贫困的形成以及传递，起到相当重大作用；特别是当父母一代处于贫困时，必然传递给未成年的孩子，因此，儿童贫困就是贫困代际传递的一个基本景象。当孩子成年后，能够自食其力、创收增收，才有可能摆脱这种传递情形。换句话说，"山区因素"这一上天赐予的"先赋性因素"，难以改变，只能利用；利用的基础就是"人力资本"，它虽然也是"先赋性"的，但经过教育和市场学习，也能够发挥"后天性"作用。例如，前述长阳县火烧坪乡向某一家阻断"贫困代际传递"的案例，就是通过自身勤劳和选择合适的创收产业，改变了"山区因素"不利影响。可以说，"山区因素"是导致和影响贫困代际传递的第一因素，但不是决定性因素；包含人力资本内容在内的"民族文化"才是决定性因素。

世界银行在评估中国贫困和不平等问题时指出，"地域和民族并不是贫困问题唯一的两个决定因素"，"贫困最严重的是山区和少数民族地区，但一半以上的贫困人口分布在非山区、非少数民族地区。"[1] 这一结论也是对"山区因素"和"民族因素"在中国农村贫困中的影响作用的较好概括。

从宏观角度看，"山区因素"这一外部因素对贫困发生和代际传递的影响较为直观。例如，全国贫困人口越来越集中到山区，空间上具有集聚性，而且这种集聚性在时空演变过程中体现出传承轨迹，即中国农村贫困存在空间传承性，无论乡村经济如何发展，其贫困村落集中区并未发生显著变化，始终分布在这些村落，如少数民族聚居区和高山区（任慧子，2016）。也就是说，如果从更长的历史时间来看，山区少数民族家庭贫困的代际传递特征更加明显。我们从全国范围的贫困发生率、贫困人口占比等数据比较（见表5—3，图5—5），民族山区的最高，区位因素的影响力是首要的。

需要指出的是，"民族因素"与"山区因素"很大程度上是融合在一起的：部分山区民族的"民族"特征打着深深的"山区"痕迹，其生产方式和生活方式，也就是民族文化深受"山区"自然地理环境的影响。例如，云南的独龙族和怒族，是典型的山地型文化民族，原始的生产方式和生活方式是其封闭的高山深山环境下形成的，对自然地理环境有极大的依附性[2]，这也导致该民族贫困程度较深、代际传递较为普遍。在探寻他们贫困代际传递的原因时，

---

[1] 世界银行东亚及太平洋地区扶贫与经济管理局：《从贫困地区到贫困人群：中国扶贫议程的演进——中国贫困和不平等问题评估》，2009年3月，第50—53页。

[2] 张文勋、施惟达等：《民族文化学》，中国社会科学出版社1998年版，第71—72页。

很难区分是"民族因素"还是"山区因素"起作用。我们认为,"山区因素"一定程度上浓缩了"民族因素",是引致贫困代际传递的首要因素。要阻断贫困代际传递,必须首先破解"山区因素"的负面影响力。

现今,一些山区地方政府试图"挖山建城"、"开荒辟地",以为靠人为力量改变山区面貌,就能促进该地经济社会发展,实现少数民族群众脱贫致富。我们认为,这是违背自然发展规律,破坏生态的做法。要破除"山区因素"的禁锢和限制,必须在尊重自然的基础上,选择重点,比如道路设施、基本公共服务实施,进行投资和改造;或者将那些少数民族从不适合生存的高山深山区逐步搬迁出来,打破导致贫困和代际传递的自然枷锁。

当然,影响贫困发生和代际传递的决定性因素是"人力资本因素",在民族地区,我们将它融合在"民族因素"之中。少数民族群众的个体素质、个人能力,是决定其是否能够摆脱贫困的根本性要素。这就是为什么我们看到即使同在一个民族山区村落里,有一部分少数民族群众能够过着比较富裕生活、阻断世代贫困的根本性原因。我们不能将"民族"作为一个标识牌,把部分群众陷入长期贫困和代际传递恶性循环的原因归结为"民族因素",归根到底,还是个体素质和能力较低的原因。因此,提高山区少数民族群众的文化素质和就业技能,才能从根本上阻断贫困代际传递。

第六章

社会资本、制度变革与贫困代际传递

现代社会中,家庭和个体受外界环境因素的影响越来越大,诸如社会关系、人脉资源、社会圈子等社会性因素,较大程度上影响了其收入水平高低和贫富状况。同时,整个国家和地区的经济社会制度和政策,从更广阔宏大层次上影响着甚至左右着家庭和个体命运,制度性因素对贫困的形成与消减作用愈加明显。学界一般把这两个外部影响因素用"社会资本"和"制度变革"来概括,它们是影响贫困代际传递的重要外部因素。

第一节 社会资本与贫困代际传递

一 社会资本的含义及其重要作用:基于文献结论

社会资本一词是法国社会学家皮埃尔·布迪厄(Pierre Bourdieu)1980年提出,其定义为"(社会资本是)实际或潜在资源的集合,这些资源与相互默认或认知的关系所组成的持久性网络有关,而且这些关系或多或少是制度化的。"[①] 也就是说,社会资本是社会网络和社会关系的一个描述词,它与人力资本、经济资本一样,对

---

① 陈全功、程蹊:《"社会资本"理论研究新进展》,《贵州财经学院学报》2003年第5期。

经济社会发展有着重要意义,也是可以投资的。后来,科尔曼(Coleman James S.)和帕特南(Putnam R.)对这一内容进行扩展,形成一个较为丰富的社会资本理论研究框架(周红云,2003)。该理论将社会关系、社会网络等社会结构的某些特征视作一种资本,成为解释社会发展的新范式。

中国学者从20世纪90年代开始对社会资本理论进行研究和探讨。李惠斌和杨雪冬主编的《社会资本与社会发展》一书较为全面介绍国外研究成果,对推动国内相关调查研究起着较大作用。事实上,社会资本理论对于解释中国社会经济问题有着较好的适用性,因为在中华文化圈中,家族宗族、亲戚邻里、社会和人际关系等是社会联结的重要渠道和方式,往往决定了一件事是否能够办成,成为家庭和个人在社会生活中的重要环节和内容。据周红云(2004)梳理,国内也有一些研究触及了社会资本的内容,比如王铭铭(1997)对农村民间互助、人情、人缘、民间权威等的研究,肖唐镖等(2002)对宗族的影响力分析。这些研究主要集中在社会学领域,但并未细化和量化,对如何投资社会资本、发挥其积极作用,还未作深入调查研究。郭熙保和张克中(2003)尝试从经济学角度阐释社会资本如何影响经济绩效和经济发展,他们认为,有效的社会资本能够增进交易的可重复性,减少机会主义动机;能够形成社会相互信任的机制,为经济交易提供便利;能够扩大信息交流,建立和传递信誉,成为经济增长之源。从经济学角度看,社会资本像技术要素一样,是整个生产函数中一个转换要素,是解释经济发展的一种新思路。但他们的研究仅限于理论评述,并未作实证验证。

2010年以后,国内学者着重研究社会资本与居民收入或收入差距(贫困)之间的关系,但结论存在较大分歧。一些研究者认为,社会资本对于增加贫困群体收入、缩小收入差距方面发挥着不可估量的正向作用,可以说是"穷人的资本",是继物质资本和人力资本之后的第三大资本。例如，王春超和周先波（2013）认为社会资本对农民工收入具有显著的正向影响：在企业内，农民工与当地员工建立友好关系（即有较高的社会资本）比没有这种和谐协调关系的农民工挣得更高收入的可能性增加14.4%。他们将社会资本分解为两类，一类为"整合型社会资本"，即由地缘和亲缘等闭合网络方式所形成的社会关系；另一类为"跨越型社会资本"，即因个体迁移流动而造成不同群体跨越联结而形成的社会关系，前述农民工与当地员工的关系即是"跨越型社会资本"的表现。该文认为，两种类型的社会资本对农民工收入的提升效应是相近的。武岩和胡必亮（2014）认为，以亲缘和地缘为主的"原始型社会资本"在市场环境下其提升农民工收入的作用逐渐消失，而新型的"工具性社会资本"对农民工收入和收入差距存在一定影响。叶静怡和武玲蔚（2014）通过对农民春节拜年习俗构建和衡量一种"结构性内涵社会资本"，调查研究认为它对进城务工人员的工资具有正向影响。刘俊文和陈宝峰（2015）利用网络认知综合测度法，测算出四川大小凉山彝族地区样本农户的社会资本综合指数平均值为4.321，最高为7.376，最低值为1.516；且不同收入阶层农户的社会资本差异明显，最低收入层（绝对贫困户）比平均值低8.5%，最高收入层（富裕农户）比均值高16.1%。他们的研究表明，农户社会资本对其农业收入和非农收入均有显著的正向影响，且对非农收入的影响较大。

但另一些研究者认为，社会资本并不是"穷人的资本"，并不能缩小收入差距，反而是拉大农户收入差距的因素。例如，周晔馨（2012）利用家庭间的互惠、合作规范和家庭的网络来表现其社会资本，并构建了衡量指数，研究发现低收入农户社会资本的拥有量和回报率均低于高收入农户，而且从地区差别来看也是利于富裕地区农户。也就是说，低收入农户、欠发达地区的人群，普遍存在社会资本的资本欠缺和回报欠缺问题,社会关系、集体行动和地区组织等社会资本不断地将穷人排除在外,使得穷人并不能依靠它来减轻贫困,反而成为拉大农村贫富间收入差距的一个因素。刘彬彬等(2014)通过对宁夏西海固贫困地区农户调查资料,发现越穷的人社会资本越少,而越富的人拥有越多社会资本,而且,社会资本影响农户收入存在明显的门槛效应:当社会资本较低时,它不会增加农民收入;只有较高的社会资本,才能促进农户收入提高,并且它需要人力资本配合才能发挥效用。因此,社会资本更多的是为富人服务的,是"富人的资本"。

不论学术争论存在多少分歧,现实中居民生产生活中对人际关系、社会关系、人脉资源等"关系"因素的作用认识似乎越来越形成一个"共识":没有关系办不成事情,有关系可以搞定一切。在这里我们并不打算评论该"共识"是否符合当前社会主义道德和经济建设要求,但它从侧面反映了社会风气和社会氛围还不够公平、公正和纯净,也反映信息不对称对经济活动的重大影响。

二 社会资本影响贫困代际传递的内在机理

社会资本是学术界对人际关系、社会网络、互惠信任等体现社会关系网络的术语性描述,它已经成为影响居民收入提高的一个重要因素。我们认为,社会资本是贫困(包括世代贫困)的引发因素之一,也是维持既定状态的因素之一;对于穷人来说,它的作用主要体现为负面影响,它"人为"地将穷人排斥在一定的利益圈外,利用排他性来创造机会不平等,维持既有的收入不平等状况。可以说,社会资本是导致贫困代际传递发生,以及不断循环的重要外部因素。

一些研究也表明,社会资本对于贫困的发生和循环,以至个体向下社会流动起着重要推动作用。例如,姚毅(2011)认为,社会资本具有排他性，可能助推穷人落入贫困陷阱之中。黄江泉（2012）也认为，当前因制度、文化等原因导致农民缺乏足够的社会资本，妨碍了他们对资源与机会的争取，抑制了他们脱贫能力的提升，进而直接诱发贫困的内在循环。刘俊文和陈宝峰（2015）指出，社会资本越多，农户越不容易处于贫困状态，特别是其亲朋的最高职位和职业数越高，该农户滞贫时间越短，社会资本与收入流动性二者有正方向变动关系。

社会资本对贫困代际传递的作用影响机理体现在以下四个方面：

一是社会资本代表着信息要素，通过作用于劳动力市场，影响农户的外出就业和农业生产等经济活动，进而影响其收入状况，最终体现为贫富状况变化。

我国劳动力市场是一个高度分割的市场，各地区、各行业的劳动力供求情况是比较封闭，信息不畅通，导致错配情况（如有些地区和行业缺工，有些劳动力找不到工作）出现。社会资本比较充足，意味着享有较多的市场信息，推动劳动力供给曲线右移，满足不断右移的需求线，使得劳动力供需状况在更高水平上实现均衡。

图6—1简要描述了劳动力市场和工资决定情形。当社会资本充足情形下，比如一个劳动力掌握了某个区域或行业的劳动需求信息，就可以流动到该区域或效率和工资更高的行业中，得到更高的工资水平。在图中，劳动力需求线右移到L'_D，此时如果某劳动力能够获得相关信息，并受到雇佣，劳动力市场在更高的水平E_2重新实现均衡，其工资水平也从w_0提高到w_1。即使劳动力没有流动到更远区域或工资更高行业就业，但因掌握劳动力需求信息，可以增加劳动供给（图中劳动力供给线右移至L'_S），也会提高其工资水平（$w_0 \rightarrow w_2$）；相对应地，那些不拥有社会网络信息的劳动力工资水平仍停留在较低水平（w_0）。

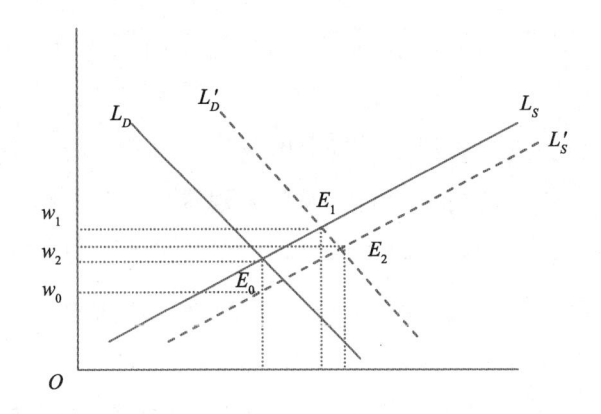

图 6—1　社会资本充足情形下的工资水平决定

社会资本作为一种信息载体，可以通过推荐招聘制，使得农户外流迁移就业，获得更高的收入。这就是为什么中西部那些人缘关系较好的农户在外出务工中每年挣得更多收入的原因。对于广大的山区少数民族群众来说，获取劳动力市场信息更加困难，很难在劳动力市场找到较高工资的工作，或者迁移流动到更远区域就业，因而创收增收艰难，难以摆脱贫困境况。

二是社会资本代表着机会和成本，通过排斥机制和排斥效应，间接影响农户收入和世代贫困状态。一些研究早就表明，社会排斥是导致贫困代际传递的重要原因，而社会排斥的形成过程之一就是社会资本的作用。社会关系、集体行动和地区组织，这些体现社会资本性质的内容，通过建立一定的壁垒，不断地将穷人排除在某项经济活动中，使其丧失机会，或者付出更高成本，不能参与该项活动竞争，从而影响其家庭收入。例如，一些企业或事业单位招聘过程中，对那些"有关系""打招呼"的应聘者额外提供机会，最终录取该应聘者，而那些"没有关系"的应聘者落选。一定意义上说，社会资本因其排斥性已是不平等的一个代名词。阿玛蒂亚·森早就指出，机会和权利不平等，是贫困发生和传递的深层次原因。我们在后面讨论父母身份、职业、关系对子女收入状况所产生的影响，就是说明社会资本所形成的社会排斥机制，是贫困代际传递的重要机制之一。

三是社会资本与人力资本的融合，形成一种个体脱贫和发展所需要的能力条件，从根本上影响其贫困持续时间的长短。从更广泛的视野看，社会资本是人力资本的一种表现，是个人能力的重要组成部分，直接影响个体家庭的收入状况。而且，社会资本还影响着人力资本的积累，间接地影响个体能力和家庭收入状况。科尔曼（Coleman，1988）在《人力资本创造中的社会资本》一文中指出，家庭层面的社会资本对年轻一代人力资本投资行为产生较大影响。由于人力资本投资与贫困代际传递紧密相关，因此，社会资本通过对人力资本投资以间接影响贫困代际传递。

国内一些研究者还比较了社会资本与人力资本对贫困发生和传递的不同影响力。例如，关爱萍和李静宜（2017）基于甘肃省11个建档立卡贫困村1408户农户的抽样调查发现，农户家庭的社会资本和人力资本交互作用，对其家庭贫困发生概率有着负向影响，即农户家庭人力资本比较欠缺时，如果有较丰富的社会资本，则可以大大降低贫困的发生概率；同样，农户家庭社会资本不足时，通过提升人力资本，也可以降低贫困发生概率；二者是一种替代关系。谢沁怡（2017）也发现，人力资本与社会资本都可以显著缩小居民收入差距，但人力资本的缩小效应要大于社会资本的效应，社会资本对西部贫困居民收入的边际效应贡献最大。

四是社会资本对政策资源的分配起作用，可能导致部分贫困农户得不到应有扶助，起着分化和固化已有社会阶层的作用。目前，国家对贫困地区和贫困家庭采取了多项扶持政策和措施，自上而下、多层级政府来负责具体实施；由于行政链条较长，这些扶持政策资源有可能出现"漏出"和偏差，例如，扶持资金不能被真正的贫困户得到，反而被那些与村干部有关系的农户得到，出现所说的开小车的贫困户、住楼房的贫困户、办企业的贫困户现象，扶贫并没有"扶真贫"问题。这一问题的出现，重要原因之一就是某些非贫困户利用其社会关系、人脉资源、亲戚网络等社会资本，获取相关利益，而那些真正贫困户因缺乏社会资本而得不到相应扶助。

值得庆幸的是，社会资本对减贫政策资源的干扰，损害贫困农户利益，降低扶贫效率，加剧贫富差距，引发不公正、不公平问题，得到党中央和各级政府的高度重视，采取有效措施予以防范和纠正。2014年以来，全国推动"精准扶贫、精准减贫工作"内容之一就是防止农村社会资本影响政策资源分配问题。

总之，社会资本影响贫困发生和贫困代际传递的四个机理，核心是通过社会资本建立一定的利益圈子，排斥贫困群体，使其丧失某种机会，进而影响其就业、创收、资源分配等各项利益，最终导致其发生贫困或者贫困得以代际传递。图6—2简要总结了该机理过程。

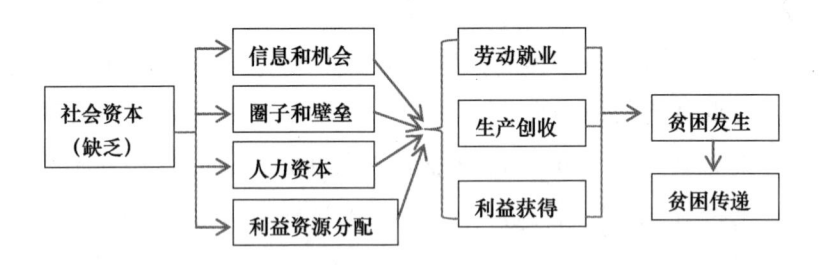

图6—2 社会资本（缺乏）影响贫困发生及传递的内在机理

三 父母的社会资本对子女收入的影响

社会资本对贫困的影响，一方面，体现为它是贫困发生的重要"引致因素"；另一方面，它是代际传递的重要"维持因素"，其重要机制是社会排斥机制——某些群体通过社会资本，建立某种圈子或利益链条，排斥贫困户、剥夺其权利和机会，进而得到某些利益，维护和固化已有社会阶层。这种社会排斥和社会剥夺，是引发收入不平等、社会不公正公平问题的重要原因。

在贫困代际传递和社会流动性减弱的产生原因问题上,体现社会排斥机制最典型的有父母身份、职业、人脉资源等社会资本对子女一代的影响事例。杨瑞龙等(2010)指出,在经济活动中政治身份(如党员、官职)代表着一种社会资本,父母的政治身份对子女收入产生正方向的影响;在现实社会中,父母可能会利用其政治关系(社会资本)为子女创造和增加收入,通过"权力寻租效应"影响着社会阶层的流动性。李宏彬等(2012)利用自己收集的中国大学生毕业就业调查数据,分析发现父母的政治资本影响着大学生子女在劳动力市场上的工资水平,"官二代"大学毕业生的起薪比其他同学高出了13%(约280元/月);在控制父母其他方面的特征(如户口、受教育程度、收入等),尤其是收入之后,父母政治资本对子女工资的影响更加显著。邵挺等(2017)的研究进一步证实以上两项研究结论,他们基于高校毕业生就业数据,发现父母的职业,较大程度地传递给下一代;并且,"官二代"的代际相关性和传递性更强,父母一方为国家公务员的毕业生,第一份工作的收入要显著高于样本平均水平,影响程度比高考分还要大。

郭斌(2014)在《财产性收入及其不平等研究》一书中指出,中国社会家庭中,父母一代会给后代带来一定的人脉关系(即社会资本的传递),在个人财富和社会资本的综合作用下,社会产生分层,进而板结化[①]。周兴和张鹏(2015)通过对中国城乡家庭代际间的职业流动与收入流动进行实证研究发现,农村家庭中父母从事非农职业有助于子女实现职业的向上流动,有助于子女摆脱贫困;但是,这种代际职业的传承一定程度上阻碍了代际间的收入流动,使得低收入家庭难以实现向上的流动。

---

① 郭斌:《财产性收入及其不平等研究》,经济管理出版社2014年版,第164页。

综述以上研究成果，父母家庭所拥有各项社会资本，均可能传递给子女一代，或者通过"权力寻租"，为子女的就业机会、工资收入创造更好条件，进而使子女一代承继父母一代的生活状态。贫困家庭之所以出现代际传递，其中主要原因之一就是贫困父母缺乏相应的社会资本，也无法帮助子女一代打破富人阶层依靠社会资本所构筑的"壁垒"和"圈子"，从而使得子女在下一代竞争中处于不利地位，子女也遭遇同父母一样的贫困境况。

在我国中西部农村，特别是山区少数民族家庭，他们所拥有的社会资本非常稀少，因此很容易被排斥在某些"壁垒"和"圈子"之外，缺失机会和权利，从而在就业、创业、生产、利益分配等众多经济活动中被边缘化，最终仍然处于贫困状态之中。要帮助山区少数民族家庭摆脱世代贫困，最主要一条就是要打破社会资本的壁垒和"圈子效应"，将社会排斥转化为公平、公正、平等的社会环境和氛围，从外部条件改善方面来达到相关目标。

四　山区少数民族家庭因社会资本不足导致贫困传递

(一) 社会资本不足的主要表现

对于山区少数民族家庭来说，社会资本就是其家庭可以利用的社会关系，主要由两部分组成：一是基于血（亲）缘关系形成的家庭社会网络，以及基于地缘关系形成的邻里网络；二是基于情感与物（业）缘关系形成的朋友网络和行业网络[①]。前一种关系网络是地区（民族）文化的一部分，是传统型社会资本；后一种关系网络是人口迁移流动和个人能力的一部分，是新型社会资本。

陈全功和程蹊（2014）总结了山区少数民族家庭的社会资本欠缺情况，主要表现为：

---

① 沈茂英：《生态脆弱民族地区社会资本与农户增收研究》，《西南民族大学学报》（人文社会科学版）2012年第7期。

一是社会关系比较简单，主要关系是血缘和亲戚关系、宗族关系、邻里关系，有时还依靠村组干部形成一定的组织关系。在子女一代，可能由于外出求学而形成一定的同学网络，扩展了社会关系范围。但总体来说，山区少数民族家庭的人际网络规模较小，受地区文化、个人学习经历影响较大，具有显著的封闭性。

二是部分原有社会关系在弱化，主要表现是邻里关系在疏远，村组干群互动关系受利益影响较大。由于山区农户居住分散，加之生产方式和组织形式发生改变后，少数民族人口外流迁移开始增多，新一代农民家庭之间的关系逐渐疏淡，传统型社会资本量进一步下降。2015年春节期间热议的"博士生返乡日记"就描述了20世纪90年代后农村邻里关系的失落，只有在春节拜年、祭祀和葬礼等活动时才会拉近邻里关系[1]。当前少数民族山区同样遭遇这种情形，反映一些传统的亲情、邻里关系和来往在改变，贫困家庭也因此缺乏社会资本。

三是社会联系渠道较少，构建和形成新型社会资本较为艰难。在当前，新型社会资本主要是通过朋友、同学、同事、商业伙伴、熟人等关系网络而形成，情感和经济利益因素起着较为重要作用。一些新兴的组织和渠道，如社会公益组织、民间组织、互联网渠道等，把原本不熟识的人群连接起来，构建成新型的社会资本。但是，贫困山区的少数民族家庭，一是因为外迁交流的能力和机会较少；二是读书、从事非农产业、利用网络资源的机会较少；三是社会组织水平较低，无法吸引更多山区之外的社会公益组织，很难构建和形成新型的社会资本，因而在社会竞争中往往处于更加不利的地位，相应地缺少一些脱贫致富的机会和通道，可能较长时间处于贫困之中。

---

[1] 王磊光：《一个博士生的返乡日记：迷惘的乡村》，人民网，http://edu.people.com.cn/n/2015/0225/c1006-26594099.html。

最近十多年来，山区少数民族群众通过上学、打工、经商、旅游消费和服务等多种形式走出大山深山，与其他地区和血亲之外的人员交往增多，社会关系网络逐渐多元化，也催生他们构建成新型的社会资本。但是，这些社会资本还不能很好地保证他们享有更多、更公平的机会，如就业机会、创收机会，因而其家庭增收仍然比较困难，仍然难以较快摆脱世代贫困境遇。

（二）社会资本影响贫困代际传递的典型案例

调查中，我们观察到较多山区少数民族家庭因为缺乏社会关系而遭遇机会不平等、难以摆脱世代贫困的案例，深切地感受到社会资本的重大影响力，也迫切希望净化社会环境，营造公平、公正、平等的社会氛围。

案例一　重庆酉阳县两个土家族家庭案例

重庆酉阳县涂市乡银岭村是一个土家族群众聚居的偏远山村。2009年我们实地调查该村，有2户家庭生活状况变化对比明显。据介绍，这两户家庭在20世纪90年代之前均比较贫穷，祖辈和父母一代均经历过贫困，到年轻户主一代情况发生差别：其中一户逐步摆脱了贫困；另一户则仍然比较贫困。

石某，是摆脱贫困的年轻一代户主。据他介绍，小时候他家很穷，勉强读到初二就辍学回家帮助家里干农活。在2000年，经一个远房亲戚邀请一起外出到浙江建筑工地打工，改变了他的命运。由于这个亲戚头脑比较灵活，石某跟他一起从建筑零工做到小包工头，从2005年前每年赚得收入5000多元到现在每年可以挣得五六万元。如今，石某已经结婚独立成家，并有了一个小孩，家里也新建了一栋水泥楼房。当他谈及自己家庭生活状况改变时，感念最多的是他家亲戚帮助了他，"要不是有他带着我（外出打工——作者注），我可能到现在还在家种田、过苦日子。"

家庭生活状况并没有改变的是杨某一家。他在2005年结婚成家后仍然和父母居住在一起，有两个小孩，至今家里仍然比较贫困。对他来说，早年情况与石某类似，幼时比较贫穷，以致没读多少书就辍学在家，但由于他没有什么关系和门路以至一直在家干农活，家庭收入仍然是靠玉米、养猪和鸡，以及打点零工。在访谈时，问及他为什么不外出打工，他说"没人带""不知道到哪里打工"。

银岭村素有"涂市乡的青藏高原"之称，山高林密、远离集镇、相对封闭，因此，群众的社会关系比较单一，社会资本薄弱。石某和杨某两家生活状况变化表明，社会资本对于阻断贫困代际传递有着重要意义；山区少数民族家庭因为缺乏社会资本，所以导致一代又一代可能陷入贫困境况。

案例二　云南瑞丽市一个景颇族学生家庭案例

曹某是云南德宏州瑞丽市户育乡的一名景颇族村民，现在该市一家旅行社担任导游员。他曾是该乡为数不多的大学生之一，2014年从昆明某大学毕业后回到家乡。据介绍，曹某家庭经济状况并不太好，依靠父母种植一些甘蔗、橡胶获得收入，有两个孩子上学，属于相对贫困家庭。2011年，他从瑞丽一中考取了昆明某职业技术学院，就读旅游管理专业，更增添了家庭负担。好不容易等到毕业找工作时，他开始在省城昆明市求职，但结果有些让他沮丧："（一些公司——作者注）首先问家里有没有社会关系，或者说提供不了合适岗位。"最后，考虑到离家近一些，他不得不回到瑞丽市找了一家旅行公司上班。如今，他每月只能挣得3000元左右，仅能够维持自己的生活开支，无法帮助父母家庭摆脱贫困。他说，"我的很多大学同学因为有关系，就留在省城，或者找到别的好工作。"

调查访谈中，从曹某失望和自责的眼神里，我们深深感到社会关系对贫困大学生就业时的巨大伤害。对于一个山区少数民族家庭来说，因为没有什么社会关系和人脉资源，就很容易失去就业机会，从而决定了其家庭还将持续一段贫困时间。出现这种就业不平等现象，不仅仅是那些雇佣单位和公司的原因，更是一个社会风气的原因。一段时间以来，社会上"向钱看""靠关系""拼爹"等不良风气浸染就业市场，使得社会关系（社会资本）成为影响就业市场的重要因素。一些山区少数民族贫困家庭本来就"因学致贫"、"因学返贫"，加之缺乏社会资本，在就业市场上被排斥在外，失去阻断贫困代际传递的通道，贫困问题将更加深重。

第二节 制度及其变革对贫困发生和传递的影响

从更加宏大视角看，贫困发生和贫困代际传递是与"时代"有关的，这个"时代"不仅可以由上文所说的社会风气和社会氛围来表现，更多的是与国家的宏观制度，如政治、经济、文化、社会等众多制度，以及政府的重大战略和决策相关。本节试图对制度因素以及制度变革的影响力予以说明。需要指出的是，制度因素会对一个区域、全体民众产生影响，因此由此产生的贫困是一种区域性、整体性贫困，并不是某一族群所特有的贫困问题。在这里讨论制度因素影响山区少数民族家庭贫困问题，实际上是讨论该区域（山区）的贫困问题。

一 关于制度因素的重要观点

关于制度因素与贫困的联结，学术界有比较多研究成果，基本上形成了一个共识，即：不合理的制度和政策，是区域性整体贫困发生的决定性原因，是导致贫困代际传递的重要外部因素。学界将这种贫困称为"制度性贫困"或"政策性贫困",这种贫困不仅中国存在,在国外也同样存在,在历史上存在,在当代也仍然存在,是贫困发生和传递过程中不可避免的一种情形,只是影响力程度大小的区别而已。

(一)制度因素包含众多层次内容

制度因素首先是指一个国家和社会所实行的社会政治制度,它是一个宏大的外部因素,从体制深层次上影响全体国民。蒲文胜(2014)认为马克思是研究社会制度与贫困关系的权威人物,马克思的主要观点之一是"资本主义的贫困来自于这个制度本身,它使人陷入物质和精神的双重贫困。"[①] 王树民(2011)也认为,资本主义制度对工人工资的剥夺,对劳动者权利的严重侵犯,劳动者享受不到充分的劳动保护和社会保障,加之该社会的济贫制度缺陷,使得资本主义制度必然导致出现比较严重的贫困问题。他还细化分析美国的资本主义市场经济制度必然导致一部分人贫困,因为这一制度强调效率,是一个优胜劣汰的机制,讲究竞争,必然使得一些人被排斥、被分层;同时,全球化更加剧了竞争的激烈程度,更容易产生不平等。

因此,社会政治变革对于减少贫困、阻断代际传递有着重要意义。中华人民共和国成立后,一些山区少数民族从原始社会"直接过渡"到社会主义社会,家庭贫困状况发生了根本性改变。陈全功和程蹊(2014)回顾了西南山区的彝族、独龙族、怒族、佤族、傈僳族、布朗族、德昂族、基诺族、拉祜族(含"苦聪人"),东北的鄂伦春族、鄂温克族、赫哲族,以及藏族地区的藏族、门巴族等众多少数民族群众,因为中华人民共和国成立和后期的社会改造,大批的贫困百姓逐渐告别了世代贫困。

---

① 蒲文胜:《制度性贫困与反贫困力量考察》,《云南民族大学学报》(哲学社会科学版)2014年第1期。

制度因素还指的是国家所执行的经济体制，以及由此体制而推出的各项制度。从我国经济体制上讲，主要分计划经济和市场经济体制两大类，它们对区域性贫困的发生有着较大影响。银平均（2008）指出，尽管历史因素、自然条件、农民个体因素成为影响农村发展的制约因素，但是，计划经济体制下形成的"二元化"制度和政策，如经济、福利、政治、文化和社会生活等方面的制度，加剧了农村的贫困。王文长（2016）总结指出，20世纪80年代以来，经济学家认为贫困的原因既不是物质资本的缺乏，也不是不平等和分配不公，而是缺乏一个以受法律保护的私人财产和契约为基础的市场制度。同时，一些经验研究表明，贫困问题在产权没有明确界定的地方更可能发生，经济市场化程度越高则人类贫困指数就越低[①]。

一定经济体制是依靠一系列具体制度来体现和维护的。在当代中国，以下制度和政策对贫困发生和传递的影响较大：（1）户籍制度；（2）土地制度；（3）社会保障制度；（4）产权制度等。黄少安和刘明宇（2005）指出，现实中农民的收入贫困、能力或人力资本贫困、权利和机会贫困三重意义上的贫困都与相应的制度有关，主要包括土地制度、户籍制度、粮食购销体制、教育制度和税费制度。林宗弘和吴晓刚（2010）认为，户口制度、单位制度、干部身份制和私有产权等制度导致了转型期中国阶级结构随之转型，同时造成拉大了贫富差距。

制度因素还包括政府所推行的具体政策和措施。学者们称之为"政策性贫困"。王文长（2016）认为，由于政府部门为推进某一领域发展而制定的政策带有一定的倾向性，使得该领域得到政策支持而实现了较快发展，没有政策支持的另一领域处于自然或无序发

---

① 王文长：《少数民族地区反贫困：实践与反思》，中国社会科学出版社2016年版，第7—11页。

展状态。少数民族地区贫困成因之一就是这种"政策性"原因。他归纳政策性贫困主要表现为三个方面:一是历史中的政策缺位,如二元经济政策;二是发展中的政策盲点,如山区因生态补偿政策盲点而无法发展;三是现实中的政策失衡,如扶贫开发的转移支付资金没有落实到贫困农户手里,政策利益大部分流向非贫困人口[①]。

政策性贫困就是一种制度性贫困。即使在反贫困行动中,一些扶持政策也可能产生负面影响,导致制度低效率或者无效率,拉大贫富差距,无助于阻隔贫困代际传递。王文长(2016)认为当前少数民族地区反贫困行动中存在两个制度性问题,一是"制度偏好"挤压了市场空间,影响了减贫效果。这个"制度偏好"是指反贫困领域存在极强的政治化倾向,少数民族地区的反贫困制度首先考虑的是社会稳定、所有制、意识形态等政治功能;其次才是经济功能。二是制度缺乏连续性和通盘规划,反贫困工作明显表现出"领导特色"而非"地方特色";而且,扶贫政策制定程序不健全,制定过程中缺乏贫困户与政策制定者的有效对话机制,制定者权责不对称[②]。

(二) 制度因素对贫困代际传递产生重大影响

李晓明(2007)认为,在贫困代际传递这种恶性遗传链条中,国家或地区的制度体制性因素和相关政策措施是关键因素之一。从湘桂黔边少数民族地区贫困情况看,户籍制度、人口政策、区域发展政策、土地制度、农村税费制度、社会保障制度、农村管理体制等七大体制性因素对山区少数民族农民贫困代际传递的形成具有决定性影响。韩春(2010)和李茂林(2014)还提出教育制度一定程度上是影响贫困代际传递的决定性因素。郭斌(2014)提出,财

[①] 王文长:《少数民族地区反贫困:实践与反思》,中国社会科学出版社2016年版,第97—98页。

[②] 同上书,第211—218页。

产继承是对私有产权的一种有效保护制度，但由此带来的问题是财产性收入的不平等性，造成下一代贫富分化；特别是当前财产性收入在扩大贫富差距方面，所起作用越来越大，很多起点富裕家庭的后代能够利用父辈财产很快致富；这些"富二代""富三代"，只要具有社会平均水平的智力和财产运营能力，"富者恒富"效应将被扩大。因此，完善财产继承制度，如征收遗产税、捐赠等，可以调节财富代际转移问题，缩小社会差距[①]。

徐慧（2015）指出影响贫困代际传递的外生因素，主要是不合理的社会政策、制度和体制因素，如城乡分治制度（户籍制度）、保障制度体制局限（农村体制外人）、潜规则等；并且，这些制度性因素会通过社会排斥放大和强化非制度因素的作用，形成一种贫富分化的马太效应，成为贫困代际传递的决定性因素。

贫困代际传递实际上就是一个社会流动问题，众多社会学家也认可"制度性因素是影响社会流动的重要因素"观点。例如，李炜（2004）就提出，不论社会上人们发生何种方向的社会流动，不外乎受到三个层面因素的影响，一是宏观层面上的社会结构和国家制度安排；二是中观层面上的工作单位和家庭等社会生产单位与社会化组织；三是微观层面的个人后天努力。他考察1949年以来中国社会成员的社会流动历程，发现制度因素（如户籍制度、家庭阶级出身）影响和决定了个人社会流动和社会地位获得；1978年以后，随着那些标志着社会区隔的重大制度和政策（如阶级成分、单位制、城乡二元制）逐步退出历史舞台，个人教育程度等后致性因素的影响力才有所扩大，社会流动性才相应提高。

总之，制度因素对贫困的形成和传递有着重要影响，这种影响产生了两种结果：一种结果是阻隔了贫困的代际传递；另一种结果

---

① 郭斌：《财产性收入及其不平等研究》，经济管理出版社2014年版，第163—190页。

是进一步强化了贫困代际传递，拉大社会差距，促成社会阶层的板结化。也就是说，有一些制度性因素有助于减弱贫困代际传递，而有一些制度性因素却直接或间接地恶化社会公平状况，成为贫困代际传递的维持因素。最为典型的制度，如市场经济体制，它带来了市场机会，为底层提供向上流动的机会，阻断了贫困的代际传递。当前，我国政府积极实施的社会保障及扶助性政策，也是有利于减弱贫困代际转移的。再例如，二元化的户籍制度和就业制度，以及对贫困地区的过度开发政策①，均会加剧原有贫困家庭的生存和发展难度，更容易出现贫困代际传递。

二 经济体制改革对贫困代际传递的影响

制度改革（变迁）对贫困形成和传递产生一定影响。陈全功和程蹊（2014）指出，"制度变革既可以消减长期贫困，也可能使得一些处于劣势和弱势的少数民族群体陷入更加深重的贫困状态。这是因为某些制度变革本身具有负面作用，例如市场化、工业化、城镇化等，它们以效率为先，难以兼顾公平，自然会加剧贫富差距，使得贫困群体更加贫困，处于长期贫困之中。"②

20世纪八九十年代，我国处于计划经济体制向市场经济体制改革转型阶段，一些制度变革和政策实施对于阻断贫困代际传递起着积极作用。例如，农村土地制度改革中实行分田到户、家庭联产

---

① 刘奇（2015）在《贫困不是穷人的错》一书中分析认为，外因是区域性群体贫困形成的决定性因素。他将全国区域性贫困按照资源富集程度分为五类情形：(1) 资源丰富地区，因为外力过度开发但缺乏合理的利益补偿机制，形成"富饶的贫困"；(2) 资源比较充裕地区，因外力开发不足，会出现基本权利缺失，如受教育权、健康权、社会保障等，以及公共服务缺失；(3) 资源承载力基本平衡的地区，因为要"舍小家为大家"，被动形成贫困，如库区贫困；(4) 资源有限地区，出现人口与环境恶性互动；(5) 资源环境十分恶劣地区，出现"一方水土难养一方人"。

② 陈全功、程蹊：《少数民族山区长期贫困与发展型减贫政策研究》，科学出版社2014年版，第98页。

承包责任制，对于释放农户生产积极性、提高农业生产效率起到较大作用，很多农户一下子告别了温饱困难，逐步走向富裕小康生活，彻底摆脱了世代贫困。但是，也有一些"非均衡"[①]的制度变革，例如偏向城市的城乡综合配套改革、医疗及社会保障制度改革，不仅没有解决农村贫困问题，还将进一步拉大地区差距、城乡差距、贫富差距，使山区少数民族农民更难以摆脱世代贫困。

20世纪90年代中期后，随着市场经济体制改革的进一步深化，相关制度变革的影响力仍然出现分化：一部分地区和居民获得了较好的经济社会发展条件，加快了其致富步伐；也有一部分地区和居民失去了经济社会发展的条件，加速其贫民化。我们将此类制度改革通称为"市场化改革"，即建立以市场竞争、价格机制为核心的制度和政策体系。当前，市场化理念已经深入各项制度改革中，如土地制度、教育文化制度等，即使一些公共产品领域（如基层医疗服务）也被引入了市场机制，几乎到了"泛市场化"程度。

（一）市场化改革扩大了居民收入差距

市场化改革与中国收入差距扩大有一定关联。汪茂泰和徐柳凡（2009）认为，市场化程度的提高会导致城乡居民收入差距进一步拉大，在市场化程度较低的中西部地区，城乡居民收入差距较高；这是因为市场机制不健全就会出现经济行为不规范，农民群体在市场竞争中处于不利地位，获得机会较少，增收更加困难，甚至已有财富会失去，从而造成收入差距拉大。杜梦昕和郭磊磊（2010）通过Oaxaca分解模型证明了市场化改革引起教育回报率逐年上升，最终导致收入差距扩大。马立军等（2013）也认为，市场化水平是

[①] 陈全功和程蹊（2014）认为，制度变革是一个利益分配和调整的过程，部分人会因制度变革获利，部分人因制度变革而受损。因此，可将这种改革称为"非均衡的制度变革"——部分群体获得变革红利，部分群体承担变革成本，还可能有一部分人状态没有改变。"非均衡性"主要表现为市场机制与计划机制的不协调、企业所有制改革不到位、土地财政的依赖性、城乡经济和社保改革的二元化、政治体制改革的相对滞后等。

所有影响地区收入差距因素中最为重要的一个因素。

李实和赵人伟（2007）指出，中国收入差距扩大是在20世纪90年代中后期发生的：从农村内部收入差距来看，1978年农村基尼系数大约为0.22，1997年开始一路走高，到2002年达到0.37，25年的经济转轨中农民收入差距扩大了68%；从地区收入差距来看，改革开放初期区域差异已经相当明显，到90年代初由于东部农村工业化进程而使得地区收入差距出现扩大态势。他们进一步分析认为，中国收入差距扩大是政府行为（即制度和政策）和市场机制双重作用的结果，其中政府因素所产生的作用是主要的、主导性的，制度性因素是城乡收入差距扩大、地区收入差距扩大的最主要原因；市场机制的负面作用是存在的、但它是次要的，不能把收入差距扩大归结为市场化改革。

毫无疑问，市场化改革这一重大经济体制变革事件，对中国收入分配和各种差距（包括地区差距、城乡差距、贫富差距）均会产生重大影响。我们应该看到，市场机制的本质就是通过竞争来实现效率，在此过程中必然会出现差异差距；因此，贫富差距、收入不平等现象是不可避免的。正如李实和赵人伟（2007）的观点，"市场化改革所引发收入差距扩大，既有公平成分也有不公平成分"①，因此，分析收入差距（贫富差距）产生原因，必须从政府和市场这两个角色的正面作用（即带来公平和效率）和负面作用（即带来不公平和低效率）等多维度来进行。政府角色的作用主要通过一些重大发展战略、制度和具体政策措施来实现，我们将在下一节探讨我国改革开放以来一些重大经济发展战略和制度的贫困深化效应（即对贫困群体的负面作用）。市场角色的作用主要通过生产要素的

---

① 李实、赵人伟：《市场化改革与收入差距扩大》，《洪范评论》2007年第3期；或中改院"第71次中国改革国际论坛"会议论文，中国改革论坛网，http://www.chinareform.org.cn/forum/crf/71/paper/201012/t20101201_53435.htm。

配置、流动，以及产业和就业结构的变化来实现，它们直接或间接地影响农民家庭增收和贫富状况，从而可能扩大了居民收入差距。

我们比较改革开放以来农村家庭人均收入最高地区与最低地区的倍差数据，1978年时为2.95倍，到1984年上升到3.55倍，出现第一次急剧扩大情形；第二次急剧扩大情形发生在1990—2011年这一阶段，基本上是4.3倍左右差距；到2012年后，农民收入的地区差距才逐步有所缩小，2015年为3.35倍（见图6—3）。这一分析数据与国家统计局的研究结果相同（吴伟，2016）。

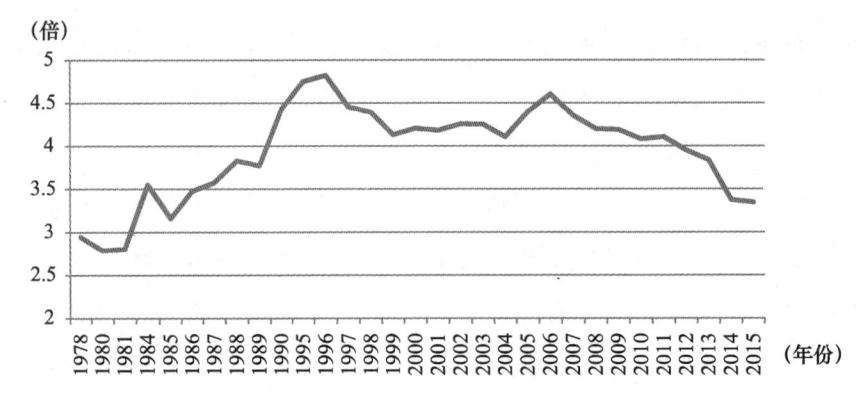

图6—3 改革开放以来我国农村居民人均收入的地区倍差变动趋势

资料来源：根据《中国统计年鉴（1981—2016年）》数据计算。

中西部山区农民家庭收入一直是中国农村居民收入最低的地区，例如贵州、甘肃、西藏，交替占据收入最低的位次；而东部的上海一直是收入最高地区。从一定角度看，最高收入与最低收入的地区差距可以反映我国居民收入差距。图6—3显示，农民收入的地区间差距主要是在第二个阶段（1990—2011年）拉开和扩大的，而这一时间段是市场经济体制改革确立和深化的关键阶段，市场化改革与居民收入差距扩大有着直接关系。

（二）市场化改革不利于山区少数民族世代贫困户

市场化改革，不仅改变了经济活动的基本机制，也改变了社会分层与流动的结构和机制，对不同收入群体产生不同影响，必然对代际流动产生影响。对贫困人群来说，市场化改革对于缓解农村贫困有一定积极意义，例如，它所引发的人口自由流动、自由择业、自主生产，有利于贫困人口开拓增收渠道、摆脱贫困、实现向上的社会流动。但是，一些市场化改革对山区少数民族贫困群众也产生了负面影响，加剧了其相对贫困深度，增加了摆脱世代贫困的难度。

一是市场经济要求有高素质的生产者和厂商，具有较强的竞争能力、自主创新能力和管理能力，能够在产业发展、经济交易中合理决策，进行相关的经济活动。但是，山区少数民族贫困农户的文化教育和生产技术水平均较低，长期从事的是传统农业生产，很少接触非农生产和经营决策，更谈不上具有企业家精神来独立开创工厂，因此，他们从市场经济体制改革开始就被排斥在外。回顾20世纪80年代农村集体企业发展鼎盛时期，中西部山区的企业数量、利润等指标均大大低于东部地区和平原地区。即使到了现阶段，山区少数民族群众开办的工厂企业也非常少，更少有贫困户开办。我们调查过的武陵山区、乌蒙山区、西南边境山区、五指山区，有一些从事茶叶、药材、蔬菜、果木、养殖等生产企业，其生产者和企业主也是过去家庭属于贫困户、后来摆脱贫困后才开办企业的。没有技术和文化的贫困户基本上处于市场生产的最末端，获利也最少。

二是市场经济体制下要求参与者有较强的市场发现意识，能够抓住有利机会，能够预测和抵御相关的风险，保证资产不会流失。山区少数民族贫困户往往由于信息闭塞，缺乏市场意识，也没有能力抓住相关的生产机会；同时，贫困家庭非常脆弱，抵御市场风险的能力非常低，因而，很难适应市场经济体系，在市场竞争大潮中逐渐边缘化，直至沦为"被淘汰"群体。以武陵山片区的优势产业——茶叶生产和乡村旅游业为例，20世纪90年代至21世纪初，很少有贫困户能够看到其市场前景，并抓住机会兴办工厂或企业。即使在现阶段，这些山区现有的工厂和企业，大多数属于当地政府"引进"，本土自发兴起和培育的企业较少。

三是市场经济体制要求有高质量、大规模的生产要素，例如，高水平劳动力、大量资金、高技术和创新意识，进行相关的生产活动。但是，山区少数民族贫困家庭，既缺乏青壮年劳动力，也没有相应资金，根本不可能开展现代农业或非农生产活动，大多不得不从事传统的、小规模家庭农业生产。即使在劳动力流动就业非常便利的今天，这些贫困家庭也少有劳动力外出务工，大多在本地务农。

特别提出的是，现代市场经济下，生产要素的回报率和重要性发生改变，资本和技术要素的回报率要比劳动力要素的回报率高得多，也快得多。东部地区、平原地区的居民收入为什么要高于中西部山区？重要一点是这些地区经济发展已经偏向资本和技术要素。在中西部山区，贫困农户基本上没有资本和技术，因而在今后的市场化过程中其收入将会被东部地区越落越远。

四是中西部贫困山区缺乏市场经济运行所需要的外部环境和平台，例如，公平竞争的环境和氛围、便利的公共服务、畅通的资本运作平台、优惠的人才吸引和激励政策等，整体上制约了地区市场经济体制的建立和发展，因而在全国竞争中处于劣势，不利于地区内部的贫困群体发展。很多研究已经表明，中西部山区的市场化环境还不完善，市场化指数较低，因此决定了其经济发展水平低于东部地区。

总之，20世纪90年代以来，市场化的快速推进，使得中西部少数民族山区的发展起点再次落后，与东部地区、平原地区的差距逐步扩大。那些山区少数民族贫困家庭，既缺乏高质量的劳动力，也没有相应的资金、技术、市场意识和经营管理能力，难以抵御市场经济的冲击，因而，他们在激烈的市场竞争中被边缘化，形成事实上的"市场排斥"，很难走出贫困陷阱。特别是在"泛市场化"趋势下，贫困的代际传递情形将更难消减。

三 重要经济社会制度对山区贫困代际传递的负面影响

经济社会体制改革是通过一系列制度和政策来落实的。在市场经济体制建设过程中，一些重要的经济社会制度改革和政策措施对山区少数民族群众带来重大影响。这种影响分两个方面：一是积极的、正面影响，例如，户籍制度改革使得民众自由流动性扩大，农民不再局限在本地农业生产，可以外流到其他地区从事非农生产，以及居住生活，从而改变了原有的生活状态。从正面、积极的影响角度说，一些重大经济社会制度和政策是阻断贫困代际传递的有效手段。二是它们也产生了消极、负面的影响，成为固化社会阶层、阻碍破除代际贫困的重要因素，例如，二元化社会保障制度，致使本应受到保障的贫困农户得不到保障，使之与城镇富裕居民差距越拉越大。应该看到，同一种经济社会制度，在同一阶段或者不同阶段都可能产生正面或负面的影响。本节主要阐释近年部分重要经济社会制度对贫困代际传递的负面影响。

（一）收入分配制度

收入分配制度是与居民家庭收入直接相关的一种制度。它包括初次分配和再分配两个层次的制度。按照市场经济体制建设内容，我国进行了多次分配制度改革，到现在已经基本建成"按劳分配为主体、多种分配方式并存"的初次分配制度，以及"以税收、社会保障、转移支付为主要手段"的再分配制度（见图6—4）。

1978年十一届三中全会	1987年十三大	1992年十四大	1993年十四届三中全会	1997年十五大	2002年十六大	2007年十七大	2012年十八大
克服平均主义：农村为突破口"缴够国家的、留够集体的、剩下都是自己的"	按劳分配为主体，其他分配方式为补充，允许合法的非劳动收入	按劳分配为主体，其他分配方式为补充，兼顾效率和公平	按劳分配为主体，多种分配方式并存，体现效率优先、兼顾公平原则	按劳分配和按生产要素分配结合	劳动、资本、技术和管理等生产要素按贡献参与分配	提高劳动报酬在初次分配中比重，初次分配和再分配都要处理好效率和公平关系	按劳分配和按生产要素分配结合，处理好效率和公平关系，缩小收入差距（提低调高）

图6—4 改革开放以来我国收入分配改革重大进程

2013年2月国务院公布《关于深化收入分配制度改革的若干意见》指出，目前收入分配领域存在的突出问题"主要是城乡区域发展差距和居民收入分配差距依然较大，收入分配秩序不规范，隐性收入、非法收入问题比较突出，部分群众生活比较困难，宏观收入分配格局有待优化。"下面从初次分配制度和再分配制度两个方面说明它们对山区少数民族世代贫困家庭的不利影响。

（1）"按生产要素分配"改革不利于深度贫困户

市场经济体制下的初次分配制度改革，核心是强调"按生产要素分配"，"由市场决定生产要素价格"。但是，山区少数民族贫困家庭恰恰缺乏相应的生产要素，也屡被"市场排斥"，无法在这种分配制度下获得足够收入来实现向上的社会流动，基本上处于原有相对贫困状态。

"按生产要素分配"原则中的生产要素主要包括：劳动、资本、技术和管理四大类要素，对于山区贫困农户来说，大多拥有的只是"劳动"这一生产要素，其余三类要素均不具备。但是，"劳动"这一要素的报酬总体上是比较低的。有研究表明[①]，在过去30多年中，中国劳动报酬在国民收入中的比重一直呈下降趋势，也就是

---

① 有关研究较多，例如，白重恩和钱震杰（2009）、吕冰洋和郭庆旺（2012）均发现1983年以来劳动分配份额呈长期下降趋势，资本和技术要素的份额持续上升。

说，劳动要素获得的报酬相对较低。经济学中的"库兹涅茨事实"也说明经济发展过程中，农业产值和就业量将在国民生产总产值和总就业的比重下降、工业和服务业所占比重上升，因此，贫困农户拥有的劳动要素所能够创造的家庭收入，以及它的重要性将会不断降低。

即便如此，山区少数民族贫困农户的劳动要素也是不足的。主要表现在：一是贫困农户家庭一般缺少劳动力，人口的身体健康状况较差，难以承受高强度的农业和非农生产，无法依靠体力劳动获得更高收入；二是贫困农户普遍文化教育程度较低，劳动力素质不高，以致无法参与市场经济下的非农活动，也无法依靠脑力劳动获得相应收入。在实地调查中，我们发现那些深度贫困农户，家庭成员往往患有疾病或残疾，基本上都在本地种地来维持温饱，即使外出也只是做建筑小工、挖煤工、搬运工、家政服务等，打工收入较低。

市场经济下，生产要素的价格（也就是要素的报酬收入）是由市场决定的——高质量劳动得到高收入，低质量劳动得到低收入。随着社会进步，劳动力要素将变得更为高级，不再是单一的体力劳动，而是体力和脑力结合的高级生产要素，才能在劳动力市场中得到相应就业岗位，从而获得相应收入。显然，山区少数民族贫困农户在市场经济体制下的"按生产要素分配"制度下处于劣势，难以以此获得较高收入来帮助他们摆脱贫困"瓶颈"，发生贫困代际传递的概率较大。

（2）非要素收入和非市场收入拉大贫富差距

近年，我国居民收入分配制度改革中还强调对"财产性收入"的承认和保护。财产性收入，是依赖已有的家庭资产通过金融运作得以保值增值的一种收入，它与家庭经营性收入（主要依靠劳动、资本要素）、工资性收入（依靠劳动、技术要素）和转移性收入

（再分配）等共同构成家庭收入四大组成部分。按照国家统计局的统计指标定义，财产性收入是由"金融资产或有形非生产性资产"而获得的回报，其主体包括金融资产和非金融资产。例如，房产、有价证券、收藏品、汽车等耐用品，这些家庭资产，在市场条件下可以成为创收的重要来源，是"收入形成"的重要方式，是一种非生产要素收入。

随着市场经济的发展，家庭财产性收入所占比重将越来越高，但是分布极不均衡。据宁光杰等（2014、2016）研究，2003—2013年间我国城镇和农村居民人均财产性收入年均增长速度分别为19.6%和16.1%，且城乡差距、贫富差距不断拉大，例如，1990年城镇人均财产性收入不足农村居民的1/2，到2013年城镇则是农村的2.76倍；2011年城镇最高收入户的人均财产性收入是最低户的34倍之多[①]。从基尼系数看，2009年城镇居民财产性收入基尼系数高达0.725，高于总收入基尼系数0.376（迟巍、蔡许许，2012）。可以说，财产性收入差距是拉大贫富差距的主要原因，农民家庭收入中此项收入占比相对偏低，而且增速缓慢。据中国社科院发布的《经济蓝皮书春季号：2017年中国经济前景分析》，2016年我国农民家庭财产性收入占比只有2.2%，几乎可以忽略不计[②]，如何提高农户财产性收入成为一大难题。

对于山区少数民族贫困农户来说，基本上没有任何金融资产（例如存款、股票等），非金融资产也仅有宅基地、林地等土地资产，由于地处偏远，这些土地资产难以变现成为家庭收入。我们进行实地调查也表明，贫困农户的财产性收入几乎为零。在当前社

---

① 宁光杰：《居民财产性收入差距：能力差异还是制度阻碍？——来自中国家庭金融调查的证据》，《经济研究》2014年第S1期；宁光杰、雒蕾、齐伟：《我国转型期居民财产性收入不平等成因分析》，《经济研究》2016年第4期。

② 李玉坤：《农民增收今年面临压力 财产性收入占比太低》，新京报网，http://www.bjnews.com.cn/news/2017/04/28/441744.html。

会，依靠财产来增加家庭收入成为一种趋势下，山区少数民族贫困农户将因此而更被"边缘化"，家庭收入差距将越拉越大，沦为社会底层难以翻身。

不仅如此，市场经济发展中一些"非市场收入"（如单位福利等隐性收入、行业垄断性收入、腐败官员的灰色收入、不法分子的非法收入等）也在拉大山区贫困农户与城镇居民的收入差距。陈光金（2010）在《市场抑或非市场：中国收入不平等成因实证分析》一文中指出，"中国收入不平等的成因是复杂的，市场化机制扮演着主要角色，非市场的结构—制度因素也发挥着不可忽视的作用"[1]。中央政府也认识到当前"收入分配秩序不规范，隐性收入、非法收入问题比较突出"[2]，正采取一些措施进行纠正。在中西部山区，贫困农户较少有机会获得"非市场收入"，很少有这种家庭收入来源渠道，因此，与社会富裕阶层的收入差距逐渐拉大。

（3）再分配制度对消减世代贫困的力度不够

再分配制度是政府"削峰填谷"、熨平贫富差距的一种转移支付制度。在过去30多年间，我国政府利用税收减免、财政补贴、扶贫扶助、社会保障等不同方式，帮助贫困农户增加收入、减轻负担，起到了很好的效果。例如，2004年开始减免农业税、提高企业退休人员基本养老金标准；2005年将个税起征点提高至1600元，全面取消农业（牧业）税；2008年再次提高个税起征点至2000元；2011年国家扶贫标准提高到2300元，个税起征点提高到3500元，对调节居民收入差距的作用一度较为明显，贫困农户因此受惠良多。

---

[1] 陈光金：《市场抑或非市场：中国收入不平等成因实证分析》，《社会学研究》2010年第6期。

[2] 国务院办公厅：《国务院批转发展改革委等部门关于深化收入分配制度改革若干意见的通知》（国发〔2013〕6号），2013年2月5日，中央政府门户网站，http://www.gov.cn/zwgk/2013-02/05/content_2327531.htm。

但是，随着国民收入快速增长，原有的再分配制度对调控收入差距的作用在减弱，某些政策甚至对贫困群体产生不利影响。据中国人民大学财政金融学院教授岳希明测算，经过税收调整后农村基尼系数由税前的 0.379 反而提高到了税后的 0.439，这是因为目前的税收征收的多是间接税，即对个人的消费环节征税而不是对收入环节征税，而往往收入越高的人群消费比例反而越低，造成低收入者反而税负更高[①]。

当前，中西部山区贫困世代农户家庭收入较少，并没有承担个税和农业税，应该说再分配制度是有利于其消减贫困状态的。但是，他们实际承担的消费税比率较高。因为，这些贫困家庭对生产资料、生活资料的消费是生产生活中的必备部分，在家庭消费支出中占比较高，也就是实际所承担的消费税比例较高。

特别是当前我国再分配制度对高收入人群的"削峰"作用还没有很好地发挥出来，例如，房产税、遗产税、金融资产收入税等税种还未开征，造成高收入阶层与低收入阶层的差距进一步拉大。从这个角度上说，再分配制度对消减世代贫困户、实现社会向上流动的作用力度还比较小。因此，下一阶段收入分配制度改革内容之一就是要采取有效税收措施调节高收入人群。

(二) 金融投资制度

改革开放40年来，我国金融领域总体上向"市场化"和"开放"方向发展，并在经济社会制度中扮演越来越重要的角色，成为国家重要的基础性制度。总体上，金融投资制度对于缓解地区经济发展差距、拓宽企业融资渠道、增添居民增收途径等方面起到较为明显的积极作用。特别是一些中西部贫困农户，在规范的金融制度和金融体系下，充分利用有关金融产品，例如"小额信贷"，获得

---

① 郭一信：《岳希明：当下再分配环节难以有效调节收入差距》，《上海证券报》(电子版)，http://paper.cnstock.com/html/2011－12/13/content_162415.htm。

相应资金得以组织生产，从而摆脱贫困，金融起到了减贫的积极作用。

但是，也有一些研究表明，金融发展对于拉大居民贫富差距有较大影响力。例如，聂强（2010）研究发现，中国居民贫富差距水平与金融发展水平之间存在长期的协整关系，金融发展规模是贫富差距拉大的重要原因。他的这一结论得到刘亭亭（2011）、张宏彦（2013）、张兵（2013）、严继先（2016）等众多学者的认同。我们认为，出现这种负面影响，主要有三个方面原因：一是我国金融发展中仍然存在制度不完善、体系不适应的方面，成为地区发展的"短板"。例如，农村金融存储制度长期扮演着"资金抽水机"角色，把农民存款资金抽流到外地和城镇；农村金融体系比较单一，缺少融资平台，不能满足农民贷款融资等问题。二是我国金融发展与市场经济紧密相连，中西部地区市场经济发展较为缓慢，导致地区金融发展不足，无法及时解决地区经济发展中的资金缺乏问题，从而导致地区经济发展较慢，减贫效果不明显，因而贫富差距被拉大。三是金融投资制度对于"金融服务于实体经济"管理不严格，导致金融对实体经济增长的支持作用未发挥出来，例如，当前农村领域也出现大量利用金融杠杆开发房地产等实例，金融发展方向有待完善。

金融发展的负面影响，还表现在它对极端贫困人群的排斥作用较大，致使他们完全跟不上富人阶层的创收方式、收入数量，从而拉大贫富差距。近年，随着金融市场扩大和金融资产运作方式的多样化，一些富裕人群开始侧重利用金融资产运作来创收，使得其家庭收入成几何倍数增长。例如，一些富有家庭拥有大量的房产、存款、股票、债券、理财产品、黄金、外汇等各类金融资产，通过在货币市场、资本市场、黄金和外汇市场上的投资和运作，获得高额回报。西南财经大学中国家庭金融调查与研究中心2016年发布的《中国家庭金融资产配置风险报告》调查数据表明，2015年中国家庭可投资资产（即可增值获利的房产和金融资产）户均达到30.0万元，其中房产占比71.5%，金融资产户均6.38万元，以存款、股票和理财产品为主；并且高收入家庭的投资性收入占家庭收入比重较高①。2017年5月，经济日报社中国经济趋势研究院编制的《中国家庭财富调查报告（2017）》显示，中国家庭财富2016年户均达到16.9万元，东部地区家庭人均财富水平最高，中部地区次之，西部地区最低；并且家庭财富增长一方面是收入的累积效应；另一方面是财产（主要为房产）和金融资产的市场价值提高②。可以看到，金融资产既是家庭财富的一部分，也是一种增加家庭收入的工具手段。

值得注意的是，金融资产投资具有"门槛效应"，也就是说只有达到一定价值量的资产才可以用它来投资获得收益，"门槛效应"将低收入、少资产的家庭拒之门外。中西部少数民族山区的贫困农户，基本上没有任何储蓄，更少有股票、债券、黄金等其他金融资产，甚至根本不知道世上还有这些产品和创收方式。因此，他们在越来越金融化的时代，缺乏最有效的"创富"工具和手段（即资本要素），只能凭借劳动要素创收，就有可能被拉大与拥有这些金融资产家庭的贫富差距。《人民日报》曾在2012年12月7日的经济时评中指出，"在现实生活中，直接获取各种资产，以及资产的增值、贬值远比通过收入分配所造成的贫富差距要大得多。"该评论提醒人们："在财富极度金融化的社会，不完善的金融制度往往成为财富差距扩大的加速器。"③

---

① 西南财经大学中国家庭金融调查与研究中心：《中国家庭金融资产配置风险报告》，2016年10月，西南财经大学中国家庭金融调查与研究中心网站，http://chfs.swufe.edu.cn/xiangqing.aspx?id=1160。

② 中国经济网：《中国家庭财富调查报告（2017）》：2016年家庭人均财富16.9万元，中国经济网，http://www.ce.cn/xwzx/gnsz/gdxw/201705/25/t20170525_23203333.shtml。

③ 刘尚希：《调整财富分配 缩小贫富差距（经济时评）》，《人民日报》2012年12月7日。

针对山区少数民族贫困家庭金融资产较少，以及金融发展具有拉大贫富差距负面作用的情况，我们建议国家有关部门在完善金融制度时，一是要制约那些通过金融资产快速"创富"的行为，遏制投机和非法资本运作，对金融资产投资进行有效监管；二是要通过完善金融资产税，运用再分配方式"削峰填谷"，缩减收入差距；三是强调"金融服务实体经济"，出台规范农村金融发展方向的具体措施；四是打破金融部门的垄断，防止居民手中的金融资产价值通过银行存款、股票、债券等金融工具在隐性地向金融部门转移；五是增添新的非金融资产增值渠道，使贫困农户手中的非金融资产，例如，房屋、林地等产权增值，以此获得更多家庭收入。

（三）教育和就业制度

教育和就业制度是保证低收入群体获得收入、向上社会流动的根本性制度，也是国家经济社会发展的长远制度。过去40年，我国教育和就业制度历经多次改革，也取得了较为显著成就。例如，更多的贫困山区孩子可以上大学，群众文化教育水平明显提高；中西部劳动力可以自由流动到东部沿海地区灵活就业，就业环境和保障条件有了明显改善。这些制度改革，对于消减山区贫困，破除贫困代际传递起到较大的积极作用。第七章将对教育和就业的阻断作用进一步论述。

我们还应该看到，在教育和就业制度改革过程中，一些"市场化"偏向和"排斥性"行为，对贫困农户非常不利，将影响他们阻断贫困代际传递。

一是教育制度改革中有一些"市场化"偏向不利于破解世代贫困问题。主要表现为：（1）非义务教育的收费制度；（2）教育的私人办学制度（即允许私人资本参与教育各环节）；（3）农村学校的撤并；（4）补习培训机构等"影子教育"的盛行。教育制度改革一方面要保证教育资源的城乡均衡；另一方面要有利于大多数家庭孩子接受教育，但以上四个表现均是增加农村家庭的教育负担，反而起着一个恶化作用。

以乡村学校撤并制度为例。《中国青年报》和《社会科学报》2012年披露，从2000年到2010年我国农村平均每一天就要消失63所小学、30个教学点、3所初中，农村小学生因撤并学校后上学距离平均为5.4公里，初中生上学距离17.46公里，中小学寄宿生比例分别增加到61.6%和39.8%，因寄宿每学期费用增加中部省区为657.3元、西部山区为787.8元，22.7%农村学生家长不得不选择陪读。同时，10年间辍学主体已经由高年级迁移到小学一、二年级，2011年一、二年级学生辍学率为3.116%，而全国整体辍学率低于1%[①]。在我们调查的中西部少数民族山区，往往一家有孩子上学，家里必须有一人在学校附近租房陪读，或者有一个大人负责搭车接送，寄宿费、租房费、车费等各项开支每月不少于800元，全年仅教育支出就要近万元，还不包括父母因照顾孩子而失去创收的机会成本。

更令人担忧的是，目前私人资本大量进入基础和高等教育领域，开办私立学校（或高校的二级学院）以及各类课外培训班，拉开了公立学校和私立学校的教育质量，拉大了贫富家庭孩子的受教育质量和水平，使得优质教育资源进一步向富裕家庭集中，人为创造了教育的不平等。在当前考试教育制度下，享有优质教育的家庭孩子升学率更高，而贫寒家庭孩子因为低质量的教育导致在升学竞争中处于劣势，依靠教育实现向上的社会流动的通道将会收窄。陈全功（2012）指出，课外培训班等"补习教育"具有社会分层效

---

① 李新玲：《农村学校撤并何去何从》，《中国青年报》，2012年11月23日第2版；数据可参见：21世纪教育研究院发布《农村教育布局调整十年评价报告》，《社会科学报》2012年11月，第1339期第3版或社会科学报网，http://www.shekebao.com.cn/shekebao/2012skb/sz/user-object1ai5012.html。

应,因为贫富家庭的孩子参加课外补习存在一定差距,导致孩子在未来的学业成绩、素质培养、机会获得等方面也存在差异,进而在孩子一代复制父母一代的贫富状况,使得它成为维护和加剧社会不平等的一个力量。

当前,中西部少数民族山区出现了"读书无用""读书不如打工""知识改变不了命运"等消极论调和现象,贫困家庭孩子受教育水平仍然较低,其背后原因是多方面造成的。但教育制度的城乡不均衡,以及过于"市场化"是其中重要原因。

二是就业制度与教育制度未实现有效衔接,造成教育脱贫功能减弱。主要表现在两个方面:(1)职业技术教育和农业培训体系不完善,以及高校专业教育不适应经济社会发展,造成学校教育与社会就业脱节,学生毕业后无法及时就业;(2)一些就业岗位与教育学历无关,出现"就业歧视"现象,阻断贫困大学生的就业之路。

过去一段时间,山区贫困家庭孩子通过接受教育改变了命运,摆脱了世代贫困的境况。很多贫困家庭,克服重重困难将孩子送去读书、考上大学,因为他们相信:"考上大学就跳出农门",意味着找到工作,能够摆脱"面朝黄土背朝天"的农村生活。但是,进入新世纪,随着我国高等教育大众化、毕业生自由择业之后,就业与教育制度的衔接紧密度有所下降,"大学≠就业",出现了一些"毕业即失业"新现象。同时,由于中国劳动就业市场还不完善,就业信息不畅通,以及某些行业存在就业歧视,社会上凭借人际关系、权力利益等社会关系来得到就业岗位,排斥了贫困家庭出身孩子的就业机会。在本章第一节里我们已经论述社会资本对就业市场的干扰,阻断了贫困家庭孩子通过升学来破除代际传递的通道。一些贫困山区的大学生,由于城市生活压力较大,加之没有社会关系,不得不回到贫困家乡寻找就业机会,他们最终有可能沦为与未上学孩子一样,在最艰苦的工地或厂房打工,成为城市"蚁族"或"农民工"一员。他们并没有因为读大学而为贫困家庭减轻负担，或者帮助改变家庭贫困面貌，仍然难以摆脱贫困和社会底层命运。这就是当前为什么感叹"知识改变不了命运"的制度性原因。

(四) 社会保障制度

改革开放以来，我国收入再分配和社会保障制度改革取得巨大成效。特别是在农村，最低收入、基本医疗、养老等方面的保障制度得到全面贯彻执行，政府、社会共同参与的大扶贫格局已然形成，对减少农村贫困起到根本性、兜底性的保障作用。特别是近年实施的"健康扶贫"、关怀老龄人口等措施和行动，对缓解中西部山区贫困问题有着非常积极的意义，很好地解决了"因病致贫""因病返贫"等困扰山区农户家庭的大问题。

目前，少数民族山区贫困家庭面临的困难是：

(1) 保障面还比较窄，很多接近贫困边缘的人群未纳入社会保障范围。就最近3年调查中西部山区乡镇情况看，目前能够享受救济和养老保障制度的主要是"五保户"、灾民或其他特殊人群（如精神病人）等人群，能够享受医疗等较高保障水平的主要是纳入"建档立卡"的贫困户，享受生活保障的主要是"低保户"，一些非"五保户"家庭老人、非贫困户和低保户并没有全部纳入到保障体系之中。由于基层政府对享受社保政策的人员实行名额限制，并不是"应保尽保"；特别是贫困人口"精准识别"后并没有动态调整，导致很多家庭不能享受到足够的社会保障。

(2) 保障力度还比较小，难以真正实现"保障"作用，仅起到"雪中送炭"作用。以云南农村"低保户"享受的最低生活保障标准为例，目前每月不到200元（2016年为2694元/年），难以保证有尊严的生活。再以湖北恩施"新农合"医疗保障制度为例，目前个人缴纳提高到150元/年（原来个人缴纳10元，2014年提高到70元，2015年为90元，2016年为120元，逐年提高），家庭需缴纳的医疗负担增加，因此很多贫困家庭选择放弃"新农合"，农村实际参合人数逐年下降。

（3）保障条件过于严格僵化，抬高了贫困农户入保门槛，影响了社会保障效果。主要是一些保障实行报销制度，要满足一定条件才可以享受此类保障。以农村医疗保障的"新农合"报销制度为例，一些山区县市对于农户就近在村卫生室看病规定不予报销，对县级医院门诊也不予报销，只能实行"住院报销"，但报销比例较低，对医疗检查费不予报销，这些规定使得有病农户治病仍需承担较高费用，"小病不看、能挨就挨"，保障作用并未完全发挥出来。

目前，山区少数民族贫困家庭相当脆弱，医疗、养老等方面需要政府进行"兜底性"保障。如何针对这些深度贫困农户，完善成更为精准的社会保障制度，是各级政府在下一阶段需要加大力气所做的工作。

四　关于制度性因素的影响力总结

以上关于我国近年重大经济社会制度及其变革对贫困发生和贫困传递的影响讨论，是从外部因素角度理解山区贫困家庭代际传递的形成原因，以及发生影响的基本机理。总结来说，社会经济转型和制度变革，均会对全体居民产生深刻影响，也必然带来社会分层和社会流动结果。从新中国两次大的社会转型（第一次是1949—1956年社会主义制度的建立；第二次是1978年后进行的市场化改革和对外开放），使很多地区、民族的经济社会得到快速发展，居民生活状况发生翻天覆地的变化。例如，西南山区的一些"直过民族"家庭，彻底摆脱了落后贫穷状态，走上了小康富裕之路。这就是人们常说的"制度红利"。

当然，在社会转型和制度改革过程中仍然存在一些不完善之处，例如前文所述的收入分配制度、金融投资制度、教育和就业制度等,对那些深度贫困农户还稍显"超前"或"滞后",以致成为制约破除代际贫困的消极因素。因此,在不同阶段,要针对不同地区、不同人群,进一步完善相关制度,努力释放"制度红利",帮助山区少数民族贫困家庭摆脱代际传递困境。

第三节 外来冲击对贫困代际传递的影响

少数民族山区农户比较脆弱,在自然灾害、市场剧变、武装冲突等外来因素的冲击下,很容易陷入困境,发生贫困或者返贫问题。虽然这些外来冲击是偶发性的,但它的破坏力却非常大,不仅致使世代贫困难以阻隔,甚至危及居民生命健康和社会长期稳定局面。因此,一国政府需要建立完备的防范和救助体系,帮助各生态脆弱地区、生计脆弱家庭渡过外来冲击难关,走上快速平稳发展之路。

第五章论述了自然灾害对中西部山区贫困家庭的重大影响,它是影响贫困发生和传递的重要因素。特别是因为山区的自然生态环境还比较脆弱,自然灾害发生概率和频率都比较高,所以这些地区的贫困农户摆脱贫困的难度也较高。

市场剧变是指因为市场环境的变动,包括生产要素、企业运营、产品销售等多环节出现困难,造成经济主体生产收入剧烈下降。例如,生猪养殖中的价格急剧变动、工厂企业因经济危机大幅裁减外来民工,都是市场冲击的典型事例。罗仁福等(2011)通过调查发现,2008年国际金融危机对我国农村贫困地区的劳动力外出就业产生负面冲击,致使19%的外出劳动力失去工作不得不提前返乡;在返乡的劳动力中,教育程度低、无技术能力的劳动力的比例更高、时间更早。我们曾在2009年2月和7月先后对湖北恩施市、建始县,重庆彭水县、酉阳县,广西马山县等地(均为少数民族山区）进行调查，发现从 2008 年到 2009 年上半年，受访农户的家庭收入都有所下降，其原因主要是外出打工者被裁员或者返乡。

市场冲击的负面影响不仅表现为国际金融危机这种宏观经济环境恶化带来外出务工机会和工资收入降低，还表现为生产资料和产品的价格突然上升致使农户生产成本提高、收入下降。例如，调查发现，2008 年下半年因生猪、黄牛、大米、玉米等农产品价格下降，造成养殖户和种植户均收入下降 151 元[①]。市场价格变动对于以农为主的深度贫困家庭影响最为明显，它使得家庭脱贫更为艰难。

此外，武装冲突等军事、政治动荡事件也会对贫困群体造成较为深刻影响，致使贫困发生代际传递现象严重。当今国际社会有一些国家和地区（例如中东、非洲某些地区）的深度贫困就是由此类外部冲击形成。幸运的是，中国一直保持安定的社会环境，民族团结、社会和谐，为少数民族山区群众摆脱贫困创造了良好的外部环境。我们要倍加珍惜这一来之不易的大好局面，为推动地区社会稳定和长治久安作出应有的贡献。

[①] 陈全功、程蹊：《少数民族山区长期贫困与发展型减贫政策研究》，科学出版社 2014 年版，第 116—117 页。

第七章

阻断贫困代际传递的发展型综合对策

山区少数民族的贫困代际传递问题，不仅是贫困家庭的个体性问题，也是贫困地区的整体性问题；不仅是社会流动问题，也是区域发展问题。它的发生机理和原因不仅与空间地理位置、社会资本和制度设计等外部性因素有关，也与个人能力、文化传统有关，因此，阻断其循环发展的对策措施必须是综合性的、长远性的，本章称为"发展型综合对策"。

第一节 治理贫困代际传递问题的两大思路和基本框架

贫困代际传递是一个深度贫困、向下流动的消极社会现象，涉及历史、自然、经济、文化、政治等方方面面的因素，是当前经济社会发展中的重大问题。党和政府一直高度关注这一问题，采取了一系列政策措施治理这一问题，并取得了一定成效。但是，由于经济社会环境不断变化，以及山区少数民族家庭贫困存在特殊性和顽固性，地区性和个体性的贫困代际传递现象仍然比较严重。因此，现阶段仍然需要改进治理方案，实行精准施策，有效阻断这一恶性循环现象。我们认为，在为此问题开"药方"及"处方"时要遵循"依因而治""依道而治"两大思路。

一 依照发生原因和影响因素进行治理

贫困代际传递问题，要从"地区"和"家庭"两个角度进行分析。从地区性贫困角度看，它是该地区经济社会发展的各个方面原因造成的，因此，要从发展地区经济、破解区域性贫困角度来治理贫困代际传递问题。从家庭和个体性贫困角度看，贫困代际传递是家庭结构、个体发展的内外因素决定的，需要从内外着手进行扶持和帮助。图7—1对影响家庭贫困代际传递的内外因素进行了简要总结。

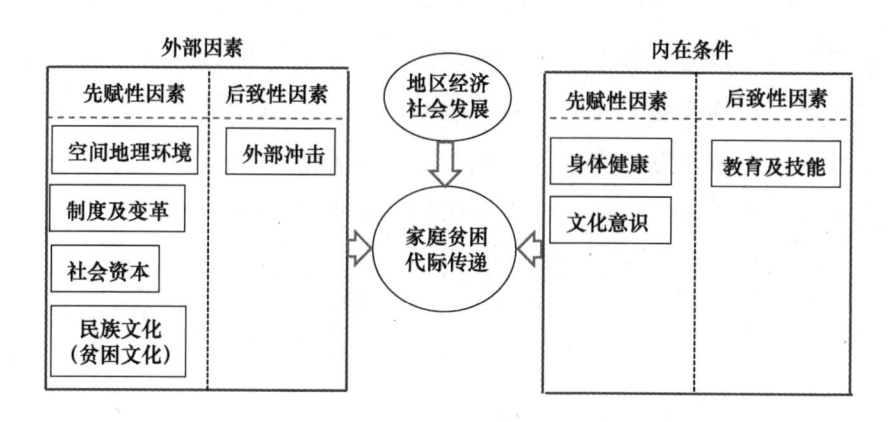

图7—1 影响贫困代际传递的内外因素总结

图7—1所显示的各种影响因素在第三章至第六章中进行了论述。本节主要分为内在条件和外部因素两大类，在外部因素中又分为先赋性和后致性两类。这一划分方法与有些研究并不一致。例如，陆学艺（2004）和李炜（2010）在分析社会流动的影响因素时将"社会结构和制度安排"和"社会组织"界定为先赋因素（即个人能力之外的原因），将"教育资本"和"政治资本"界定为后致因素（即个人努力的结果）；徐慧（2015）认为影响贫困代际转移的制度性因素是外生

的，父辈传递而来的物质资本、人力资本、社会资本和文化资本统称为先赋性因素，子代依靠自身后天努力获得的人力资本称为后致性因素，先赋性因素和后致性因素都是内生的。我们认为，对于贫困家庭和个体来说，身体健康和文化意识都是先赋性因素，教育及技能是后天学习得到的后致性因素，它们共同组成个体发展的内在条件（图7—1的右框部分）；而包括空间地理环境、社会制度、社会资本和区域文化等因素，是不以个体努力为转移的，是先赋性的因素，加上外部冲击这种后天偶发因素，共同组成影响贫困个体的外部因素（图7—1的左框部分）；加上区域经济社会发展因素，三方施力共同作用于贫困家庭，从而出现代际传递这一恶性循环现象。

总体看，一个地区或家庭的贫困及其代际传递，首先是在自然地理和国家制度这两个大的环境条件下发生的，然后才有地区性的文化（即民族文化）和经济社会发展，以及家庭个体的社会资本和人力资本等因素发生作用。因此，"依因而治"贫困代际传递问题需要对区域整体性贫困和家庭个体性贫困同步进行。

依照以上分析，我们提出"依因而治"的主要策略，见表7—1。

表7—1　　　　"依因而治"贫困代际传递的主要策略

发生原因及影响因素	治理策略
空间地理环境恶劣	加强基础设施建设；移民搬迁；生态补偿；产业扶持
	建立灾害救助体系
社会转型与制度变革	兼顾效率和公平；减少地区和城乡"二元发展"政策
	完善收入分配制度
	对土地、金融等财产制度进行改革
	完善教育体系和考试制度
	完善社会保障制度
社会情绪	纠正"社会排斥"，营造公平平等氛围

续表

发生原因及影响因素	治 理 策 略
区域经济	壮大县域经济，发展多层次服务业
贫困文化	文化教育及宣传
	人口和劳动力外迁与流动
人力资本	加强儿童营养和照顾
	医疗卫生条件改善和保障
	发展基础教育，减少中小学辍学率，提高家庭教育投资
	加强就业制度的配合
社会资本	减少"就业排斥"；加强信息服务
	加大违法违纪行为处罚力度
外部冲击	建立救助机制，设立御险基金
	加强民族团结和社会稳定工作

二 依照社会向上流动有效通道进行治理

贫困代际传递问题，实际上是一个社会流动问题，有些学者认为它是一种恶性的社会流动，或者是阶层固化的表现。因此，阻断贫困代际传递，重构良好的向上流动秩序，就需要按照社会向上流动的通道"依道而治"。

不同国家、不同历史阶段有不同的社会向上流动通道。吴晓波（2016）在《历代经济改革得失》总结中国历史上影响最深远的两大社会流动渠道——秦代商鞅变法确立的"以武上进"和隋唐确立的"科举制"的"文武"流动渠道，打破了原有的分封世袭制度，使得社会纵向流动加速。青连斌（2014）总结西方社会学者观点，认为工业化、城市化、民主化、学校教育和培训对社会向上流动产生重大影响，以及妇女通过婚姻实现社会流动。这些研究结论对于理解中国社会流动问题有一定启发意义。

任何社会都存在向上流动的多种通道。1949年中华人民共和国成立以后，参军、招工、教育升学成为农民跳出"农门"外流到城市成为"市民"的主要通道。20世纪80年代改革开放进程中，农村集体经济、民营和私人经济发展迅速，更多农户通过自主创业实现了收入倍增，成功完成向上的社会流动。21世纪随着人口迁移加速，以及信息网络的快速发展，非农就业、自主创业等多种渠道帮助年轻一代实现向上的社会流动。

青连斌（2014）认为改革开放后的中国进入社会流动速度空前加快的阶段，主要有四大渠道：一是数以亿计的农民进城务工和经商，成为"农民工"；二是通过创业和技术转移，出现私营企业主、个体户、科创人员；三是接受高等教育，毕业后改变了自己社会地位；四是企业改革和产业结构调整，出现自由职业者。

总结起来，社会向上流动的有效通道有：（1）教育和培训；（2）自主创新创业；（3）外流迁移就业（边干边学）；（4）单位招考招工；（5）参军；（6）婚姻关系等。其中，升学（教育和培训）和就业是实现社会向上流动的最主要方式。当前，一些舆论认为中国社会出现了"阶层固化"、"社会流动渠道受阻"[①]，主要是指原有的升学、参军、就业、升迁等通道和方式，受到权力和金钱的作用和影响，各种机会被其垄断，使得社会底层出身的学生向上发展的通道收窄。因此，进一步完善相关制度，疏浚社会流动通道，是帮助包括山区贫困孩子在内的下一代阻断贫困代际传递的必要措施。表7—2简要总结了"依道而治"的主要策略。

---

① 相关报道较多，例如：白天亮，曲哲涵：《社会底层人群向上流动面临困难》，《人民日报》2010年9月16日；杜安娜：《"阶层固化"挑战中国 美好生活需要拼爸爸》，《广州日报》2010年11月3日；释均：《"阶层固化"的罪魁祸首是权力通吃》，《重庆时报》2010年11月4日；冯雪梅：《教育公平越多 阶层固化越少》，《中国青年报》2013年5月17日；赵永平：《农村孩子为何不愿跃"龙门"》，《人民日报》2013年5月26日。

表 7—2　　　　　　　　"依道而治"的主要策略

社会流动通道或方式	治 理 策 略
教育和培训（升学）	强化农村基础教育、职业技术教育和农业技术培训
	提升农村教学质量，升学考试更加公平，招录向贫困地区倾斜
	农村儿童早期教育干预（如免费幼儿园和小学教育）
	减轻教育负担，设立扶助基金，鼓励家庭性教育投资
自主创新创业	降低企业设立门槛，减少行政审批手续，免除相关税费
	对大学生进行创业指导，设立扶持资金基金
	加强技术转化和技术保护，鼓励科技型企业发展
外流迁移就业	破除户籍制度限制，促进农民转化为市民
	加快区域经济发展，扩大就业岗位
单位招考企业招工	排除社会关系干扰，促进就业机会平等化
	建设招工就业信息平台，提高劳动力市场服务水平
	改善单位员工收入及居住待遇
参军	加强退伍军人安置工作
婚嫁	引导农村青年男女有序外流，干预婚嫁"低俗化"

三　发展型综合对策的基本框架

山区贫困代际传递问题比较复杂，它涉及多方面因素，与国家和地区的经济社会发展、社会氛围（社会情绪）等都有关联，因此，阻断这一恶性循环现象必须运用多元化、综合性的对策。并且，这些对策要有一定的前瞻性，能够长远地、根本性地解决问题，因此，我们称之为"发展型综合对策"。图7—2显示了这一对策的基本框架。

在这一基本框架中，首先是对治理对象（贫困类型）的界定。山区少数民族贫困代际传递，既是一个家庭贫困问题，也是一个区域性贫困问题；只有当贫困地区实现经济社会发展、"全面小康"后，才会更多地体现为解决家庭个体性问题提供思路。因此，治理目标一是要实现区域经济社会发展；二是消减家庭贫困和阻断代际传递，而不是仅仅以瞄准家庭为目标。

当前，一些地方政府治理贫困问题时习惯"就事论事"，只抓扶贫开发一项工作，将区域经济发展工作与之割裂开来，甚至有些地方以扶贫开发代替区域经济发展，唯扶贫为一。北京师范大学中国扶贫研究中心主任张琦和国家扶贫办中国国际扶贫中心副主任黄承伟（2015）指出，当前"片区区域发展与扶贫开发之间关系处理不清、缺乏结合"①。区域发展和家庭减贫的关系处理不好，将会导致县域经济社会发展（包括农业经济）、贫困减少成为"两张皮"，部门条块分割明显，各自为政，最后出现顾此失彼，个体减贫与区域发展都搞不好。陈全功和蔡立（2016）提出，在现阶段贫困地区可以"精准扶贫精准脱贫"工作作为促进区域发展的一种新方式和新途径，协同推进片区发展和扶贫开发工作。

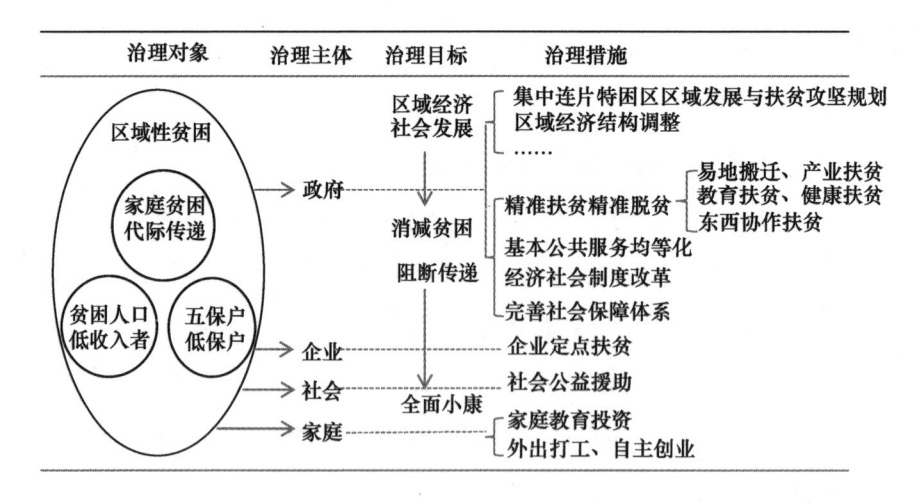

治理对象	治理主体	治理目标	治理措施
区域性贫困	政府	区域经济社会发展	集中连片特困区区域发展与扶贫攻坚规划 区域经济结构调整 ……
家庭贫困代际传递		消减贫困 阻断传递	精准扶贫精准脱贫（易地搬迁、产业扶贫、教育扶贫、健康扶贫、东西协作扶贫） 基本公共服务均等化 经济社会制度改革 完善社会保障体系
贫困人口低收入者 / 五保户低保户	企业		企业定点扶贫
	社会	全面小康	社会公益援助
	家庭		家庭教育投资 外出打工、自主创业

图7—2 发展型综合对策的基本框架

其次，治理主体包括政府、企业、社会和家庭，与以往仅强调政府扶贫单一主体有所不同。因为贫困代际传递问题是多方面原因

---

① 张琦、黄承伟等：《完善扶贫脱贫机制研究》，经济科学出版社2015年版，第136页。

造成的，离不开各方主体共同参与治理。四大主体中，政府和家庭是最主要的两个主体。从政府层面来说，帮助贫困家庭和贫困地区摆脱贫困是其基本职责之一，政府可以通过产业结构调整等多种措施发展县域经济，为家庭减贫提供就业机会、增收途径；政府还需要积极推进"精准扶贫精准脱贫"工作，以及基本公共服务均等化和各项制度改革，切实阻隔贫困代际传递。从家庭层面来说，户主是阻断贫困代际传递的第一主体，需要发挥主观能动性，想方设法提高个体能力和素质，借助政府、企业和社会的帮助，拓宽增收渠道，实现脱贫致富梦想。

一段时间以来，一些贫困群体对摆脱贫困失去信心和意愿，对政府扶贫形成了"等、靠、要"依赖思想，甚至把政府的扶贫好政策错误地当成了养懒人的政策，出现了争着当贫困户、低保户的怪现象。因此，如何激发贫困家庭主体的主动性和积极性，是治理贫困代际传递问题的关键。习总书记强调，扶贫先扶志，扶贫必扶智，就是引导和发挥贫困家庭主体的主动参与作用。扶志就是要通过专业、有效的心理辅导干预方法，或者收入激励措施，帮助贫困家庭树立信心、破除依赖思想、激发斗志，使其主观上和行动上"造血式"脱贫。扶智则是通过教育和培训，帮助贫困家庭掌握一定的文化知识、技能和意识，提升其创收能力，实现"内生式"脱贫致富。如今，"志智双扶"工作得到各级政府的高度重视，并取得相应成效[①]。

最后，治理措施强调发展性，即以地区经济、家庭成员的长远发展为目标，偏重于产业、教育、健康等根本性方面，不同于以往财政"输血式"补贴和扶助措施。主要体现为：一是高度重视地区

[①] 胡光辉：《扶贫先扶志 扶贫必扶智——谈谈如何深入推进脱贫攻坚工作》，《人民日报》2017年1月23日；胡鞍钢、杭承政：《扶贫先扶志，脱贫必脱愚》，"中国经济50人论坛"，2017年3月3日。

和家庭的长远性发展措施。地区经济发展对家庭个体摆脱贫困有着至关重要作用,因此,促进地区经济发展的措施必须着眼于农民,是"益贫式"的增长。因此,发展符合本地资源优势和具有市场前景的产业,既可以促进区域经济增长,也可以帮助农民脱贫。针对中西部山区,可以发展特色优势的养殖业、种植业、加工业和服务业,而不必像大城市一样发展房地产、金融服务等非优势产业。二是重视家庭和贫困人口的长远发展,例如鼓励家庭进行教育投资,提高个体素质和能力。

陈全功和程蹊(2014)认为当前已有的减贫政策是一种"生存型"减贫政策,它以解决贫困家庭的生存为目标,以经济政策为主,倚重财政投入和补贴,是"输血式"扶贫的典型举措。他们认为这种减贫政策难以根除长期贫困,也阻断不了贫困的代际传递。因此,他们提出减少贫困山区长期贫困需要建立一个"发展型减贫政策体系",由低到高分四个层次:(1)改善生存环境的政策(如移民搬迁政策);(2)改善福利和提供社会保障的政策(如公共服务、社会救助政策);(3)提高贫困人口能力的政策(如产业扶持政策、教育和培训政策);(4)保障参与权利和机会均等的政策(如基层民主建设政策)[①]。可以看到,这些政策主张与本节所述阻断贫困代际传递的发展型综合对策是相通的。

在图7—2中所展示的多项对策中,最根本、最有意义的对策有二:(1)贫困家庭的教育投资。这种投资,不仅来自政府和社会大力投资农村教育,扶持贫困家庭孩子接受教育和培训,还表现为家庭对成员接受教育和培训自发性的投资。(2)社会保障体系的完善。包括医疗、养老、住房和就业的保障体系,可以减轻贫困家庭负担,特别是防止老年贫困问题出现。随着老龄人口增多,以及第

---

① 陈全功、程蹊:《少数民族山区长期贫困与发展型减贫政策研究》,科学出版社2014年版,第119—173页。

一代打工者返乡，老年贫困比例可能会逐步提高，如果没有较完善的社会保障体系，将诱发下一代重新陷入贫困，贫困代际传递问题仍然得不到解决。为了更清晰阐明"发展型综合对策"，本章后续部分将对促进地区发展、提升贫民能力、优化社会环境三个方面作进一步论述。

第二节 习总书记关于如何阻断贫困代际传递的重要论断

习近平总书记对贫困代际传递问题非常关注，指明了具体的阻断途径和通道。2015年3月8日，习总书记在参加十二届全国人大三次会议广西代表团审议时强调，"要帮助贫困地区群众提高身体素质、文化素质、就业能力，努力阻止因病致贫、因病返贫，打开孩子们通过学习成长、青壮年通过多渠道就业改变命运的扎实通道，坚决阻止贫困现象代际传递。"这一论断，深刻揭示了导致世代贫困的根本性影响原因，提出了发展教育、搞好就业等最重要的阻断对策，对当前我国开展扶贫攻坚、改善社会流动工作有着重要的指导意义。

一 习总书记"个体能力论"抓住了影响贫困代际传递的根本性因素

国内外一些学者对贫困代际传递的影响因素进行过论述，概括起来分为两类，第一类是外部因素论：如自然地理环境、社会环境等；第二类是内部因素论：如个人所拥有的人力资本、社会资本和政治资本。在社会学者看来，贫困代际传递就是一种向下的社会流动现象，反映社会流动趋于恶化，是先赋性和后致性两大类因素影响的结果。这些学术性讨论有助于我们认识贫困代际传递这一深度贫困问题，但过于分散，难以抓到根本性因素。

例如，当前一些地区的贫困家庭经历了较长时间的贫困，有超过1/3贫困户属于世代贫困，有的前后经历三四代。国家一直对这些家庭进行扶贫和帮助，为什么他们还处于贫困呢？其根本原因是这些家庭成员的身体、文化、意识、技能等方面较差，缺乏自我发展的能力，个体能力不高，导致难以挣脱世代贫困的枷锁。个体能力是影响贫困代际传递的根本性因素。

习总书记的"个体能力论"，深刻地抓住个体能力的关键三方面，依次是身体健康能力、文化教育能力、就业创收能力。三个能力层次中，身体健康是基本，文化教育是手段，就业创业是渠道，三者缺一不可，三者综合发展才能最终提高个体的能力，才能最终保证个体彻底告别贫困。一直以来，习总书记高度关注体育运动、文化教育事业和国家经济发展，为广大贫困个体提升自我能力创造了良好的条件。

近年来，我国实施多项扶持政策，例如营养餐计划、高考专项招生计划、大学生就业创业计划等，促进了贫困学子的身体、文化和就业能力的提升，使得他们具备阻断贫困代际传递的根本性条件和信心。

二　习总书记"打开通道论"包含了影响贫困代际传递的终极性因素

习总书记深刻地指出了影响贫困代际传递的社会性因素。在上述讲话中，习总书记提出要"努力阻止因病致贫、因病返贫"，"打开孩子们通过学习成长、青壮年通过多渠道就业改变命运的扎实通道"，这一具体的"打开通道论"包含了影响贫困代际传递的深层次社会制度因素。我们理解，社会制度因素既包括整个国家大的宏观政治、经济、法律制度，也包括具体领域的，如教育、就业、人事、薪酬、户籍等制度，还包括社会风气、社会氛围，含着一层文化思想的因素。社会制度设计不好，或者执行不好，就会影响到个人，个人即使再有能力，也无法促使其摆脱世代贫困。

社会制度因素是影响贫困代际传递的终极性因素。所谓终极性影响因素，是指当其他因素的影响力被缩减到最小时，某一问题仍然存在，那么那些影响该问题的因素就是终极性因素。就贫困代际传递问题而言，当个体能力得到提升，但该家庭仍然不能摆脱贫困命运，那么社会制度这种大外部环境因素就可能是终极性因素。

例如，20世纪六七十年代出生的孩子所经历的高考制度，让很多农村孩子跳出农门，阻断了贫困代际传递；而"85后""90后"的孩子为什么难以通过高考或者说教育来脱贫、阻断代际贫困呢？2015年春节期间热传"博士返乡笔记"中，作者关于农村学生"知识无力感"的嗟叹，引发各界大讨论，出现"知识不能改变命运""穷屌丝难以逆袭"之类的言论①，深层次原因之一是因为2000年后的高考制度已经发生变化，起不到阻断的作用。教育本应是阻断世代贫困的因素，但实现这种阻断功能的途径、管道已经变了，即包括就业、薪酬制度在内的某些制度不能与之匹配，导致其难以发挥作用。

不仅如此，社会制度背后还蕴含着一个社会的文化和思想生态，即整个社会的平等民主理念和社会风气。如果一个社会形成了依靠权势、依靠金钱、依靠关系才能办事，才能让个人能力发挥作用的文化和心态，其风气问题就比较严重，那么传统的教育、就业、参军等打破贫困代际传递的"通道"就会阻塞，社会固化就会出现；一旦社会流动转向恶化，矛盾就会增多，社会难以稳定。

习总书记的"打开通道论"，隐含指出了当前一些社会制度没

---

① 刘素楠：《博士生返乡笔记爆红　作者回应争议》，《南方都市报》2015年2月19日SA05版。

能起到阻隔世代贫困的作用。例如，医疗卫生制度不完善导致不能解决贫困农户的身体健康问题，从而出现因病致贫、因病返贫。据国家统计局住户调查，当前致贫返贫的第一大原因就是因病因残，身体健康欠佳。只有通过高水平的医疗卫生和社会保障，才能保证此类贫困不会影响或传导到下一代。习总书记"打开通道论"中强调要对不同年龄人群（孩子、青壮年）改变命运的通道（教育、就业）予以打通，从另一侧面说明我国的教育和就业制度还存在问题，对改变个体命运、阻断贫困代际传递的作用还未发挥出来。只有完善和改革社保、教育、就业等社会制度，才能从根本上阻止贫困代际传递。

第三节　以促进地区发展为目标的阻断对策

促进地区发展是阻断贫困代际传递的重要对策。对于贫困山区来说，主要是发展县域经济和城镇经济。近年来，中西部一些山区县市大力开展招商引资工作，引进东部省市的工业企业和技术资金；也有一些县市大力推进城镇化建设，发展房地产经济，较快地提高地区国民生产总值和财政收入。但是，工业化和房地产化的发展对策也造成山区生态环境恶化，耕地占用和资源浪费，引致形成"生态贫困"（程蹊等，2015）。同时，依靠工业化和房地产化对策来发展山区县域经济，受国家经济金融环境和政策影响较大，产业结构不够健康，甚至成为拉大贫富差距的诱因。我们认为，要把县域经济做大做强，使地区发展成为化解家庭贫困代际传递的重要抓手，需要做以下工作：（1）调整县域产业结构，把农业种养业、农产品加工业、旅游服务产业作为产业发展的重点；（2）进一步加大投资力度和范围，重点向农业产业、民生工程等领域倾斜，实施交通畅通工程和骨干产业培育工程。此外，地区发展还包括社会、文化、生态等方面的进步,鉴于山区贫困家庭的致贫原因复杂,在推进地区发展时需要:(1)地方政府要对健康和教育扶贫承担一定责任,县级政府应设立专项健康扶持基金,将贫困户的医疗卫生支出全部负担起来;(2)要创造就业机会,加快职业技术教育发展,将教育与就业连接起来协同发展。

在促进地区经济社会发展的众多对策中,地区产业、交通网络、城镇建设、社会保障等方面尤其重要,需要各级政府提早规划、加大投入、抓出实效。

一 培育和发展优势特色产业

一个地区的优势特色产业形成有两种途径,一是结合地区自然和资源条件,历经几十年或上百年的生产历史自然形成,例如中西部山区的茶叶种植、牛羊养殖、药材采集等;二是通过政府等外部力量大力引进、大力引导推动形成,例如山区的景区旅游业、矿产开采业、果木业等。虽然研究者对哪一类产业的减贫效应更大存在争议[1],但是他们都认为要结合本地资源条件,瞄准市场,发展具有一定规模和比较优势的产业。

中西部少数民族山区最大的优势有三:丰富的自然资源、优美的自然风景、神秘的民族文化。同时,山区传统产业是种植业、养殖业、采掘业等一、二产业。近年,山区结合地区优势,发展旅游业和特色产业,较快地促进地区经济增长,贫困农民也从中受惠良多,贫困问题得到一定程度缓解。

值得关注的是,一些农户摆脱贫困与本地区产业发展的关联性

---

[1] 例如,瑞沃林和陈绍华(Ravallion & Chen,2004)、吕克·克里斯滕森(2010)、李小云(2010)等认为第一产业(农业部门)的减贫和消除不平等的作用要大于第二产业和第三产业。但罗楚亮(2010)、岳希明(2010)等认为外出打工方式的减贫效应要远远大于农业生产,张凤华和叶初升(2011)也认为随着经济的深化,减贫效应最大的产业由第一产业变成了第二产业,第三产业的减贫作用也逐渐扩大。

并不大，主要是通过外出打工、从事第二、三产业获得工资性收入，"打工经济"一度成为贫困山区县大力推广的经济发展模式。但是，这种发展模式对地区经济社会发展带来负面影响，例如人口过度外迁、农业衰落、乡村消失、社会治理困难等。陈全功（2013）认为，对山区农民脱贫效果稳定性贡献最大的是农业生产，外出务工的减贫效应相对短期化和快速化，而且它并不适合那些缺乏劳动能力的深度贫困户。因此，山区地方政府不必过分强调发展"劳务经济"，应因地制宜强化农业生产，保证减贫效果的稳定性。

根据山区资源优势、生产技术、市场环境，以及贫困人口素质，我们建议中西部山区政府安排一定资金，引导和扶持农户发展与农业、旅游服务业相关的产业。

（一）与农业生产相关的产业

主要有：（1）种植茶叶、烟叶、蔬菜、果木、药材、花卉等特色农业；（2）种植水稻、玉米、土豆、甘蔗、油料、食用菌等安全粮食食品；（3）养殖牲畜家禽、水产等；（4）休闲和观光农业；（5）农产品加工等。这些农林牧副渔业的发展，贴近农户，可以持久地保证贫困农户解决温饱、实现创收增收目标。

（二）与旅游服务业相关的产业

主要有：（1）餐饮、住宿、农业体验等；（2）商品零售和批发；（3）民族文化产品加工；（4）文娱表演、旅游服务等。这些产业发展需要政府引进相关的企业进行旅游开发，在开发中保护贫困农户利益，实现企业、农户和政府三方共赢目标。

当前，少数民族贫困山区发展县域经济和城镇经济时存在一定偏差，主要表现为：一是过于偏好工业化，大量引进和承接东部一些淘汰落后、污染较大的工业企业；二是过于迷信特色经济，千篇一律种茶、种果木等经济作物和养猪养鸡等养殖业，同质化严重；三是过于倚重企业，放任"资本下乡"，致使农户利益受损。这就是为什么一些贫困地区产业扶贫容易失败的原因（贺雪峰，2017）[①]。因此，政府进行产业扶贫过程中，要依据本地自然条件和尊重农户意愿基础上，科学选择扶贫产业，搞好市场服务，保障农户利益，才能真正提高产业扶贫效率。

二 加强乡村道路等基础设施建设

中西部山区少数民族贫困之所以会形成，乃至在代际传递，很大部分原因归结为所处的地理位置偏远，地理资本薄弱（详见第五章"山区因素是民族地区贫困发生的第一原因"论述）。因此，政府需要加大投入，搞好乡村基础设施建设。

一是要加快村组公路建设，缩短村民外出时间。目前，中西部贫困地区很多村组仍处于未通公路或者仅通沙石路的状态。根据亚洲开发银行的研究，在中国，公路投资每增加1万元人民币就可以让3.2个穷人摆脱困境[②]。按此计算，如果一个山区县每年增加1000万元用于公路投资，就会有3200个人脱贫。为此，山区政府应加大对本地村组公路的投资，加快推进水泥路面入村入组工程，切实解决村民出行难的问题，用公路带动当地乡村经济发展，使贫困代际传递问题得以解决。

二是加强乡镇卫生院改扩建，增强其提供预防保健和基本医疗服务等公共卫生服务的能力。让村民的看病就医得到基本的保障，在治疗现有病症的同时预防可能性疾病。同时应加大对村民的卫生教育宣传力度，让村民充分了解花小钱、省大钱的疾病预防道理，

---

① 贺雪峰（2017）认为贫困地区产业扶贫容易失败的原因，一是通过政府投入鼓励农民调整产业结构种植经济作物，会造成经济作物的供过于求，失败风险较高；二是资本下乡不仅带来市场供过于求，还会分割农民不多的农业利益。参见贺雪峰：《贫困地区产业扶贫为何容易失败》，《第一财经日报》2017年7月11日，第一财经网，http://www.yicai.com/news/5314508.html。

② 亚洲开发银行：《亚洲开发银行与中华人民共和国：共同致力于扶贫事业》，豆丁网，http://www.docin.com/p-40343713.html，2004年。

降低村民因病返贫的可能。

三是加大山区农村教育文化基础设施建设力度。大力实施农村中小学危房改造、寄宿制学校建设和中小学现代远程教育工程。从教育方面阻断贫困的代际传递的可能性，让子代在教育上得到相应的保障同时为家庭节省负担，提高阻断贫困代际传递的可能。

三 促进易地搬迁与特色村寨建设结合

山区贫困人口往往居住偏远，特别是西南、西北一部分人口较少民族群众，大多居住在大山深林或荒漠干旱之地，生存极为困难，一方水土养不活一方人。因此，帮助这些贫困家庭的第一要旨是从不具备生存条件的地方搬迁出来，进行整体改造和建设；同时，在易地搬迁中把民族传统和特色保留与展现出来，进行特色村寨建设，形成村寨基础设施改善的发展模式。

近年来，一些地方较好地实施和执行了易地搬迁与特色村寨建设相结合的方案。例如，云南德宏州芒市三台山乡德昂族和景颇族、陇川县户撒乡阿昌族，均为"直过"民族，祖祖辈辈居住在偏远的大山区，大部分是茅草房、叉叉房，以采摘毛野菜、种植甘蔗和水稻为生，生产方式极为落后，物资运输靠人背马驮，人畜饮水要到深沟老涧去挑去背，小孩无法上学，生病无法就医，生产生活极度贫困。2000年以来，在国家扶持下按照"统规统建"模式实施整村搬迁，从原始封闭的旧村落搬迁至距离县城主干公路附近，生产生活状况发生根本性改变。如今，三个民族的一些搬迁村落水泥路到家入户，村容整洁，抗震房屋相连，户户有院落，门前花果飘香，门内自来水相通，完全告别了原始生产生活状态。

2000年以来，国家为促进西南一些山区少数民族发展，实施了"兴边富民""扶持人口较少民族发展""特色村寨建设"等行动，对于帮助这些地区的世代贫困农户起到很好的作用。例如，德宏州芒市三台山乡允欠德昂族村三组，全组共有34户140人，原都是世代贫困农户，2002年从老寨搬迁到320国道附近，先后被纳入"兴边富民""扶持人口较少民族发展""特色村寨建设"范围，共投入资金460多万元，重点实施村内道路、安居房、特色寨门、文化活动室、种养业和实用技术培训、民族文化保护等项目。如今，该村实现了祖辈梦想，由破旧村、贫困村变为生态宜居村、致富村，村内民居宽敞明亮、焕然一新，香蕉、菠萝蜜等经济林果在村间环绕，特色产业迅速发展，农民人均纯收入从2005年的860元增加到2015年的5280元①，被群众誉为"德昂山寨第一村"②。

类似云南这些"直过"人口较少民族脱贫和发展的模式，全国还有较多案例。这种模式给我们的启示是，要短时间内帮助贫困山区少数民族发展，特别是改善他们的生产生活条件、交通道路和村容村貌，就要大力推行易地搬迁和特色村寨建设相结合的发展模式。2015年底，国家扶贫办开始推动"易地扶贫搬迁"工作，把它作为脱贫攻坚战的头号战役，加快了山区脱贫致富的步伐。目前，这项工作也出现一些不足之处，例如，搬迁对象不够精准、缺乏搬迁后续政策、任务进度要求过紧等。我们相信，只要地方政府多为贫困农户着想，下够绣花功夫，一定能把这一措施的减贫效应发挥出来。

四　完善乡村社会保障体系

山区贫困的发生与代际传递很大程度上与社会保障缺失有关。乡村社会保障，主要包括医疗、养老、住房和就业的保障，它们可以减轻贫困家庭负担，特别是防止老年贫困问题出现。随着今后一段时间乡村老龄人口的增多，以及第一代打工者年老返乡，老年贫

---

① 本节德宏州案例和数据为2016年8月调研获得。
② 余明：《民族经济升级版的云南"智造"》，《民族时报》2014年5月10日第A01版。

困比例可能会逐步提高，如果没有较完善的社会保障体系，将诱发其下一代重新陷入贫困，贫困代际传递问题仍然得不到解决。为此，必须完善教育、医疗卫生以及社会保障、就业等方面的政策体系。

一是适当增加"兜底一批"的财政资金，扩大投入比例。中央和省级政府要按照各县市核实的兜底人群规模，实现100%的财政转移支付，避免增加地方财政负担。"兜底一批"的投入比例在"五个一批"资金配置中，不低于25%。

二是重点出台健康扶贫方面的政策。主要措施为：（1）建立特困、五保等供养人员生活水平动态调整机制。按照不低于上年度当地居民人均消费性支出的80%合理确定供养标准，有效保障特困供养人员基本生活。（2）扩大医疗救助对象范围和标准。从低保对象、特困供养人员扩大至低收入家庭的老年人、未成年人、重度残疾人、重特大疾病患者及因病致贫家庭患者等，医疗救助标准提高到医疗费的90%。各县市列支专项资金，将住院医疗报销比例提高到100%，切实减轻治病负担，尽快解决当前健康贫困问题。（3）实施困难残疾人生活补贴和重度残疾人护理补贴民生工程，补贴标准高于低保标准20%，解决额外生活支出和长期照护支出困难。

第四节　以提升贫民个体能力为目标的阻断措施

阻断贫困代际传递，归根到底还是贫困家庭和贫困人口自身的事情，不能指望政府和社会的帮扶解决一切问题。即使政府和社会帮扶，也需要以贫民的个体能力提升为第一目标。综观20世纪90年代以来欧美一些发达国家为解决贫困问题，实施了一系列新的发展政策，从经济领域延伸到社会领域、文化领域、政治领域，政策目标从个人福利服务转为通过提升个人能力、减少不公平和歧视来推进机会公平，通过推进特殊群众的参与来促进个人的参与能力（张秀兰、徐月宾，2007）。这些政策对我们提出阻断山区贫困代际传递问题有一定借鉴意义。

一　瞄准不同贫困人群进行扶贫

根据少数民族山区贫困发生和代际传递的对象、特征、原因等结论，我们认为要将当前的减贫政策措施的瞄准对象提前和集中。具体说，（1）不再以地区为减贫的瞄准对象，不以"整村推进"为抓手，而是瞄准那些贫困家庭和个体，特别是老年人和儿童；（2）加大对儿童营养改善、早期开发和教育的补贴，为妇女提供非农就业机会，为妇女健康提供保障；（3）对世代贫困户进行重点扶持，将年龄超过50周岁的人口均纳入低保范围，减轻家庭养老负担。

二　高度重视农村就业创业与教育培训工作

一是要制定就业创业方面的政策。要通过减税、金融支持等措施鼓励和吸引现代服务业落户贫困地区，努力培育和创造就近就业的机会。要通过小额信贷、简化行政审批手续、财政补助等手段，鼓励返乡农户创业，带领更多贫困人口增收。

二是要制定教育发展和技能培训方面的政策。在进一步提高基层教师待遇基础上，要对贫困户子女上学、寄宿、饮食等方面给予生活补助。要采取有效措施，吸引和鼓励大学生回到家乡就业创业，增加人才回流的机会。要加大财政投入，切实做好农村实用技术方面的培训工作，提高贫困农户转型生产的能力。

三 激发贫民主动参与积极性

山区少数民族贫困家庭的市场意识比较淡薄，市场参与率低，导致创收增收比较困难（郭志仪、祝伟，2009）。同时，他们在政府扶贫体系中处于"被动"地位，很多扶贫项目是由政府决定的、农户并不知晓，以致扶贫成为"政府热、群众冷"的单方工作。正如一些学者指出，精准扶贫的深处是赋权，要赋予贫困群众知情权、选择权、参与权和监督权[①]，同时还要培养其市场意识和市场能力，以便能在市场经济体系下生存和发展。

第五节 以优化社会环境为目标的阻断对策

这里所说的社会环境包括两个方面，一是经济社会制度；二是社会风气和氛围。正如第六章所述，当前山区贫困代际传递问题的形成既与一些重大的经济社会制度有关，也与不良社会风气和氛围形成的社会资本有关。它们是除空间地理环境之外影响贫困代际传递的第二外部因素，因此，需要政府、社会的共同努力，优化这一外部环境，才能较好地解决贫困代际传递问题。

一 以缩小贫富差距为目标的制度改革和完善

社会经济制度影响贫困群体有两种机制，一是直接机制，对地区发展投资和优惠较少，对贫民的教育、就业、社会保障等方面的缺失，造成地区经济社会发展落后、个体能力和增收提高困难。二是通过社会排斥制造不平等的间接机制，最终导致贫困发生（李敏，2015）。任何一个国家、任何一个历史时期的社会经济制度都

[①] 《苏北：扶贫深处是赋权》，半月谈网，http://www.banyuetan.org/chcontent/jrt/2015611/138800_2.html。

有可能对贫困群体产生不利影响，只是这一不利影响的程度不同而已。第六章已经论述我国改革开放以来，市场经济体制、收入分配制度、金融投资制度、教育和就业制度、社会保障制度对少数民族山区深度贫困家庭产生不利影响，以致难以阻隔贫困的代际传递。因此，对以上重大经济制度进行改革和完善，减少其不利影响程度，对家庭贫困、社会稳定、民族团结都有着深远意义。

一是对市场经济体制的完善。（1）遏制市场化的"泛化"问题，对教育、医疗、卫生、养老等带有公益性、公共服务类的领域慎重引进市场化手段和措施，这些领域的制度改革要以公平为先、兼顾效率，控制市场化的负面影响。（2）充分发挥政府职能，增加政府转移支付力度，弥补市场化带来的贫富差距。

二是完善收入分配制度。（1）提高初次分配中劳动要素收入比重，适时改革农产品价格形成机制，提高农村劳动报酬。（2）完善再分配制度体系，发挥税收调节功能，实现"削峰填谷"目标。（3）遏制高收入群体集中化、小众化趋势，鼓励社会公益扶助行为。

三是完善金融投资制度。（1）大力支持农村金融发展，提高金融就近服务功效，加强对金融服务本地实体经济的引导和监督。（2）支持惠农扶农金融投资活动，降低山区农户贷款门槛。（3）控制金融投机行为，遏制金融创收现象，防范地方债务风险。

四是完善教育和就业的联结制度。教育要以就业为支撑，就业要为教育正名，让农村贫困孩子不仅能够升学，而且能够就业，使教育再次成为社会向上流动的最有效通道。

（1）准确定位各层次教育职能，合理调整招生规模。要合理控制高等教育、优先发展职业技术教育、大力夯实基础教育，形成尖塔形教育构成。高等教育要偏向高层次理论人才的培养，不宜扩招，应按地区在校生与人口的比例确定招生比例，不搞城乡区别；

鼓励地方性大学转型为职业技术院校。职业技术教育要偏向实践应用，以就业为导向；基础教育侧重文化素养和知识能力的培养，不以分数评价学生。

（2）逐步推行"分类高考"改革，理顺人才选拔秩序。为提高农村孩子教育水平，建议实行"十二年义务教育"，初中阶段不再分流，让所有孩子读完高中；高中毕业考核合格后，实行职业技术教育申请入学和高等教育考试入学"双轨"方式选拔不同人才。要重塑全国高考的权威性和功用性，增加高校自主招生的透明度，强化考试的公平选拔功能。

（3）及时更新教学内容，避免教育与就业脱钩。基础教育阶段，除国家规定的教学内容外，可以由各省区根据实际，增添适合农村的教学内容。职业技术教育和高等教育，要增加社会生产生活中的实用技术内容，让学生毕业后能够适应岗位、顺利就业。

（4）纠正凭借社会关系就业的歧视排斥之风，强化就业和教育的联系。地方政府可以根据本地毕业学生数和单位岗位数制订指导性招聘计划，重新确立"大学生＝就业"的神圣地位。政府要提供优惠待遇条件，鼓励大学生回到农村，到艰苦地方创业和工作；要积极创造就业岗位，不提倡延迟退休，为广大毕业生提供充分岗位；可以通过税收减免手段鼓励企业招聘农村毕业生。

二 营造机会平等和社会公平的氛围和风气

社会风气和社会氛围是一种"软"制度，是社会环境的重要方面。从家庭视角看，它是社会资本的一部分；从国家视角看，它是制度环境的一部分。一段时间以来，社会上一度崇尚金钱、权力和关系，各种"潜规则"盛行，不平等、不公平现象频繁发生，社会风气急剧下降，社会心态偏向唯利是图、急功近利。特别是在就业领域形成的社会排斥现象，严重阻碍了贫困山区年轻一代向上流动。一些学者认为，不良社会风气和氛围的形成与主流价值的引导、制度建设、法治和权利的缺失有关①。因此，对社会风气、社会心态的调适和重塑显得极为迫切。党和国家近年开展的反腐败行动、社会主义价值观教育，强调协调、共享的发展理念，将对净化社会环境、调适社会心态起到很好作用。

一是加大公平和平等理念的宣传与教育。各级政府、企事业单位、社会团体，要充分利用各种宣传手段开展形式多样的宣传和教育活动，继续进行家风、行风、政风、民风的宣传和教育；鼓励公民积极践行社会主义价值观。

二是重视法律保护和监督作用，保证公民相应权利。一方面，继续深入开展反腐败行动，加大违法违纪的惩治力度，打击社会不良风气；另一方面，要充分利用法律手段，拓宽群众合理诉求渠道，保障群众平等、公平的就业、受教育、享受社会福利和保障的权益。

三是加强相关制度建设，打破原有的"潜规则"。建设举报和信访制度，对社会上的一些"潜规则"行为进行及时纠正；建设文化宣传制度，发挥主流媒体的引导作用。

---

① 于建嵘：《中国当前三类不良社会风气》，人民论坛网，http://news.ifeng.com/a/20160628/49256269_0.shtml。

第八章

总　　结

贫困代际传递问题，既是一个社会流动问题，也是一个收入分配问题。早在20世纪50年代就有学者注意到这一问题，90年代因欧美学者对非洲、南亚等地区的田野调查而再次引起学术界关注。国内学界是2006年后开始这一问题的研究，2014年后进入成为研究热点。总结已有研究成果，发现还需对发生这一问题的特殊地区（例如山区）、特殊群体（例如少数民族）进行深入调查研究，并对其发生机理、影响因素进行综合分析，这样提出的阻断对策才有依据。本书关注中西部山区少数民族家庭的贫困代际传递现象，这是因为目前中国贫困人口主要集中在中西部民族山区，而且贫困程度比较深，是国家扶贫攻坚的主战场和硬骨头。需要说明的是，贫困代际传递现象，不是哪一个地区和民族所特有的，在东部地区、平原地区、城市和乡村，都存在这一现象。因此，本书有关结论也同样适用于全国扶贫脱贫工作。

第一节　有关研究结论

一　山区贫困代际传递现状和特征

本书涉及的实地调查前后历经八年多时间，调查地区包括武陵山片区、滇桂黔片区、乌蒙山片区、滇西山区、海南五指山片区、东北大兴安岭地区，涉及多个县市多个民族，均发现存在贫困代际传递现象。从比例和规模上看，基本上现有山区建档立卡贫困户和贫困人口80%以上均经历过三代左右贫困，2016年全国农村贫困代际传递概率为3.6%。

山区发生贫困代际传递的家庭主要有两大类：一是无劳动力的农户，包括建档立卡中的五保户、低保户、因病因残贫困户；二是有1个左右劳动力的农户，包括多人口贫困户、有病人贫困户等。总体上，家庭是否会发生贫困代际传递是以有无劳动力为标志，有劳动力家庭发生概率相对低得多，脱贫也容易得多。

世代贫困家庭传递的主要内容包括：（1）有限的物质财产资源，如房屋、土地、家畜等，货币价值比较低，以及父辈的债务；（2）微薄的社会资本，如较窄的人际关系、社会关系等；（3）先天的人力资本，如身体健康、生育观念、生活态度等；（4）落后的生产生活方式，如传统农耕、采摘采集、养殖等生产，以及嗜酒、人畜同居的生活方式。后面两个方面的内容大部分属于民族文化（贫困文化）的一种表现，通过潜移默化方式传递到下一代。

总体上，当前贫困代际传递现象体现出区域集中、群体集中的特征。贫困家庭发生代际传递发生的时点主要为孩子出生、孩子上学时间段，生病等也是重要节点和大事件。

二 少数民族山区贫困代际传递的机制

贫困代际传递机制是解释为什么贫困会发生代际传递的内在原因。学术界主要有三种解释，如家庭伦理文化、社会阶层再生产、投资决策等。本书认为，在少数民族山区，贫困代际传递的机制是一种"民族代际契约"机制。在这一机制中，父母一代提供给子女一代基本需求和教育，并传承其剩余财产；子女对父母承担赡养扶助义务，决定着父母老年生活状况，带有较强的"经济契约"和

"民族文化契约"特征。"民族代际契约"机制在强化了父母对子女、子女对父母的双边义务过程中,自然地出现贫困代际的转移和更替。

三 影响山区贫困代际传递的因素

从贫困家庭个体来看,贫困代际传递的影响因素可以分为内部因素、外部因素两大类。内部因素主要指贫困个体自身可以控制的因素,如身体健康、文化教育、技能水平等,也包括受民族文化影响的观念、意识等,统称为"人力资本"。外部因素主要指不受个体影响的因素,是外生变量,如空间地理环境、经济社会制度、民族文化,以及个人所具有的社会关系网络。在外部因素中,空间地理环境是第一位重要因素,社会经济制度是第二位的因素。这些因素,一方面会导致贫困发生代际传递;另一方面还会阻碍世代贫困的突破。贫困代际传递的发生和突破必须是内外两方面力量共同作用。

四 治理贫困代际传递问题的对策

首先,贫困代际传递问题不再是单一的家庭贫困和社会流动问题,还是一个地区发展问题。要解决山区少数民族贫困代际传递问题,要把解决区域发展(县域经济)问题和家庭贫困问题结合起来。总体上,要依照贫困代际传递的发生原因和影响因素"依因而治",还要依照社会向上流动有效通道"依道而治"。

其次,阻断贫困代际传递不是哪一种政策措施能够达到,需要多种措施共同施力;同时,还需要着眼于发展,不能仅停留在眼前的暂时脱贫,要构建"发展型综合对策"体系。在这一体系中,要把促进区域经济社会发展、提高贫民个体能力、优化社会环境作为重点,综合施策,逐步阻断贫困代际传递这一恶性社会流动。

第二节 需要进一步研究的问题

贫困代际传递问题，涉及经济、社会、政治、文化、生态等方方面面，需要从经济学、社会学、公共管理学等多学科角度进行调查研究。综合本报告研究情况，下一步需要研究的问题有三：

(1) 2020 年后低收入地区和家庭的发展问题

在 2020 年我国实现"农村贫困人口如期脱贫、贫困县全部摘帽、解决区域性整体贫困"的目标后，少数民族山区仍然会存在一部分低收入群体，包括农村和城镇家庭，对这些地区和家庭的发展问题，需要进一步调查研究。例如，随着乡村人口迁移常态化，传统村寨会逐渐消失，农业生产必将转型，农户增收途径必然受到冲击。在这些新情况下，低收入农户会出现另一种形式的代际传递？农村下一代家庭会不会仍然陷入较低社会阶层？对 2020 年后的问题需要提早进行预判和研究。

(2) 改革开放深化条件下收入不平等的形成与治理

贫困代际传递是收入不平等的一个结果。当前，随着改革开放的深化，特别是金融领域、国有企业领域的改革不断深化，部分居民财富的集聚和收入差距趋势加大，造成财富和收入不平等问题比较突出。这一问题产生的基本机理、哪些新情况，以及如何治理等论题需要进一步研究。本书关注的是收入不平等中的底端群体低收入问题，还需要关注另一端高收入群体的财富形成问题，以及由此而实施的再分配政策体系。

(3) 新一代农民的城市融入和返乡创业问题

随着流动就业和城市化的加快，20 世纪 90 年代以后出生的年轻一代农民逐渐向城市和市镇集中，出现了城市融入问题；也有一些年轻人返回农村创业，改变着农村经济，也产生了新问题。这些新问题会不会影响其社会流动，会不会仍然出现代际传递或转移现象，需要进一步调查研究。

参考文献

一 英文文献

Aliber M. (2001), An Overview Study of the Incidence and Nature of Chronic Poverty in South Africa, *Forthcoming CPRC Working Paper*, http://www.chronicpoverty.org.

Amber Peterman (2011), Widowhood and Asset Inheritance in Sub-Saharan Africa: Empirical Evidence from 15 Countries, *CPRC Working Paper*, No. 183.

Anthony Hall, James Midgley (2004), *Social Policy for Development*, SAGE Publications Ltd.

Atkinson, Anthony B. (1981), On Intergenerational Income Mobility in Britain, *Journal of Post Keynesian Economics*, No. 2.

Becker Gary (1991), *A Treatise on the Family*, Cambridge University Press.

Becker Gary, Gregg Lewis (1973), On the Interaction between Quantity and Quality of Children, *Journal of Political Economy*, March-April, 81.

Becker G. S. and Tomes N. (1979), An Equilibrium Theory of Distribution of Income and Intergenerational Mobility, *Journal of Political Economy*, Vol. 87, No. 6.

Behrman, J. R. (2006), Methodological Note: Using Micro Data to Understand Better the Intergenerational Transmission of Poverty in Low Income Developing Countries, *Manchester IDPM/Chronic Poverty Research Centre (CPRC) Working Paper*, No. 68.

Boggess, S. and Corcoran, M. (1999), "*Cycles of Disadvantage*", In Boggess, S. and Corcoran, M. with Jenkins, S. P. (2005)" Cycles of Disadvantage: Institute of Policy Studies", Wellington.

Caroline Harper, Rachel Marcus and Karen Moore (2003), Enduring Poverty and the Conditions of Childhood: Life-course and Intergenerational Poverty Transmissions, *World Development*, Vol. (31) . No. 3.

Coleman, J. S. (1998), Social Capital in the Creation of Human Capital, *American Journal of Sociology*, No. 94 (supplement).

Corcoran M. (1995), Rags to Rags: Poverty and Mobility in the United States, *Annual Review of Sociology*, Vol. 21.

Da Corta, L. (2007), Concepts and Methods to Understand the Link between the Intergenerational Transmission of Poverty and Escapes and Political Economy, *CPRC Working Paper*, No: 170.

Gachassin, M. B. Najman and G. Raballand, (2010), Roads Impact on Poverty Reduction: A Cameroon Case Study of Cameroon, *The World Bank Africa Region Transport Unit Policy Research Working Paper*, No. 5209, February.

Galor, D. and Tsiddon (1997), The Distribution of Human Capital and Economic Growth, *Journal of Economic Growth*, Vol. 2, No. 1.

Gibson, J. , and S. Rozelle, (2003), Poverty and Road Access in Papua New Guinea, *Economic Development and Cultural Change*, 52 (1), 159 – 185.

Gina Porter (2007), Transport, Mobility and Spatial Poverty Traps:

Issues for Rural Women and Girl Children in Sub-Saharan Africa, *Paper prepared for the international workshop on "Understanding and addressing spatial poverty traps" held near Cape Town* on 29 March.

Harris, C. D. (1954), The Market as a Factor in the Localization of Production, *Annuals of the American Geographies*, 44, 35 – 48.

Inter-American Development Bank (1999), TheIntergenerational Transmission of Poverty: Some Causes and Policy Implications, *Inter-American Development Bank Discussion Paper*.

Jalan J. and M. Ravallion (1997), Spatial Poverty Traps, *The World Bank Policy Research Working Paper*, No. 1862.

Jenkins S., Siedler T. (2007), Using Household Panel Data to Understand the Intergenerational Transmission of Poverty, *CPRC Working Paper*, No. 74.

Jere R. Behrman (2006), Methodological Note: Using Micro Data to Understand Better the Intergenerational Transmission of Poverty in Low Income Developing Countries, *CPRC Working Paper*, No. 68.

Jere R. Behrman (2010), TheImpact of Mothers' Intellectual Human Capital and Long-run Nutritional Status on Children's Human Capital Guatemala, *CPRC Working Paper*, No. 160.

Jere R. Behrman, Benjamin T. Crookston (2013), Intergenerational Transmission of Poverty and Inequality, Young Lives, *University of Pennsylvania Population Studies Center Working Paper*, http://repository.upenn.edu/gcc_economic_returns/3.

Joan Rosalie Rodgers (1995), AnEmpirical Study of Intergenerational Transmission of Poverty in the United States, *Social Science Quarterly*, 76 (1), 187 – 194.

John Bohannon (2016), Satellite images can map poverty, Science,

Aug. 18, http: //www. sciencemag. org/news/2016/08/satellite-images-can-map-poverty.

Karen Moore (2001), Frameworks forUnderstanding the Intergenerational Transmission of Poverty and Well-being in Developing Countries, *CPRC Working Paper*, No. 8.

Karen Moore (2004), Chronic, Life-course and Intergenerational Poverty and South-East Asian Youth, *Chronic Poverty Research Centre Working Paper*, No. 44.

Karen Moore (2005), Thinking About Youth Poverty Through the Lenses of Chronic Poverty, Life Course Poverty and Intergenerational Poverty, *CPRC Working Paper*, No. 57.

Kate Bird (2005), TheIntergenerational Transmission of Poverty: An overview, *CPRC Working Paper*, No. 99.

Kate Bird (2010), How Is Poverty Transmitted Intergenerational and What Might Be Done to Stop It in Its Tracks? *Conference on Ten Years of War Against Poverty? Manchester*, 11 September.

Kate Bird, Kate Higgins (2011), Stopping theIntergenerational Transmission of Poverty: Research highlights and policy recommendations, *CPRC Working Paper*, No. 214.

Luo Chuliang (2006), Spatial Effects on Poverty Incidence in Rural China, *The Research Project in BRICSAM*, www. bricsam. org.

Marie Gachassin, Boris Najman and Gaël Raballand (2010), The Impact of Roads on Poverty Reduction: A Case Study of Cameroon, *The World Bank Africa Region Transport Unit Policy Research Working Paper*, No. 5209, February.

Munshi Sulaiman, Imran Matin (2006), UsingChange Rankings to Understand Poverty Dynamics: Examining the Impact of CFPR/TUP from

Community Perspective, *CFPR/TUP Working Paper Series*, No. 14.

Myrdal G. (1957), *Economic Theory and Under-developed Region*. London, Duckworth.

Neal Jean (2016), Combining Satellite Imagery and Machine Learning to Predict Poverty, *Science*, Vol. 353 (6301), pp. 790–794

Nelson, J., Martin, K. and Featherstone, G. (2013), *What Works in Supporting Children and Young People to Overcome Persistent Poverty? A Review of UK and International Literature*, Office of the First Minister and Deputy First Minister (OFMDFM), Belfast.

Ravallion Martin and Wodon Quentin (1999), Poor Areas or only Poor People? *Journal of Regional Science* 39 (4), pp. 689–711.

Ravallion Martin and Shaohua Chen (2004), "China's (uneven) Progress Against Poverty", The World Bank Policy Research Working Paper Series, No. 3408, Ravallion & Chen (2007) "China's (uneven) Progress Against Poverty", Journal of Development Economics, Elsevier, Vol. 82 (1), pp. 1–42.

Ren Mu, Dominique van de Walle (2007), Rural Roads and Poor Area Development in Vietnam, *The World Bank Development Research Group Human Development and Public Services Team Policy Research Working Paper*, No. 4340, August.

Sara Horrell, Jane Humphries and Hans-Joachin Voth (2001), Destined for Deprivation: Human Capital Formation and Intergenerational Poverty in Nineteenth-century England, *Explorations in Economic History*, No. 38, pp. 339–365.

Solon, Gray (1992), Intergenerational Income Mobility in the United States, *American Economic Review*, 82, No. 3, pp. 393–408.

Tsrong-chi Shiao, Yeun-wen Ku (2012), Why are Some Families Poor for Generations? A life Course Perspective Study in Taiwan, *The first draft prepared for the Joint Annual Conference of EASP and SPA 'Social Policy in an Unequal World'*, *University of York*, the United Kingdom, July 16th – 18th 2012.

Ursula Grant (2011), Policies forInterrupting the Intergenerational Transmission of Poverty in Developed Countries, *CPRC Working Paper*, No. 199.

W. J. Burke and T. S. Jayne (2008), Spatial Disadvantages or Spatial Poverty Traps: Household Evidence from Rural Kenya, *MSU International Development Working Paper*, No. 93.

Yasuyuki Sawadaz, ect. (2010), The Role of Infrastructure in Mitigating Poverty Dynamics: A Case Study of an Irrigation Project in Sri Lanka, *JICA-RI Working Paper*, No. 4.

Yisak Tafere (2006), Intergenerational Transfer of Poverty/Wealth in Ethiopia: Evidence from Four Communities, *A paper presented to the* 4*th International Conference on Ethiopian Economy*, http//www. eeaecon. org.

Yoshimichi Sato, Takashi Yoshida (2008), An Empirical Study of Intergenerational Transmission of Poverty from the Perspective of Income Mobility, *Japan Labor Review*, Vol. 5, No. 4, pp. 95 – 112.

二 中文著作文献

Afeikhena Jerome：《非洲的基础设施、经济增长与减贫》，载黄承伟《国际减贫理论与前沿问题（2016）》，中国农业出版社2016年版，第17—40页。

T. P. Ogun：《基础设施与减贫：尼日利亚城市发展的启示》，载黄承伟《国际减贫理论与前沿问题（2016）》，中国农业出版社

2016年版，第268—281页。

［美］加里·S.贝克尔：《人类行为的经济分析》，王业宇、陈琪译，上海三联书店1995年版。

陈国阶等：《2003中国山区发展报告》，商务印书馆2004年版。

陈国阶等：《中国山区发展报告：中国山区聚落研究》，商务印书馆2007年版。

陈国阶等：《中国山区发展报告：中国山区发展新动态与新探索》，商务印书馆2010年版。

陈全功、程蹊：《少数民族山区长期贫困与发展型减贫政策研究》，科学出版社2014年版。

共济：《全国连片特困地区区域发展与扶贫攻坚规划研究》，人民出版社2013年版。

方清云：《民族乡贫困文化自觉：以江西省贵溪市樟坪畲族乡为例》，世界图书出版广东有限公司2012年版。

国家统计局住户调查办公室：《2015中国农村贫困监测报告》，中国统计出版社2015年版。

郭斌：《财产性收入及其不平等研究》，经济管理出版社2014年版。

郭丛斌：《教育与代际流动》，北京大学出版社2009年版。

郭佩霞：《凉山彝区政府反贫困研究》，经济科学出版社2008年版。

何琼：《西部民族文化研究》，民族出版社2004年版。

黄承伟、何晓军等：《自然灾害与贫困：国际经验及案例》，华中师范大学出版社2013年版。

李怀玉：《新生代农民工贫困代际传承问题研究》，社会科学文献出版社2014年版。

李敏：《制度如何制造不平等：一个北方城市贫困女性社会排斥的制度分析》，中国社会科学出版社2015年版。

刘奇：《贫困不是穷人的错》，生活·读书·新知三联书店、生活书店出版有限公司 2015 年版。

刘汶蓉:《反馈模式的延续与变迁:一项对当代家庭代际支持失衡的再研究》,上海社会科学院出版社 2012 年版。

陆学艺:《当代中国社会流动》,社会科学文献出版社 2004 年版。

任慧子:《乡村贫困的地方性特征及土地利用对乡村发展的影响》,陕西师范大学出版社 2016 年版。

施惟达等:《文化与经济:民族文化与产业化发展》,云南大学出版社 2011 年版。

司树杰等:《中国教育扶贫报告(2016)》,社会科学文献出版社 2016 年版。

王洛林、朱玲主编:《如何突破贫困陷阱——滇青甘农牧藏区案例研究》,经济管理出版社 2010 年版。

王铭铭:《村落视野中的文化与权力——闽台三村五论》,生活·读书·新知三联书店 1997 年版。

王树民:《超级大国的弱势群体:战后美国贫困问题透视》,学林出版社 2011 年版。

王树新:《社会变革与代际关系研究》,首都经济贸易大学出版社 2004 年版。

王文长主编:《少数民族地区反贫困:实践与反思》,中国社会科学出版社 2016 年版。

汪三贵、张伟宾、杨龙:《少数民族贫困问题研究》,中国农业出版社 2016 年版。

吴晓波:《历代经济变革得失(典藏版)》,浙江大学出版社 2016 年版。

徐慧:《转型期的贫困"代际转移"及相应公共政策研究》,经济科学出版社 2015 年版。

杨娟:《代际流动性的经济学分析》,经济科学出版社 2016 年版。

银平均:《社会排斥视角下的中国农村贫困》,知识产权出版社 2008 年版。

张丽君、吴本健、王润球等:《中国少数民族地区扶贫进展报告(2016)》,中国经济出版社 2017 年版。

张琦、黄承伟等:《完善扶贫脱贫机制研究》,经济科学出版社 2015 年版。

张文勋、施惟达等:《民族文化学》,中国社会科学出版社 1998 年版。

张秀兰、徐月宾:发展型社会政策及其对我们的启示,《当代社会政策研究(Ⅱ)——第二届社会政策国际论坛文集》,中国劳动社会保障出版社 2007 年版。

祝建华:《缓解城市低保家庭贫困代际传递的政策研究》,浙江大学出版社 2015 年版。

朱明熙等:《西南地区农村反贫困研究》,经济科学出版社 2008 年版。

三 中文期刊文献

白重恩、钱震杰:《国民收入的要素分配:统计数据背后的故事》,《经济研究》2009 年第 3 期。

边燕杰、芦强:《阶层再生产与代际资源传递》,《人民论坛》2014 年第 1 期。

陈光金:《市场抑或非市场:中国收入不平等成因实证分析》,《社会学研究》2010 年第 6 期。

陈琳、袁志刚:《中国代际收入流动性的趋势与内在传递机制》,《世界经济》2012 年第 6 期。

陈琳、袁志刚:《授之以鱼不如授之以渔?——财富资本、社会资本、人力资本与中国代际收入流动》,《复旦学报》(社会科学版）2012年第4期。

陈杰、苏群、周宁：《农村居民代际收入流动性及传递机制分析》，《中国农村经济》2016年第3期。

陈全功：《补习教育的地域延展及其社会效应分析》，《比较教育研究》2012年第3期。

陈全功：《少数民族山区农民创收方式与减贫效果的稳定性》，《中南民族大学学报》（人文社会科学版）2013年第6期。

陈全功、程蹊：《长期贫困为什么难以消除——来自扶贫重点县教育发展的证据》，《西北人口》2006年第3期。

陈全功、程蹊：《空间贫困理论视野下的民族地区扶贫问题》，《中南民族大学学报》（人文社会科学版）2011年第1期。

陈全功、程蹊：《生命历程视角下的贫困代际传递及阻断对策分析》，《中南民族大学学报》（人文社会科学版）2015年第4期。

陈全功、蔡立：《以"精准扶贫"促进集中连片特困地区发展》，《老区建设》2016年第6期。

陈文超：《经济—关系—地位：市场化社会中经济行动的逻辑》，《中共福建省委党校学报》2016年第2期。

陈文江、杨延娜：《西部农村地区贫困代际传递的社会学研究》，《甘肃社会科学》2010年第4期。

陈晓芳、张菊英、张强：《中国少数民族婴儿死亡率趋势分析》，《现代预防医学》2006年第12期。

程名望、Jin Yanhong、盖庆恩、史清华：《农村减贫：应该更关注教育还是健康？——基于收入增长和差距缩小双重视角的实证》，《经济研究》2014年第11期。

程蹊、陈全功、程兵：《工业化引致生态贫困的基本过程与形式浅析》，《生态经济》2015年第5期。

迟巍、蔡许许：《城市居民财产性收入与贫富差距的实证分析》，

《数量经济技术经济研究》2012年第2期。

邓长春、Sang Qiubo:《传统继承制度的历史变迁》,《孔学堂》2016年第4期。

杜梦昕、郭磊磊:《市场化改革对收入差距扩大的影响途径——基于Oaxaca分解模型的实证研究》,《地方财政研究》2010年第6期。

高香芝、徐贵恒:《贫困文化对民族地区反贫困的多层次影响》,《理论研究》2008年第2期。

高永平:《中国传统财产继承背后的文化逻辑——家系主义》,《社会学研究》2006年第3期。

关爱萍、李静宜:《人力资本、社会资本与农户贫困——基于甘肃省贫困村的实证分析》,《教育与经济》2017年第1期。

过竹、潘春见、邵志忠:《从婚育文化看红水河流域少数民族地区的贫困——红水河流域少数民族地区贫困原因研究之四》,《经济与社会发展》2011年第12期。

郭晓娜:《教育阻隔代际贫困传递的价值和机制研究——基于可行能力理论的分析框架》,《西南民族大学学报》(人文社科版) 2017年第3期。

郭熙保、张克中:《社会资本、经济绩效与经济发展》,《经济评论》2003年第2期。

郭志仪、祝伟:《我国山区少数民族贫困成因的框架分析——基于市场参与率的视角》,《中南民族大学学报》(人文社会科学版) 2009年第5期。

郭志仪、祝伟:《我国山区少数民族贫困成因的框架分析》,《西南民族大学学报》(人文社科版),2009年第9期。

韩春:《中国农村贫困代际传递问题根源探究》,《经济研究导刊》2010年第16期。

韩春、陈元福：《关注贫困女性 破解贫困代际传递陷阱》，《前沿》2011年第12期。

贺雪峰、郭俊霞：《试论农村代际关系的四个维度》，《社会科学》2012年第7期。

黄江泉：《社会资本缺乏诱致下的中国农民贫困循环机理剖析》，《经济学家》2012年第9期。

黄少安、刘明宇：《权利的不公平分配与农民的制度性贫困》，《制度经济学研究》2005年第3期。

焦垣生、张维：《中国传统家文化下的财产继承》，《西安交通大学学报》（社会科学版）2008年第6期。

李长健、胡月明：《城乡贫困代际传递的比较研究》，《财经问题研究》2017年第3期。

李钢、王泽红：《民族地区经济贫困的文化根源探析——以云南为例》，《经济研究导刊》2009年第22期。

李宏彬等：《父母的政治资本如何影响大学生在劳动市场中的表现？——基于中国高校应届毕业生就业调查的经验研究》，《经济学（季刊）》2012年第3期。

李路路、朱斌：《当代中国的代际流动模式及其变迁》，《中国社会科学》2015年第5期。

李路路：《制度转型与分层结构的变迁—阶层相对模式的"双重再生产"》，《中国社会科学》2002年第6期。

李路路：《再生产与统治——社会流动机制的再思考》，《社会学研究》2006年第2期。

李茂林：《少数民族农村贫困代际转移及阻断对策》，《湖南工程学院学报》（社会科学版）2014年第4期。

李实、赵人伟：《市场化改革与收入差距扩大》，《洪范评论》2007年第3期。

李炜：《社会流动的影响因素》，《中国党政干部论坛》2004年第8期。

李晓明：《贫困代际传递理论述评》，《广西青年干部学院学报》2006年第2期。

李小云、于乐荣、齐顾波：《2000—2008中国经济增长对贫困减少的作用：一个全国和分区域的实证分析》，《中国农村经济》2010年第4期。

李昕：《我国农村贫困代际传递的机制分析》，《郑州轻工业学院学报》（社会科学版）2011年第1期。

林闽钢、张瑞利：《农村贫困家庭代际传递研究——基于CHNS数据的分析》，《农业技术经济》2012年第1期。

林宗弘、吴晓刚：《中国的制度变迁阶级结构转型和收入不平等（1978—2005）》，《社会》2010年第6期。

刘彬彬、陆迁、李晓平：《社会资本与贫困地区农户收入——基于门槛回归模型的检验》，《农业技术经济》2014年第11期。

刘俊文、陈宝峰：《贫困地区农户社会资本及其对收入的影响——基于大小凉山彝族村落的证据》，《国家行政学院学报》2015年第3期。

刘龙初：《试论我国少数民族财产继承制》，《云南社会科学》1996年第4期。

刘亭亭、刘传哲：《中国金融发展与城乡居民收入差距关系的实证研究——基于1978—2009年数据的检验》，《特区经济》2011年第2期。

龙翠红、王潇：《中国代际收入流动性及传递机制研究》，《华东师范大学学报（哲学社会科学版）》2014年第5期。

卢盛峰、潘星宇：《中国居民贫困代际传递：空间分布、动态趋势与经验测度》，《经济科学》2016年第12期。

罗楚亮：《农村贫困的动态变化》，《经济研究》2010年第5期。

罗仁福等：《外部冲击对贫困农村外出务工劳动力就业的影响分析——以金融危机中贫困农村地区劳动力的就业为例》，《经济经纬》2011年第3期。

马立军、王明成、何萍：《市场化水平与中国地区收入差距变动的实证分析》，《统计与决策》2013年第19期。

聂强：《中国金融发展对贫富差距影响的实证研究》，《学术界》2010年第4期。

宁光杰：《民财产性收入差距：能力差异还是制度阻碍？——来自中国家庭金融调查的证据》，《经济研究》2014年第S1期。

宁光杰、雒蕾、齐伟：《我国转型期居民财产性收入不平等成因分析》，《经济研究》2016年第4期。

吕冰洋、郭庆旺：《中国要素收入分配的测算》，《经济研究》2012年第10期。

欧海燕、黄国勇：《自然地理环境贫困效应实证分析——基于空间贫困理论视角》，《安徽农业大学学报》（社会科学版）2015年第1期。

庞晓鹏等：《农村小学生家长租房陪读与家庭经济条件——学校布局调整后农村小学教育不公平的新特征》，《中国农村观察》2017年第1期。

彭毛卓玛、更太嘉：《藏族部落习惯法中的财产继承权问题探析》，《西藏民族学院学报》（哲学社会科学版）2008年第3期。

蒲文胜：《制度性贫困与反贫困力量考察》，《云南民族大学学报》（哲学社会科学版）2014年第1期。

钱建明：《中国少数民族健康状况研究》，《现代预防医学》1991年第2期。

钱宁：《贫困文化与西部的贫困问题——论西部民族贫困地区发展中的文化困扰及社会学的西部使命》，《北京青年政治学院学报》

1999 年第 2 期。

秦雪征:《代际流动性及其传导机制研究进展》,《经济学动态》2014 年第 9 期。

青连斌:《重构中国社会向上流动的机制》,《人民论坛》2014 年第 2 期。

曲玮、涂勤、牛叔文、胡苗:《自然地理环境的贫困效应检验——自然地理条件对农村贫困影响的实证分析》,《中国农村经济》2012 年第 2 期。

邵挺、王瑞民、王微:《中国社会流动性的测度和影响机制——基于高校毕业生就业数据的实证研究》,《管理世界》2017 年第 2 期。

邵志忠:《丧葬文化观照下的红水河流域少数民族地区贫困》,《学术论坛》2016 年第 9 期。

孙殿军、李忠之、张政:《21 世纪中国地方病防治主要工作研讨》,《中国地方病杂志》,2000 年第 6 期。

孙殿军、魏红联、申红梅:《中国西部地区地方病防治策略》,《中国预防医学杂志》2002 年第 2 期。

孙远太:《基于阻断贫困代际传递的社会救助政策改革》,《理论月刊》2017 年第 1 期。

谭灵芝、孙奎立:《民族地区代际收入流动及其影响因素——基于南疆地区的实证研究》,《中国人口科学》2017 年第 1 期。

王春超、周先波:《社会资本能影响农民工收入吗?——基于有序响应收入模型的估计和检验》,《管理世界》2013 年第 9 期。

王国敏:《农业自然灾害与农村贫困问题研究》,《经济学家》2005 年第 3 期。

王海港:《中国居民家庭的收入变动及其对长期平等的影响》,《经济研究》2005 年第 1 期。

王瑾：《破解中国贫困代际传递的路径探析》，《社会主义研究》2008年第1期。

王跃生：《中国家庭代际关系的维系、变动和趋向》，《江淮论坛》2011年第2期。

王志章、刘天元：《连片特困地区农村贫困代际传递的内生原因与破解路径》，《农村经济》2016年第5期。

汪茂泰、徐柳凡：《市场化与城乡收入差距：基于中国省际面板数据的实证分析》，《改革与战略》2009年第11期。

吴伟：《我国居民收入差距研究——基于扣除生活成本地区差异的方法》，《调研世界》2016年第7期。

武岩、胡必亮：《社会资本与中国农民工收入差距》，《中国人口科学》2014年第6期。

肖唐镖等：《宗族在村治权力分配与运行中的影响分析》，《政治学》2002年第6期。

谢沁怡：《人力资本与社会资本：谁更能缓解贫困？》《上海经济研究》2017年第5期。

邢成举：《结构性贫困对贫困代际传递的影响及其破解——基于豫西元村的研究》，《中州学刊》2017年第2期。

徐慧：《转型期农村贫困代际转移、影响因素及对策研究》，《经济体制改革》2016年第5期。

徐水晶：《贫困者的社会流动瓶颈——教育差异与自我淘汰》，《学术界》2016年第9期。

薛宝贵、何炼成：《我国代际收入传递机制研究》，《云南社会科学》2016年第2期。

严继先：《贫富差距与金融发展关系分析——恩施实证》，《金融经济》2016年第10期。

杨新铭、邓曲恒：《城镇居民收入代际传递现象及其形成机制——

基于 2008 年天津家庭调查数据的实证分析》，《财贸经济》2016
年第 11 期。

杨瑞龙等：《父亲政治身份、政治关系和子女收入》，《经济学（季
刊）》2010 年第 3 期。

姚毅：《社会资本视角下贫困问题研究的文献综述》，《甘肃农业》
2011 年第 10 期。

叶静怡、武玲蔚：《社会资本与进城务工人员工资水平——资源测
量与因果识别》，《经济学（季刊）》2014 年第 4 期。

叶普万：《贫困概念及其类型研究述评"》，《经济学动态》2006 年
第 7 期。

岳希明、罗楚亮：《农村劳动力外出打工与缓解贫困》，《世界经济》
2010 年第 11 期。

张兵：《贫困代际传递理论发展轨迹及其趋向》，《理论学刊》2008
年第 4 期。

张兵、刘丹、郑斌：《农村金融发展缓解了农村居民内部收入差距
吗？——基于中国省级数据的面板门槛回归模型分析》，《中国农
村观察》2013 年第 3 期。

张凤华、叶初升：《经济增长、产业结构与农村减贫——基于省际
面板数据的实证分析》，《当代财经》2011 年第 12 期。

张宏彦、何清、余谦：《中国农村金融发展对城乡收入差距影响的
实证研究》，《中南财经政法大学学报》2013 年第 1 期。

张积良：《扭转"新生代农民工"贫困代际传递趋势的思路与对
策》，《新疆社会科学》2016 年第 1 期。

张立冬：《中国农村贫困代际传递实证研究》，《中国人口．资源与
环境》2013 年第 6 期。

张望：《能力视角下影响家庭贫困及其代际传递的主要因素剖析》，
《农村经济》2016 年第 3 期。

张晓:《水旱灾害与中国农村贫困》,《中国农村经济》1999年第11期。

张毅:《中国少数民族身体、文化素质分析》,《人口学刊》1994年第5期。

周鸿:《反贫困文化:民族地区发展的战略抉择》,《广西民族学院学报(哲学社会科学版)》1998年第S1期。

周红云:《社会资本:布迪厄、科尔曼和帕特南的比较》,《经济社会体制比较》2003年第4期。

周红云:《社会资本及其在中国的研究与应用》,《经济社会体制比较》2004年第2期。

周兴、张鹏:《代际间的职业流动与收入流动——来自中国城乡家庭的经验研究》,《经济学(季刊)》2015年第1期。

周晔馨:《社会资本是穷人的资本吗:来自中国农户收入的经验证据》,《管理世界》2012年第7期。

周宗社:《中国农村贫困家庭代际传递研究——基于演化经济学视角》,《当代经济》2017年第4期。

祝建华:《贫困代际传递过程中的教育因素分析,《教育发展研究》2016年第3期。

朱玲:《在生命的起点阻止贫穷的代际传递》,《中国人口科学》2008年第1期。

庄天慧、张海霞、杨锦秀:《自然灾害对西南少数民族地区农村贫困的影响研究——基于21个国家级民族贫困县67个村的分析》,《农村经济》2010年第7期。

庄万禄、陈达云:《四川民族地区地方病防治状况调查及对策》,《西南民族大学学报》(人文社科版)2006年第3期。

四 其他中文文献

Todd Benson, Michael Epprecht, and Nicholas Minot(2007):"绘制

穷人生活的地图"(关注全球贫困和饥饿人口——2020焦点简报),http://www.iprcc.org.cn.

吕克·克里斯滕森,潘磊,汪三贵(2010):落后地区减贫驱动因素——中国西部农村案例研究,中国国际扶贫中心"减贫资料库",http://59.252.32.26/panda/Upload/Info/20100525164558001.pdf。

贺雪峰:贫困地区产业扶贫为何容易失败,《第一财经日报》2017-07-11,第一财经网http://www.yicai.com/news/5314508.html。

李晓明:农民贫困代际传递的体制性成因——以湘黔边少数民族贫困社区为例,2007-01-10,新浪博客:http://blog.163.com/xmli2008%40126/blog/static/235782920070103135332/。

世界银行东亚及太平洋地区扶贫与经济管理局:《从贫困地区到贫困人群:中国扶贫议程的演进——中国贫困和不平等问题评估》,2009年3月,世界银行网站,http://siteresources.worldbank.org/EXTEAPCHINAINCHINESE/Resources/3885741-1199439668180/China_PA_Report_March_2009_chn.pdf。

无名:云南少数民族继承制度研究——以摩梭人、普米族、纳西族、彝族的继承制度为视角,2013年2月,豆丁网,http://www.docin.com/p-625001108.html。

李思颖:《湘西少数民族财产继承习惯法与〈继承法〉的冲突与整合》,硕士学位论文,吉首大学,2016年。

齐蕾:《哈萨克族继承习惯与国家制定法的冲突与融合研究》,硕士学位论文,新疆大学,2013年。

曲玮:《基于地理环境约束的农村贫困问题研究》,博士学位论文,兰州大学,2012年。

尹飞霄:《人力资本与农村贫困研究:理论与实证》,博士学位论文,江西财经大学,2013年。

后 记

贫困和发展问题一直是我倾注较大热情开展调查研究的重要选题。特别是在民族院校任教以来，我多次到中西部山区调研，亲身体验到少数民族群众的贫穷生活，总是拿他们与东部地区、平原地区和城镇地区的农民相比较，试图揭示这种贫困的深度、发生原因，并试图帮助他们摆脱贫困。自2007年得到国家软科学项目支持后，我们就围绕这种深度贫困问题展开多年追踪式调查和连续性研究，并以"持续性贫困""长期贫困""贫困代际传递"等概念角度申请到不同基金资助，本书调查研究主要得到国家社科基金项目"山区少数民族贫困代际传递及阻断对策研究"（编号：13BMZ010）资金支持。

在调查研究过程中，我们深切体会到山区少数民族的贫困问题非常复杂，难以用一两篇论文或者研究报告呈现出来，要有一个较为全面的总结。我们有幸进行了长时间的调查研究（从2007年到2018年），并且部分成果已在一些刊物或著作中公开发表，得到学界和有关部门的认同（2010年、2015年、2017年先后得到国家民委三项优秀成果奖）。但是，这些公开成果不成体系，内容相对零散，一些核心概念和核心观点并没有串联起来。2017年2月，我在撰写项目结题报告开始之际，就尝试将众多核心概念、核心观点、核心调查、核心案例，按照"山区少数民族贫困现状—发生机理—产生原因—阻断措施"的逻辑，以章节形式逐步呈现出来，这就有了本书八章内容的基础。需要说明的是，本书部分章节内容已经发表，但本书更为详尽，案例和数据得以完整呈现，因而更有利于读者全面理解山区少数民族的贫困代际传递现象。

通过本书，我们试图说明："民族代际契约"机制决定了贫困在上下代之间传递，而内部因素和外部因素共同影响着其代际传递；其中，内部因素是指贫困家庭和个体自身可以控制的因素，如身体健康、文化教育、技能水平等，也包括受民族文化影响的观念、意识等，统称为"人力资本"；外部因素是指不受个体影响的因素，是外生变量，如空间地理环境、经济社会制度、民族文化，以及个人所具有的社会关系网络。在外部因素中，空间地理环境是第一位重要因素，社会经济制度是第二位的因素。因此，要依照贫困代际传递的发生原因和影响因素"依因而治"，还要依照社会向上流动有效通道"依道而治"。

我国将在2020年实现"脱贫摘帽"和"全面小康"，并且提出"乡村振兴"战略，一些学者认为中国农村贫困问题将会有新的研究视角和内容。本人也认同此类观点，并且对农村集体经济发展、国家收入再分配政策等方面有了初步研究成果。我们知道，仅仅调查研究低收入群体的贫困问题还不够，还要研究调节高收入群体的财税政策，以及国家的社保福利体系和制度变革，才能真正理解和解决中国的"经济不平等"问题。

本书能够出版，要衷心感谢长期研究中的各项目基金的支持，感谢全国各地（特别是人口较少民族聚居地）政府部门对调研的支持，感谢国家民委经济发展司的大力协调和安排，感谢有关刊物和出版社对成果公开发表，感谢中南民族大学有关机构和领导对本选题研究的关注和支持，感谢中国社会科学出版社王莎莎编辑的细致工作。文中有不妥之处，恳请专家学者及读者多多指导。

陈全功

2018年10月于南湖畔